高职高专连锁经营管理专业系列教材

连锁门店运营管理

第 2 版

主　编　郑　昕

参　编　潘玥舟

机械工业出版社

本书主要内容包括：连锁门店管理概述、连锁门店商品管理、卖场布局和商品陈列、连锁门店服务管理、连锁门店价格管理、连锁门店促销管理、连锁门店防损管理、卖场安全管理、连锁门店专柜管理、连锁门店人员管理、连锁门店经营绩效评价等方面。

本书在注重教学内容的先进性、实用性和可操作性的同时，也尽量体现管理知识的完整性和系统性。本书在编写时紧密结合零售商业发展的实践，引入较新的零售企业卖场管理的知识、方法和技术；内容表达形式尽可能程序化、图表化，并通过大量的案例和训练项目提供训练方法，强化学生的实训。

本书可作为高等职业院校、大专院校、成人院校连锁经营管理专业、商品流通管理专业，及商业、贸易类专业的教材，又可作为商业企业的培训教材。

图书在版编目（CIP）数据

连锁门店运营管理/郑昕主编．—2版．—北京：机械工业出版社，2015.11（2025.1重印）
高职高专连锁经营管理专业系列教材

ISBN 978-7-111-52699-5

Ⅰ．①连⋯　Ⅱ．①郑⋯　Ⅲ．①连锁商店—运营管理—高等职业教育—教材　Ⅳ．①F717.6

中国版本图书馆 CIP 数据核字（2016）第 011249 号

机械工业出版社（北京市百万庄大街22号　邮政编码100037）
策划编辑：孔文梅　　责任编辑：孔文梅　张　翔
封面设计：鞠　杨　　责任校对：李璐璐
责任印制：常天培
北京机工印刷厂有限公司印刷
2025年1月第2版第14次印刷
184mm×260mm・14.25印张・353千字
标准书号：ISBN 978-7-111-52699-5
定价：42.00元

电话服务　　　　　　　　　网络服务
客服电话：010-88361066　　机　工　官　网：www.cmpbook.com
　　　　　010-88379833　　机　工　官　博：weibo.com/cmp1952
　　　　　010-68326294　　金　书　网：www.golden-book.com
封底无防伪标均为盗版　　　机工教育服务网：www.cmpedu.com

前　　言

连锁经营作为一种现代经营模式，以现代信息技术为支撑的高度组织化、标准化的管理模式帮助企业实现了规模的快速扩张。连锁经营模式的成功运用已从超市扩展到商业的其他业态，并向其他的领域和范围不断扩展，现已基本涵盖了商业和服务业的各类企业，显示了其强大生命力。由于不同行业的连锁企业经营管理的对象不同，业务运营管理的内容和方法也存在巨大的差异，门店运营标准化的内容和标准也不相同，因此不同行业的连锁企业的运营管理难以同书而论，本书仅以零售企业为分析对象，系统阐述连锁零售企业门店的运营管理。

中国零售业正处于变革和高速发展时期，连锁作为一种现代经营模式对零售业的发展起到了巨大的推动作用。连锁零售企业在经营理念、管理方法与手段、组织结构等方面不断创新，以信息技术为依托，提升了企业组织化、规模化程度，提高了商品流通的效率，实现了规模化扩张和跨区域发展。门店运营与管理的标准化设计是连锁经营成功的关键，只有对门店的岗位规范、环境布局、商品的陈列、商品流转、作业流程、操作规范等进行全面系统的标准化设计，才能真正实现连锁经营的高效率、高效益。

本书从门店管理规范、连锁门店商品管理、卖场布局和商品陈列、连锁门店服务管理、连锁门店价格管理、连锁门店促销管理、连锁门店防损管理、卖场安全管理、连锁门店专柜管理、连锁门店人员管理、连锁门店经营绩效评价等方面全面阐述了连锁零售企业门店运营的流程、作业标准、管理规范等。本书尽量引入较新的零售管理相关知识和资讯以体现现代连锁门店管理的先进性；结合连锁店实际运作，尽可能全面和系统地介绍连锁门店运营管理的知识；注重教学内容的实用性、可操作性，教材内容尽可能图文并茂、程序化，同时提供了大量的案例；本书每章均提供了训练项目、训练方法，便于学生进行实训。本书既可作为商业、贸易类专业的教材，又可作为商业企业的培训教材。本书建议课时为36～64学时。

本书第1版的第一、二、三、四、五、八、九、十、十一章由深圳职业技术学院郑昕副教授编写；第六章由天津交通职业学院盛梅高级讲师编写，第七章由天津渤海职业技术学院潘玥舟讲师编写。第2版的第一、二、三、四、五、六、十章由深圳职业技术学院郑昕副教授编写。

本书配有电子课件，凡用作教材的学校或教师可向出版社索取，咨询电话：010-88379375，联系QQ：945379158。

由于时间仓促，加上作者的水平有限，难免有不足之处，敬请专家和读者批评指正。

编　者

目　　录

前言

第一章　连锁门店管理概述 ... 1
- 第一节　门店管理的基本内容 ... 1
- 第二节　店长素质与岗位职责 ... 6
- 第三节　门店组织结构和岗位职责 ... 11
- 本章小结 ... 20
- 案例分析 ... 20
- 实训项目 ... 20

第二章　连锁门店商品管理 ... 21
- 第一节　门店商品订货管理 ... 22
- 第二节　门店商品收货管理 ... 24
- 第三节　商品补货和理货程序 ... 27
- 第四节　门店盘点作业程序 ... 28
- 本章小结 ... 38
- 案例分析 ... 38
- 实训项目 ... 38

第三章　卖场布局和商品陈列 ... 40
- 第一节　卖场布局设计 ... 40
- 第二节　一般商品陈列 ... 47
- 第三节　生鲜熟食商品陈列 ... 59
- 本章小结 ... 63
- 案例分析 ... 63
- 实训项目 ... 64

第四章　连锁门店服务管理 ... 65
- 第一节　门店服务人员行为规范 ... 66
- 第二节　收银作业管理 ... 68
- 第三节　客服部接待服务管理 ... 72
- 第四节　顾客接待服务技术 ... 77
- 第五节　顾客投诉处理 ... 91
- 本章小结 ... 96

案例分析 ... 96
　　　实训项目 ... 99

第五章　连锁门店价格管理 ... 101
第一节　影响零售价格的因素 ... 102
第二节　门店价格的调整 ... 107
第三节　门店商品价格标识管理 ... 114
　　　本章小结 ... 117
　　　案例分析 ... 117
　　　实训项目 ... 119

第六章　连锁门店促销管理 ... 120
第一节　连锁门店促销策划 ... 120
第二节　门店促销实施与控制 ... 127
第三节　促销活动的评估 ... 133
　　　本章小结 ... 136
　　　案例分析 ... 136
　　　实训项目 ... 137

第七章　连锁门店防损管理 ... 138
第一节　损耗的含义及分类 ... 138
第二节　连锁门店的防损措施 ... 140
第三节　门店防损作业管理 ... 146
　　　本章小结 ... 150
　　　案例分析 ... 151
　　　实训项目 ... 152

第八章　卖场安全管理 ... 157
第一节　卖场安全管理内容 ... 158
第二节　卖场消防管理规范 ... 160
第三节　卖场安全措施 ... 164
　　　本章小结 ... 169
　　　案例分析 ... 169
　　　实训项目 ... 171

第九章　连锁门店专柜管理 ... 175
第一节　专柜业种的选择 ... 175

V

第二节　专柜管理......178
本章小结......181
案例分析......181
实训项目......182

第十章　连锁门店人员管理......183

第一节　连锁门店人员管理概述......184
第二节　连锁门店人员配备与人员素质要求......186
第三节　连锁门店员工培训......190
第四节　连锁门店员工考核......196
本章小结......205
案例分析......205
实训项目......206

第十一章　连锁门店经营绩效评价......207

第一节　连锁门店绩效评估体系的构成......207
第二节　连锁门店顾客满意度调查......209
第三节　连锁门店经营绩效过程评价......213
第四节　连锁门店经营绩效财务评价......216
本章小结......220
案例分析......220
实训项目......221

参考文献......222

第一章 连锁门店管理概述

技能目标
- 能根据零售企业的不同业态和经营状况建立企业组织结构。
- 具有一定的岗位分析能力，并能编写岗位管理规范。

知识目标
- 掌握连锁门店管理的基本内容。
- 了解门店不同管理岗位的岗位职责。

2013年零售业态在变革中寻找新出路

2013年零售业经历了史上最"寒冷"的冬天。零售业在经历多年发展后面临着升级转型，而电商发展、顾客购物习惯的改变加速了零售业的自我革命。

2013年，老牌百货王府井并购了高端品牌春天百货，苏宁投出了史上最大一笔战略投资，新发地批发市场借助京东高调触网，连锁超市主动通过关店、并购等调整方式度过零售寒冬，传统零售业在变革中寻找新的出路。网络时尚品牌凡客诚品经过盲目扩张后集体反思，京东商城等大型电商开始寻求机会并购，新兴的电子商务企业在保持高速发展的同时，也在修正前进的方向，顺应全渠道发展的趋势。

资料来源：2013零售业态盘点：在变革中寻找新出路. 联商网，2013-12-11.

第一节 门店管理的基本内容

一、连锁门店的经营范围

连锁经营的发展已经由超市扩展到了零售商业的所有业态，包括百货店、专业店、专卖店、仓储店、建材家居、购物中心等各种业态，经营的商品种类也包罗了人们日常生活需要的各种商品。连锁企业业态不同、经营规模不同，其门店经营的范围也不同，如百货店几乎包括了所有零售商品种类，专业店经营一类商品，而专卖店则仅经营一类商品中的一个品牌；相同业态的零售店由于经营方针不同、市场的定位不同，其门店经营的商品结构也不同，这意味着门店应该根据自身的市场定位来调整商品的结构。比如，一家百货店和大型综合超市经营的商品通常应该包括下面几类：

1．百货类

大家电、小家电、五金工具、汽车用品、家居用品及灯饰、洗涤日化、卫生用品、纸制品、化妆品、服饰及鞋类、婴儿用品、贴身针纺、文具、箱包、玩具、体育用品、艺术品、书刊、影像制品、钟表、摄影器材等。

2．干货食品类

粮油、调味品、南北干货、杂粮、饮料、酒、冲调饮品、罐头、糖果饼干、保健品、休闲小吃等。

3．生鲜食品类

面包、蛋糕、蔬菜、水果、蛋类、肉产品、海产品、熟食、面点、冷冻食品及保鲜食品、保鲜奶制品、冰品等。

二、门店运营管理的具体内容

门店是产生效益的实体，门店运营管理就是门店按标准化的作业流程和管理规范对门店日常的经营和运作进行管理。面对繁杂的商品和竞争激烈的市场，门店要对人、财、物、信息进行动态的管理，维持卖场的正常运转，并保持一定的服务水平。门店运营的具体管理内容如下。

（一）人员管理

门店对人的管理既包括对内部员工的管理，又包括对顾客的管理，还包括对供应商的管理，通过对人的管理实现门店的有效运作。

1．员工管理

员工管理的目标就是根据门店运营对人力的需要，合理地确定岗位的人数和安排员工的岗位，并最大限度地发挥员工各方面潜力，齐心协力实现门店的经营目标。员工管理包括下面几个方面：

（1）合理排班。要分析顾客的休息日、节假日，以及一天中各时段客流量变化的规律和消费的规律，并对相应时段工作量进行测算，以此合理、经济地配置好各作业部门的工作人员，制订出月、周、日出勤安排表，使每一个岗位达到效率最高的状态。

（2）出勤管理。制订员工的考勤制度并进行严格出勤管理是门店正常运行的基本保障。店长和各部组负责人员应严格按照考勤制度进行考勤，并执行相应的考勤奖惩制度，同时作好休假、病假与事假等临时性的调班，保证各岗位的人员齐备，维持较佳的营业状态。

（3）服务标准化管理。对员工的管理重点还体现在对员工服务水准的管理和控制上。高水准服务是企业市场竞争的优势，店长和部组负责人要对员工进行服务标准化的培训，对他们的服饰、仪容、礼貌用语和态度等按服务标准进行日常督察，并且随时留意顾客的投诉及意见反映，不断改进服务方式、提高服务水平。

（4）服务效率管理。店长要确保商店的工作效率，使人事费用得到控制。一般人事费用在企业门店成本核算中所占的比率最高，往往会超过月营业额的6%，故应经常调查各部门作业人员工作状况，寻找提高服务效率的措施。

2．顾客管理

顾客是零售企业的市场，是企业的生命之源，顾客管理是门店管理的重要内容之一。对顾客的管理主要是把握与顾客有关的信息。

（1）顾客构成。通过问卷调查、VIP会员、抽彩券等方法测算商圈范围，了解顾客分布状况、购物规律，分析该商圈的居民收入水平、人口数、户数、消费倾向、年龄、性别等有关信息，从而为顾客提供更优质的服务。

（2）顾客需要。门店可以通过定期问卷调查，对顾客的投诉进行统计分析等方式来了解顾客的不满、需求和建议，根据其需求或建议（甚至是抱怨）调整门店的商品结构和市场定位，改善服务、增加服务功能，从而更好地满足顾客的需求。

3．厂商管理

（1）准时配送。一般超市经营的生鲜食品，以及果汁、牛奶等日配品的销售比重超过40%，产品鲜度和保质期限管理十分重要，上述商品是否能在开店前准时送到店内非常关键。此外，即使是干货商品，也有标准的库存量，要避免发生缺货现象，因此对厂商的送货时间要根据超市的要求严格控制。

（2）良好的品质。商品质量保证是门店的生存基础，门店经营的大部分商品会对人体产生影响，特别是食品会对人体健康产生直接影响，因此门店相关部组对厂商提供的商品一定要严格检查，商品的外观、保存期、标识内容等均应符合规定，厂商的资质要符合要求。

（二）商品管理

商品管理的好坏直接影响到销售业绩。商品的管理包括商品的包装、验收、订货、陈列、损耗、盘点等作业，以及卖场商品的陈列、清洁、缺货等方面的监督。商品管理具体有下面几个方面。

1．商品陈列管理

良好的陈列能有效地利用卖场空间，活化商品，刺激顾客购买量，保持商品鲜度和质量，降低商品损耗，提高商品周转率。商品陈列的管理是卖场管理的重点，其管理要点主要有：

（1）是否按商品配置表来进行商品陈列；

（2）各类商品指示标志是否明显；

（3）陈列商品是否整齐、丰满；

（4）是否能显示出门店所经营的主要商品；

（5）陈列的方式是否能突出商品的丰富性及商品的特色；

（6）陈列的商品是否便于顾客选购；

（7）商品陈列是否随季节、节庆等的变化而随时调整；

（8）是否注意到商品陈列的关联性；

（9）商品的形状、色彩与灯光照明是否有效地组合；

（10）商品的价格标签是否完整、符合要求；

（11）陈列的商品是否让人有容易接近的感觉；

（12）商品是否有灰尘；

（13）促销商品能否吸引顾客的兴趣；

（14）货架上的商品是否及时补货；
（15）商品的广告海报是否已破旧；
（16）引导顾客的标志是否易见易懂；
（17）陈列设备的使用是否正确；
（18）陈列设备是否正常运作。

2．商品质量管理

（1）陈列时间控制。对于预包装商品，消费者往往在拆开商品包装后，进行使用时才能判别商品的品质，有些甚至在使用后也不了解商品的品质对自己的影响程度，所以品质对维护消费者的利益是至关重要的，对这类商品质量管理的重点是通过控制商品在陈列货架上的陈列时间，加快商品的周转率，使商品在货架上的陈列期控制在保质期的 2/3 以内。

（2）鲜度管理。对于生鲜食品和日配品来说，这些商品最重要的是鲜度管理。鲜度管理一是根据商品的特点使用正确的陈列设备和陈列方法，如冷冻设备、冷藏设备；二是保证不同的商品在其正确的保鲜温度下陈列，以及保证设备正常运行使温度控制在有效的范围内；三是对陈列时间的控制，在先进先出的陈列原则下，正确运用价格的调整来加快商品周转，使之在保质期内能销售完，减少商品的损耗。

3．商品损耗管理

在激烈的竞争中，门店的利润率已相当低，所以损耗高低也就成了门店能否获利的关键因素，损耗管理是节流创利的重要一环。损耗通常由进货不当、顾客偷窃、员工内盗、商品变质、包装破损、标价错误、变价不实、盘点不实等原因所引起。加强日常管理，一方面要降低损耗，另一方面要及时发现问题，寻找措施堵住这些漏洞。日常管理要点主要有以下几个方面：

（1）商品标价是否正确；
（2）销售处理是否规范（如特价卖出，原售价退回）；
（3）商品有效期管理是否适当；
（4）价格变动是否及时；
（5）商品盘点是否有误；
（6）商品进货是否不实，残货是否过多；
（7）职工是否擅自领取自用品；
（8）收银作业差错率是否在正常范围内；
（9）是否有顾客、员工、厂商的偷窃行为；
（10）每月的损耗率是否在正常范围之内。

4．商品缺货管理

零售门店商品缺货会使顾客的需要无法得到满足，导致顾客流失，而促销商品的缺货还会导致企业信誉的下降，最终降低门店的竞争力。门店要加强商品销售信息的管理，一方面运用现代的信息管理技术如 POS 系统和 MIS 系统，提高管理的效率和有效性；另一方面店长和部组的主管要时时了解卖场商品的销售状况，及时与供应商联系，把缺货率降至最低水平。

（三）现金管理

1．每日营业收入管理

营业收入管理的重点是保证经营管理的最后成果的安全性。门店应根据实际情况配备保险箱，存放过夜营业额，由店长和专人负责管理钥匙；规定收银员、财务管理人员解款的时间、方式、路线及安全防范措施；作好报表和各种单据的管理。

2．收银员管理

收银台是现金进出最频繁的地方，因此是现金管理最重要的地方，通过对收银员的有效管理能保障营业收入正常运作。收银员管理要点有以下几个方面：

（1）控制收银差错率。建立收银差错率标准，熟练的收银员的收银差错率可控制在 4/10 000 以内，而新进收银员的差错率则往往超过 10/10 000，超过标准说明不正常，要进行清查。

（2）规范收银员行为。收银中的常见问题主要有退货不实、收到伪钞、遇到诈骗者、亲友结账少收钱等。门店店长和收银主管必须加强对收银员的管理，通过加强员工的培训，制订严格的管理制度和加强日常的监管，控制收银差错率在合理的范围之内。

（3）大额现金管理。大额钞票存放在规定的位置，为安全起见，最好存放在收银机现金盘下层；当大钞累积到一定数额时，可由收银主管或店长收到保险箱存放；清理现金时，现金保管的各项记录要完整。

3．交班时的现金管理

（1）规定交接班的时间、现金管理方式；

（2）交班清理现金时，要注意周围的情况，将现金放置在规定的袋中；

（3）规定备用金的额度和管理措施；

（4）要求收银员负责清点自己的营业款，填写现金解款单；

（5）解款单的审核与保管。

4．进货传票管理

进货传票是日后付款的凭证，正确管理才能使资金保持平衡。避免发生传票误差的措施有正确验收、准确签证、登录清楚及严禁压单，只有这样才可避免损益不实的现象。店长应每天检查商品验收情况和会计部门的作业情况，以防止人为差错的产生。

（四）信息管理

目前连锁门店大多采用 POS 系统和 MIS 系统，管理信息系统能提供与运营相关的信息，并能进行数据的统计和分析，提供各种经营指标，为制订工作计划及对策提供参考。门店店长和相关的部组经理或主管要定时阅读相关报表和经营指标，以掌握运营动态。门店的信息管理主要有以下内容：

1．营业日报表

主要包括：各部门营业日报表、各时段营业日报表、销售比、营业额、来客数、客单价、客品项、品单价等。

2．商品排行表

主要内容包括：销售额排行表、销售量排行表、交叉比率排行表、周转率排行表、毛利率排行表、销售比重等。

3．促销效果表

主要内容包括：营业额、来客数、客单价、促销品、毛利率等在促销前后的差异。

4．顾客意见表

主要内容包括：投诉项目、投诉件数、投诉部门、支持项目、支持件数、支持部门等。

5．费用明细表

主要内容包括：各项费用的金额、比重。

6．盘点记录表

主要内容包括：部门存货额、周转率等。

7．利润表

主要内容包括：营业额、毛利额、损耗额、费用额、损益额等。

（五）终端卖场现场管理

终端卖场销量的提升主要取决于服务与品牌，推行 5S 现场管理就是提升服务水准的一个重要措施。5S 是现代零售企业现场管理的一种方法，5S 是指整理（SEIRI）、整顿（SEITON）、清扫（SEISO）、整洁（SETKETSU）、素养（SHITSUKE）这五个词语的日语罗马拼音的第一个字母"S"组合而成的。通过终端卖场推行 5S 管理可以为顾客和员工提供一个整洁、高效的环境。通过改善员工工作环境，提升员工团队精神，提升服务水准及品牌形象，从而赢得顾客信赖。5S 现场管理的具体内容为：

1．整理

将卖场内的物品分类，把不用的物品及过期的营销广告坚决清除掉；把计算器、销售表单、宣传单等经常用的东西放在容易取到的位置。及时更新价格标签、海报以及产品，给顾客创造一个整洁优雅的购物环境。

2．整顿

将卖场内有用的物品分类整理摆放好，进行标识。特别是样品、价格牌、POP、销售表单等物品要摆放整齐、美观大方，杜绝乱堆乱放，确保为顾客提供及时周到的服务。

3．清扫

卖场内的天花板、墙面、地面、柜台及商品必须及时清扫干净，破损的东西必须及时维修或更换，不得播放不文明的音像制品。要求员工保持个人卫生，衣着整齐得体，保持良好的形象和精神状态为顾客服务。

4．清洁

维持整理、整顿、清扫这三项工作，定期与不定期自我检查或相互检查，每天上下班花几分钟的时间作好 5S 工作。

5．素养

公司定期对员工进行培训，使每个员工养成良好的生活及工作习惯，自觉遵守规章制度，积极学习各种业务知识，确保员工为顾客提供优质高效的服务。

第二节　店长素质与岗位职责

一、店长的角色

1．门店经营的代表人

连锁门店的店长对上直接隶属于总部管理，对下是门店的全面管理者，其管理能力直接影响门店的经营状况，对门店的整体经营效果及门店形象负全责。

2．店铺经营目标的实现者

超市是利润单元，它在满足顾客需求的同时又必须为门店创造利润。店长必须根据总部制订的经营目标，合理利用门店的所有资源，有效组织门店的运营，发挥整体经营效率、提升业绩，确保公司经营目标的实现。

3．卖场的指挥者

店长必须担负起对整个卖场的指挥责任，要将门店的经营目标分解到各部组，合理有效地利用人力资源，按照门店的经营计划来组织、指挥各部门的行动，控制卖场的整个布局和陈列效果，协调各方面的关系，及时解决运营过程中出现的问题，保障门店能够正常、有序地运行。

4．员工的培训者

店长不但要提升自己的业务水平和业务技能，更要懂得不断对员工进行在职培训，提高下属主管的管理能力和员工的服务能力，最大限度地开发和利用人力资源，使门店的服务水平和经营水平不断提高。

二、店长素质与能力要求

店长作为门店的代表和指挥者，其素质的优劣和能力的强弱直接影响门店经营绩效的高低。成功的企业对于店长的要求条件甚高，总部要给予一系列的培训，以保证他的服务绩效不断提升；而店长自身也要不断学习，使自身素质和能力不断提高。对店长素质和能力的要求主要有以下几个方面。

（一）身体素质

由于门店管理工作繁杂，长期面临激烈的竞争，工作压力大，良好的身体素质是店长能全身心投入工作的基本要求。门店店长最好是35～45岁的年轻力壮者，体力能承受得住长期疲劳的考验，能够承受满负荷的紧张工作所带来的压力。

（二）性格

1．有积极的性格

面对问题和困难积极地去处理，不躲避；面对竞争，积极地面对市场的变化，勇于接受任何挑战；对日常工作要勇于创新，不断提高服务水平和经营效益。

2．有忍耐力

在门店的作业化管理过程中，能顺利进行的时候往往很短，而辛苦的时候和枯燥的时候却很长，对于店长来说，有足够的忍耐力进行正常的活动是极其重要的。

3．有开朗的性格

店长的情绪会直接影响下属及员工，也就影响了整个门店的工作气氛。店长开朗的性格和良好的心态能有效地感染全体员工，营造一个愉快的工作环境，并把微笑、热情服务展现给顾客。

4．有包容力

店长对门店运作中的问题要及时纠正，对同事、部下的失败或错误要教育和批评，但是店长的出发点应是关怀员工、帮助员工，同时要鼓励员工，激发员工的工作热情，从而有效地维护店长权威。

（三）知识

学识是一个人最宝贵的财富，它本身就是一种力量。店长学识丰富，容易取得下属的信任，并由此产生信赖感，甚至带来极高的影响力；学识是才能的基础，丰富的知识运用于实践才能使企业良性运转并不断发展。在学识方面，店长最应具备的基础知识主要包含以下几个方面：

（1）了解零售业演变过程及发展趋势。
（2）具有关于零售业经营及管理的知识。
（3）具有洞察市场消费动向的知识。
（4）了解经营企业的历史、制度组织和理念。
（5）熟悉公司各项规章制度和经营方针。
（6）熟悉常用办公软件及商品进、销、存系统。
（7）具有关于销售管理等方面的知识。
（8）具有关于门店的计划决策方法的知识。
（9）具有计算及理解门店内所统计的数值的知识。
（10）具有关于零售业的法律知识。
（11）熟悉商品流转程序。
（12）熟悉门店整体业务运作流程。
（13）熟悉各职能部门与门店有关的业务运作情况。
（14）具有关于教育方法和技术的知识。

（四）店长应具备的能力

（1）良好的商品销售技能。店长能对门店的布局和商品的陈列进行有效的管理，根据经营目标和市场变化适时调整商品结构和陈列，保证商品的销售稳步上升。

（2）敏锐的判断能力。能客观准确地判断经营管理中的问题和例外事件，并能迅速加以解决。

（3）良好的处理人际关系的能力。店长能与下属及员工建立良好的人际关系，其亲和力有助于建立一个具有强大凝聚力的团队。

（4）指导能力。能发现下属能力的不足，能拓展下属视野，帮助其成长与努力向上，并且指挥下属达到既定目标，从而促使下属提升业绩，使其发挥最大潜力。

（5）数据管理能力。能全面地把握门店经营数据，通过数据的整理和分析及时了解门店的经营状况，并通过管理和各项措施不断改善数据指标。

（6）目标完成能力。为了完成某一特定目标，能有效地调配门店内的资源，组织员工完成。

（7）专业知识的学习能力。具有能不断学习掌握新的经营管理知识和相关知识以及提升技能的能力。

（8）卖场经营能力。能有效地组织门店的人、财、物，为顾客提供其需要的商品和满意的服务。

（9）企划能力。能对门店的各项活动进行策划，具有较强的创新能力。

（10）业务改善能力。改善服务品质并加以合理化的能力。

（11）学习能力。店长应以自我管理能力为前提，随着企业的成长，培育自我成长的能力，应该具有较强的自学能力，能从管理实践中不断总结经验，全方位地提升自己。

三、店长岗位职责

连锁门店店长的具体职责主要包括：

（1）制订经营目标与方针，主要是商品的促销计划，商品的定位和商品的组合，费用目标和利润目标等。

（2）依据经营方针和目标来制订门店的各个时段的计划，如日计划、周计划、月计划，并负责其贯彻、落实。

（3）制订门店的各项规章制度并负责其贯彻、执行。

（4）维持店内整齐生动的陈列和清洁舒适的购物环境。

（5）监督检查各部门服务人员的日常工作情况，维持门店良好的顾客服务水平。

（6）对门店员工进行业绩评估和岗位教育与培训，并向公司总部直属主管提供晋升建议，为公司的发展培训运营人才。

（7）对销售情况做好分析、总结、预测工作，采取相应的经营对策，维持门店良好的销售业绩、毛利业绩。

（8）审阅各种报表、单据、文稿。

（9）负责门店的人员、商品、设备、现金、账务、安全等管理工作，使店铺业务能正常运行。

（10）沟通门店和公司总部的关系，维护与供应商的关系。

（11）迅速处理门店发生的各种紧急突发事件，如火灾、水灾、停电、抢劫、盗窃等。

四、店长管理内容与一般流程

（一）店长管理主要内容

（1）全面负责门店管理及运作，为所有的顾客提供优质超值的服务。

（2）根据总部的任务，负责制订月度、季度、年度销售计划和毛利计划，定量分解下发各部门，并督导落实。

（3）负责与地区总部及其他业务部的联系沟通，传达并执行运营部的决策、计划。

（4）加强员工培训和日常服务标准的检查，提高服务水平。

（5）适时调整卖场布局和商品陈列，营造整洁、舒适、销售气氛浓的购物环境。

（6）负责商品结构、比重、合作方式的调整。

（7）组织市场调研，制订竞争策略，审批竞争商品品项。

（8）指导商品促销、广告促销等活动的开展。

（9）进行库存管理，保证充足的货品、准确的库存及订单的及时发放。

（10）负责店内各项费用支出的标准制订、店内各项费用预算的审定和报批落实。

（11）严格控制损耗率、人事成本、营运成本，贯彻"低成本"的经营策略。

（12）负责员工业绩考评和审批工作，并在授权范围内核定员工的加薪、升职、调动、任免等，包括对管理人员的选拔和考评。

（13）负责奖金提案的审核报批和分配方案的审定。

（14）监督检查各部门执行岗位职责和行为运作规范。

（15）保障运营安全，负责督导清洁、防火、防盗和设备的维修保养。

（16）授权值班经理处理店内事务。

（17）组织实施年度盘点。

（二）店长一天的管理流程

一般卖场的营业时间为 9:00～22:00，为了确保门店开门正常营业，店长通常采取早班出勤方式，上班时间为 8:00～18:30，通常一天还会安排一个值班店长换班，店长卖场的检核项目以及检查时间可做安排，见表 1-1。

表 1-1　店长卖场日常工作检查表

时　　间	工　作　要　点
8:00～9:00	开店前的各项准备工作： 1. 监督早班员工到岗、刷卡情况 2. 检查员工工卡、工服是否整齐、整洁 3. 检查收货部员工是否已经做好收货准备 4. 检查员工开店前卫生清洁及商品补货、理货作业状况，商品陈列是否排面丰满、整齐 5. 检查各部门、部组负责人以及主管到岗情况 6. 检查生鲜部门商品准备状况，自制商品开店前是否已经做好准备，开店后是否能够正常销售 7. 检查营运部组开店前准备情况，检查、询问、督核各部组商品促销活动现场布置、变价、价签更换、POP 撤换等作业是否在开店前全部完成 8. 检查客服部门（服务中心/收银员）开店前工作准备状况，是否准时到位 9. 检查防损部内保、外保各相关岗位人员是否已经准时到位，并准备迎接开店 10. 检查、督核防损部门准时开店迎接顾客入店 11. 巡视店铺人员工作状况以及全店卫生清洁状况 12. 昨天营业情况确认：营业额、来客数、客单价、客品数、品单价等
9:00～9:30	主持召开当日主管晨会： 1. 通报前日销售额 2. 通报昨日稽核检查记录 3. 通报早晨巡检情况 4. 确认部组计划重点，布置主要作业事项
9:30～10:00	营业问题点追踪： 1. 检查昨日经营中的问题，现场督促整改 2. 对昨日营业额未达到目标的部门进行分析，提出改善建议 3. 通过电脑数据报表的数据分析，提出改善建议和改善期限
10:00～12:00	1. 检查正门以及门窗玻璃、主通道、门帘、卫生间等是否整洁、卫生，保洁人员是否已做完清洁作业 2. 检查生鲜食品设施设备的运行状况、商品陈列方式 3. 检查重点商品、季节商品、促销商品的陈列与展示 4. 检查门店库房整齐、整洁状况，是否安排人员进行整理 5. 检查收货工作是否正常进行 6. 检查各部门是否有缺岗现象 7. 检查督核前台收银情况，收银台人力安排是否得当，并及时调整

（续）

时　间	工作要点
12:00～13:30	早、晚班值班店长轮流午餐，并分别检查、督核各部组的员工换班午餐是否正常，是否存在脱岗现象，各部组、区域是否有人当值巡视
13:30～14:00	检查各部组主管是否准时回店，并且已经进入工作状态，同时检查各部组是否在进行商品整理作业
14:00～16:30	1. 竞争店调查分析： 比较竞争店与本店的活动和营业状况，提出应对对策 2. 部门会议： （1）讨论各部门所需协调的事项 （2）各部门计划执行情况，讨论如何实现经营目标 （3）顾客意见通报与整改措施 （4）经营计划讨论 3. 培训： （1）新进人员的培训 （2）在职人员的定期培训 （3）节庆等特殊活动的培训 4. 各种计划、报告的撰写
16:30～18:30	1. 各时段、各部门营业目标完成的情况 2. 巡视、检查整个卖场的人员，对高峰期促销活动的人员和收银人员进行调配，保证有效运行 3. 重点检查商品，保证商品的齐全和量感化 4. 检查各部组是否在开交接班会，检查早晚班员工交接班情况 5. 检查设施设备的运行及环境的清洁、卫生、安全等状况 6. 专柜的运行和配合状况 7. 指示副店长或值班店长接班注意事项

第三节　门店组织结构和岗位职责

一、连锁门店的组织结构

（一）连锁零售企业组织结构

连锁经营是一个由众多经营同类商品或服务的众多门店组成的联合体，这些分店通过采用标准化的运作方式和集中化的管理，实现联合体的规模经济效益的先进的商业组织形式和经营方式。连锁店由总部、门店和配送中心组成，三者分别在连锁店体系中扮演不同角色并承担不同职能。

总部是连锁店的中枢、核心，通常具备采购配送管理、财务管理、质量控制、经营指导、市场调研、商品开发、店铺开发、教育培训、大型促销策划、定价管理等职能，并根据企业职能设立相应的职能部门。

门店是具体商品经营者，其主要职责是按照总部的指示和操作规范完成总部所赋予的现场销售、服务等日常经营任务，根据日常经营任务设立店长和管理部门。

配送中心则是连锁店的物流职能的具体承担者，是介于总部和门店之间的组织，既接受总部业务的领导，又承担着各个门店所需商品的进货、库存、分拣、加工、打包、送货等任务。

（二）门店组织结构

连锁零售企业总部与门店进行了专业分工，门店完成现场销售、服务等日常经营管理任务，并根据业务实行岗位化专业分工。门店的规模和业态不同，卖场管理的业务不同，工作岗位也有很大的区别。一般大型综合超市设置店长、副店长、值班经理、主管、柜长、理货员、收银员、仓管员、寄包员等岗位人员。

连锁门店的组织结构由于门店的规模和业态不同，组织结构也不同。小规模的门店，如小型超级市场、便利店，其管理层仅一层，店长负责全面管理；中等规模的门店，如中型超市、专业店等，组织结构一般为二级：店长、部门主管；大型规模的门店，如百货店或大型综合超市，其管理机构一般是三级组织，如图1-1所示。

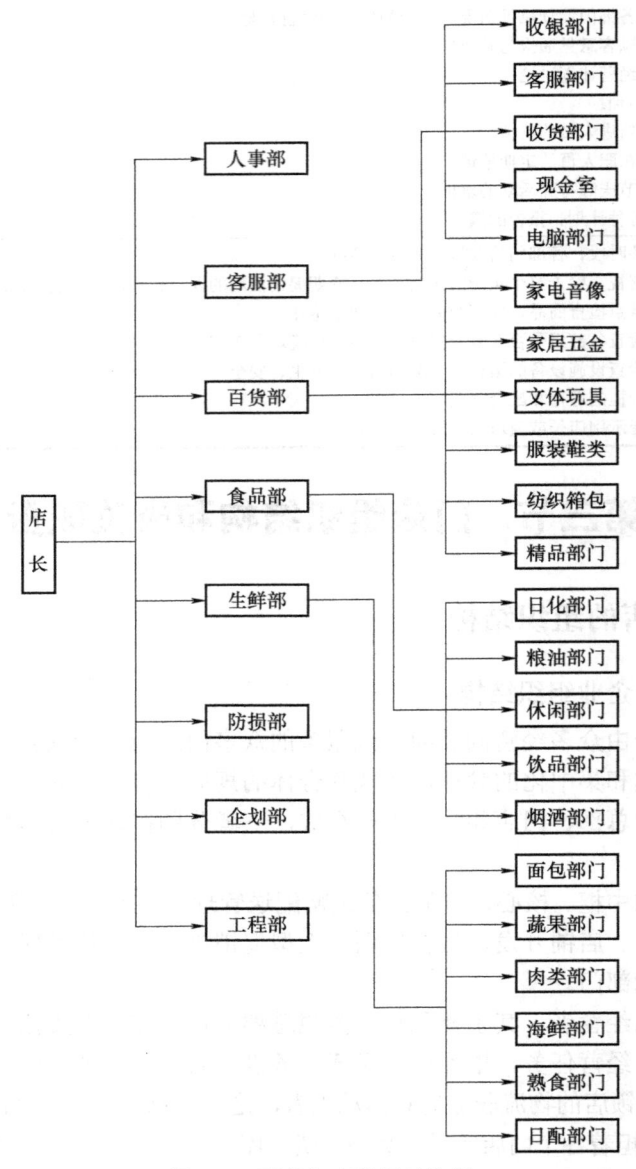

图1-1　百货门店组织结构图

客服部：负责收货、退货、收银、顾客服务、信息处理等工作。

百货部：负责百货类商品的经营管理。
食品部：负责干货食品的经营管理。
生鲜部：负责生鲜食品的加工和经营管理。
企划部：负责 POP 广告制作，促销人员的管理，广告活动的策划，DM 快讯的制作和分发等。
工程部：负责店内设备的维修、设施的保养、电力线路的改造等。
人事部：负责门店工资统计与发放、工衣和衣柜领取，以及食堂、车辆、办公用具采购的管理。
防损部：负责门店各类安全和损耗控制。

二、门店岗位职责

岗位职责又称工作职责，它规定了一个工作岗位的主要工作内容和对适岗人员的基本管理要求，是企业管理制度系统中的重要组成部分，是岗位说明书的核心内容。岗位职责的制订建立在对该工作岗位的工作分析基础之上，通过抽象地将该工作岗位的工作内容细分为若干项单列的工作任务，以条款的形式将这些细分工作任务依照一定的规律排列出来。岗位职责说明的是该岗位是"做什么的"。

（一）客服部经理岗位职责

1．应备知识与能力

熟悉电脑操作、POS 系统操作和常用办公软件；具备与收银工作有关的财务知识；了解消费者权益相关的法律知识；熟悉各银行的银行卡和各种结算方式；掌握公司的各项规章制度，并能够贯彻落实；具备一定的组织、协调能力，能独立处理收银岗位和客服岗位的日常事务；熟悉所管理的岗位的业务运作；具有市场信息收集、分析并有效利用的能力。

2．岗位职责

（1）全面负责店内收货、收银、客服运作。
（2）制订本部门工作计划并贯彻落实。
（3）管理本部门员工，合理安排人力，保障服务正常运转。
（4）监督各项运营程序、运营标准的正确执行。
（5）保证收银机设备的正常运转。
（6）保障现金室的正常运转和资金的安全收、发、存。
（7）保障电脑中心办公室的正常运转。
（8）处理好顾客投诉事件。
（9）主持区域例会、班长例会。
（10）审阅收银区域各种报表、单据、文稿。
（11）控管本部门人事成本和运营费用。
（12）负责本部门的人事管理。

3．主要管理内容

（1）全面负责收货、收银、客服工作，保证良好的服务形象。

(2）组织本部门的会议，包括每日早会，传达、落实公司的政策，解决工作中遇到的难题。

(3）负责所有现金报告、收银报告的审查，及时发现问题，制订解决问题的措施。

(4）监督、检查服务流程和服务标准的执行情况，重点检查微笑服务和唱收唱付。

(5）根据每日顾客流量的规律，合理安排收银人数，保持收银区正常的收银秩序和收银通道畅通，一般收银台前排队人数不超过5人。

(6）加强收银过程中的损耗防止管理，包括商品损耗和现金损失。

(7）保证现金的收发安全，监督现金室和收银岗位上人员的工作情况。

(8）检查整个服务区域，保证卖场环境的整洁、卫生。

(9）检查顾客退货程序是否正确。

(10）检查顾客投诉记录的跟踪情况，处理比较棘手的顾客服务问题。

(11）检查收货是否正常进行，巡查周转仓的整理和规范。

(12）负责员工的培训、评估、升迁等工作，并指导主管助理和班长的日常工作。

(13）严格执行培训计划，有针对性地组织对新进员工及在职人员的培训。

(14）审批所有部门的日用品的申购，特别是控制收银部门的费用。

(15）负责与其他部门及总公司的相关部门进行沟通协调。

(16）正、副经理不在店内时，根据授权代理执行工作。

（二）干货部和百货部经理岗位职责

1．应备知识和能力

熟悉电脑操作，熟悉公司的商品进、销、存系统，能够使用常用办公软件；具有丰富的商品知识，掌握各类商品验收标准；熟悉商品质量法，了解零售业的法律知识；熟知商品流转程序，具备一定的组织能力和较强的协调能力，能独立处理日常事务；具有较强的市场应变能力和销售企划能力，能够实现本部门的经营目标；掌握商场（超市）的各项规章制度，并能够贯彻落实。

2．岗位职责

(1）确保本部门所有员工能为顾客提供优质的服务。

(2）负责本部门员工的管理，保证并检查公司各项标准、规范的准确执行。

(3）负责本部门所有商品陈列的设计和实施。

(4）负责本部门运营标准的维护，使商场保持安全、整洁、干净、舒适的购物环境。

(5）负责执行全店的销售计划，保证本部门月度和年度销售业绩、毛利业绩达到公司指标。

(6）负责商品的续订货和库存的管理，控制缺货。

(7）负责促销计划的实施、市场调查和确定本部门的竞争品项。

(8）负责控制本部门的损耗在公司规定的指标内。

(9）提高劳动生产率，控制人事成本和营运成本。

(10）负责本部门员工的培训、评估、升迁等事宜。

(11）负责本部门的消防安全工作，避免工伤事故的发生。

(12）组织实施周期盘点、年度盘点。

3．主要管理内容

(1）规范、监督员工服务行为，提高本部门员工对顾客的服务水平，保证优质、准确、快速的微笑服务。

（2）组织本部门的晨会、周会等，传达公司的政策，通报每日销售状况和运营中的问题，提出整改要求。

（3）巡视收货部，检查本日的进货、存货情况。

（4）检查家电部、精品部和烟酒部等专柜的安全情况和台账记录。

（5）检查家电的提货处，审核前一日所有的提货单。

（6）检查本部门各个区域的补货、理货、陈列、价格标识、清洁卫生、安全等情况，确保公司运营规范的准确执行。

（7）检查各部门商品的保质期和商品存放是否安全。

（8）检查本部门每日零星散货的收回情况。

（9）负责审核本部门各种报表的完成，根据每日各类报表有关销售额和利润的统计分析，及时调整陈列，制订促销方案。

（10）审核系统订单和紧急订单。

（11）负责本部门管理层的排班。

（12）负责对本部门所有员工进行业绩考核、评估。

（13）制订培训计划，有针对性地组织对新员工及在职人员的培训。

（14）负责与其他部门及总公司的相关部门进行沟通协调。

（15）店长不在店内时，根据授权代表店长做出决定，完成店长安排的工作，并在值班簿内登记报告给店长。

（三）生鲜部经理岗位职责

1. 应备知识

熟悉电脑操作，熟悉公司的商品进、销、存系统，能够使用常用办公软件；具有丰富的商品知识，掌握各类商品验收标准；具有较全面的生鲜食品的保鲜知识和保鲜技术，及设施设备的运用与管理知识和技术；能及时掌握有关商品、销售、包装的法律和法规；熟悉精通商品流转程序，具备一定的组织能力和较强的协调能力，能独立处理日常事务；具有较强的市场应变能力和销售企划能力，能够实现本部门的经营目标；掌握门店的各项规章制度，并能够贯彻落实。

2. 岗位职责

（1）确保本部门能为顾客提供优质的商品和超值的服务。

（2）保证公司各项标准、规范的准确执行。

（3）负责本部门生鲜商品的质量和鲜度的管理，为顾客提供新鲜、干净、美味的食品。

（4）负责本部门所有商品陈列的设计和实施。

（5）负责维护本部门购物环境的安全、整洁、干净、舒适。

（6）负责执行全店的销售计划，保证本部门月度和年度销售业绩、毛利业绩达到公司指标。

（7）负责库存管理，控制缺货，确保库存周转期符合公司的标准。

（8）负责促销计划的实施，确定竞争品项并开展各种促销活动以提高业绩。

（9）负责控制本部门的损耗在公司规定的指标内。

（10）负责保证所有的冷库、冷柜的温度保持正常，确保所有生鲜加工设备的正常运转。

（11）负责本部门员工的培训、评估、升迁等事宜，提高劳动生产率，控制人事成本和运营成本。

3．主要管理内容

（1）关注顾客投诉、检查整个区域内的顾客服务情况，确保无顾客排队的情况。

（2）组织本部门的会议，传达公司的政策，通报部门销售状况和每日运营中的问题。

（3）检查整个部门的补货、理货、价格标识、陈列、安全生产情况。

（4）检查所有陈列在销售区域内商品的陈列方式、陈列设施和商品质量情况。

（5）检查加工区域的卫生是否达标，加工流程和操作是否规范。

（6）巡视收货部，检查生鲜商品的收货、验货情况，审查供货商的资质。

（7）检查销售区域的清洁卫生情况，检查个人卫生和着装情况。

（8）检查每日变价是否100%正确。

（9）检查商品的陈列是否先进先出。

（10）审批竞争品项，批准降价和广告，监督促销计划的执行，确保完成公司指标。

（11）检查冷库、冷柜温度是否在正确的温度范围内。

（12）控制好库存、商品的陈列时间，检查商品的保质期和存放的标准是否符合公司的要求，缩短商品的周转期。

（13）审查每日损耗登记表。

（14）审核生鲜自用品的订购。

（15）处理各种系统的报告。

（16）检查零星散货的收回情况。

（17）负责本部门管理层的排班。

（18）安排部门员工的培训计划。

（19）负责与其他部门及总公司的相关部门进行沟通协调。

（20）店长不在店内时，根据授权代表店长做出决定，完成店长安排的工作，并在值班簿内登记报告给店长。

（四）防损部经理岗位职责

1．应备知识

具有较好的身体素质和较强的团队意识；具有与商业有关的法律知识和相关的民事法学、刑事法学知识，如《中华人民共和国消费者权益保护法》《中华人民共和国治安管理处罚法》《中华人民共和国消防法》，掌握基本的防盗、防爆、消防技能；掌握门店岗位分布及职责；掌握商品进出门店的相关规定；掌握零售企业安全知识，熟悉门店各种安全设备的性能及使用方法；熟悉门店内外环境，了解商品大类的陈列位置；组织、指挥、协调、控制能力强；具有独立处理紧急事件的能力；掌握公司管理制度；有较好地指导、培训员工的能力；熟悉电脑操作。

2．岗位职责

（1）认真完成店长交给的各项工作任务。

（2）制订日常工作计划，指导、督促主管助理和班长的工作，使其提高工作能力。

（3）负责门店的安全保卫，开展五防工作（防火、防盗、防爆、防破坏、防自然灾害），发现问题及时处理并上报。

（4）分析商品流失情况，制订、实施防范措施，打击盗窃行为。

（5）对盗窃事件进行处理，并向店长汇报。

（6）组织开展紧急事件的应急演练。

（7）组织防损员参与对紧急事件的应急处理。

（8）协助人力资源部对防损人员进行法律知识、消防知识、防盗技能、公司规定、相关商品业务流程等的培训、考核。

（9）受理防损员的投诉，及时处理，并向店长汇报。

（10）负责与相关政府部门的沟通协调工作。

3．主要管理内容

（1）落实国家有关消防安全法规，制订与实施公司的消防管理规定。

（2）制订应急方案，负责实施、处理紧急突发事件。

（3）负责建立消防基层组织，负责与驻场厂商、运营部门签订消防安全合同。

（4）组织部门会议，传达、落实公司政策，总结工作业绩，解决工作中遇到的问题。

（5）进行每日巡查，重点检查现金室、电脑中心、财务室、提货处有无异常，及时进行消防、安全隐患的检查和整改后结果的反馈等。

（6）负责门店销售区、收货区域、收银区域、广场等处的正常秩序。

（7）检查卖场的商品陈列是否有不安全因素，如食品加工部门存在的安全、卫生隐患等。

（8）负责处理、调查超市有关内部人员、促销人员的诚实事件，对于盗窃员工依公司规定予以处置。

（9）依据门店规定处理较大的顾客偷窃案件。

（10）制订损耗防止计划，通过阅读超市的各种系统报告，重点跟进较大的库存更正、损耗更正等，堵塞管理漏洞、降低损耗。

（11）督导安全教育、安全宣传、安全培训、安全活动的进行，定期进行消防知识考核和消防演习。

（12）确保整个商场的消防、监控、防盗设施的正常运转。

（13）指导部门档案资料整理、保存。

（14）协助进行门店的年度盘点。

（15）定期对本部门员工进行业绩考核、评估、升迁等事宜。

（16）安排本部门管理层的排班、排岗。

（17）协调与政府消防部门、治安部门之间的关系，取得他们的支持和帮助。

（五）企划主管岗位职责

1．应备知识

具有较强的团队意识；具有与商业有关的法律知识，如《中华人民共和国消费者权益保护法》《中华人民共和国广告法》等；具有较强的创新意识和策划能力，能策划有效的促销方案；组织、指挥、协调、控制能力强，能独立组织实施各类策划活动；有独立处理紧急事件的能力；掌握公司管理制度；有较好地指导、培训员工的能力；熟悉POP广告、DM等的制作。

2．岗位职责

（1）负责对超市进行节假日、店庆的门店装饰工作。

（2）负责整个超市促销人员的培训、管理、奖惩等。

（3）负责DM制作和分发。

（4）负责制作非标准、非规格的广告标识或通告、标牌等。
（5）负责本部门设备的管理、维护和办公易耗品的申购。
（6）负责与总部的相关部门、店内各部门进行协调、沟通、合作等。
（7）负责本部门员工的评估、业绩考核和专业培训。

3．主要管理内容
（1）检查店内所有的广告是否过期、损坏，悬挂是否正确，价格是否正确。
（2）检查本期的 DM 是否在快讯开始前已经完成内部分发。
（3）检查所有促销员的出勤、到岗、顾客服务、区域整理等工作。
（4）召开促销人员会议，传达公司政策和规章制度，表扬优秀的促销人员。
（5）分享促销经验等。
（6）制作广告并执行促销计划和装饰布置商场。
（7）在商场内进行促销活动和娱乐活动，营造良好的购物气氛。
（8）制作促销商品的报告，评估促销的效果。
（9）整理赠品仓库，做好赠品进出账。
（10）负责本部门人员的排班。
（11）负责公司在门店的企业形象维护和统一公共形象的建立。
（12）进行季节性销售的策划和服务社区活动的举办。

（六）财务主管岗位责任

1．应备知识

熟悉商场（超市）业务流程及财务业务运作；熟悉柜组分布情况及各商品大类的分布格局；具备较强的协调能力，能与各部室之间进行良好的内部沟通；具备良好的管理能力，能合理地安排好商场（超市）内部财务的工作；熟悉经营管理基本情况，能运用会计信息和会计方法，加强内部管理，提高商场（超市）经济效益。

2．岗位职责
（1）负责会计基础核算及财务管理工作。
（2）制订财务工作计划，检查、督促、指导财务部人员的日常工作，保证财务工作正常运转，及时汇报工作进度，反映日常工作中存在的问题并提出合理化建议。
（3）明确各小组人员的岗位职责、工作权限、工作标准和考核办法，以及内部牵制制度和稽查制度，使财务人员分工合理、职责明确、互相制约，保证财务工作秩序化、规范化。
（4）负责对商场（超市）人员进行有关财务知识的培训。
（5）参与商品削价、报损、商品盘点等工作。
（6）负责员工费用报销的审核工作。
（7）负责商场（超市）出纳备用金、收银备用金、服务台定额储值卡和电话卡的监督和管理，不定期进行抽查。
（8）监督电脑三级账的有效运行。
（9）加强沟通，协助解决营业中出现的有关财务问题。

（七）理货区主管岗位职责

1．应备知识

熟悉电脑操作，熟悉商品进、销、存系统，能够使用常用办公软件；熟悉《商品质量法》，了解零售业的法律知识；具备一定的组织能力和较强的协调能力，能独立处理理货区日常事务；掌握商场（超市）的各项规章制度，并能够贯彻落实；精通商品流转程序；掌握各类商品验收标准，具有丰富的商品知识。

2．岗位职责

（1）对店长负责，在其指导下主要实施理货区管理工作。

（2）切实保证商场（超市）各项规章制度在理货区得到贯彻落实。

（3）对理货员验收的商品进行抽检，确保进场商品及理货区库存商品质量完好，数量准确。

（4）确保理货区商品按类合理摆放，周转畅通，并保障商品安全。

（5）参加商场（超市）例会并主持理货区例会、班长例会。

（6）负责对理货员进行管理和培训，并指导助理和班长工作。

（7）按商场（超市）商品流转程序要求审核各类单据，并审阅本区域各类报表、文稿。

小 资 料

如何编写岗位职责？

岗位职责应该能够涵盖该工作岗位的大部分工作内容和主要工作任务，但应注意避免内容过于烦琐，华而不实。一些企业的岗位职责编制得非常全面，甚至将一些工作流程都写在里面。如果企业制度建设工作做得到位，那么工作流程应该会写进工作流程的相关文件里；工作流程全部编在岗位职责中，则过于繁复，不能达到简单明了的效果。

编写岗位职责的每项细分工作任务，应该选用"动词+宾语"的句式，这种句式表述工作任务要求时较为直观，容易理解。

描述岗位职责的句式中，尽量不要使用形容词，如"积极""认真""好"等词语。

编写岗位职责应该尽量避免使用或少用"负责""统筹""确保"这一类意义表述比较笼统的词语，除非后面的句子能够清楚地描述工作任务内容。

岗位职责的编制结果是对该岗位主要工作内容和工作任务所进行的拆分和罗列。一般情况下，可以选择采用三种方式来对拆分后的工作任务项目进行排序：

第一种，按照拆分后的工作任务对工作岗位的重要程度来排序。重要程度的参考指标包括：工作任务在整个岗位职责中所占工作量的大小；完成工作任务的难易程度；工作任务的技术含量；资源要求和实施风险等。

第二种，按照工作任务的先后完成顺序来排序。某一工作岗位从时间顺序上先做什么，该工作任务条款就写在前面；后做什么，工作任务条款就写在后面。有些基层工作岗位多采用这种排序方法。

第三种，按工作任务的性质来排序。把一个工作岗位的职责分解出的工作任务分别归类，第一类是具有"决策属性"的工作任务；第二类是具有"管理属性"的工作任务；第三类是具有"执行属性"的工作任务。

资料来源：http://www.linkshop.com.cn

本章小结

本章阐述了连锁门店管理的基本内容、连锁门店的组织结构,介绍了门店岗位结构和各主管的岗位职责,重点介绍了店长的岗位职责和素质要求。

案例分析

京东牵手万家线下便利店 创新零售业 O2O 模式

2013 年 3 月 17 日下午,京东集团在京东零售业 O2O 战略&万家便利店&供应商签约仪式上正式宣布,与上海、北京、广州等 15 个城市的上万家便利店进行 O2O 合作,其中包括快客、好邻居、良友、每日每夜、人本、美宜佳等知名连锁便利店品牌。这是京东继与山西唐久大卖场开展 O2O 合作后,首次大范围推广这种全新的经营模式。

在签约上万家便利店的同时,京东和零售业的主流 ERP 软件服务商 SAP、IBM、海鼎等也签订了战略合作协议,共同实现零售业 ERP 系统和京东平台的无缝对接,同时升级零售业 ERP 系统,满足门店库存全渠道销售所需和所有交易环节、结算环节、物流服务环节、售后服务环节的可视化,支持京东电子会员卡和手机支付功能。通过在各环节的双向互动,京东 O2O 将实现从本质上改善传统零售业门店核心作业模式。

(资料来源:京东牵手万家线下便利店 创新零售业 O2O 模式,联商网,2014-3-17)

案例分析:
1. 你认为这种模式能否成功?成功需要什么条件?
2. 你认为连锁企业未来的发展模式是怎样的?

实训项目

项目一:组织结构调查

选择一家大型连锁企业的门店,调查门店有哪些部门,做出该门店的组织结构图。

项目二:门店管理规范

由 4~6 人结为一组,虚拟开办一家连锁超市,组建门店管理部门,分配部门负责人,每人负责一个部门,写出各主管部门的管理规范。

第二章 连锁门店商品管理

技能目标
- 能完成订货、收货、补货的基本作业。
- 能对小型店铺制定盘点计划并组织实施。

知识目标
- 基本掌握门店订货、收货、补货等流程和方法。
- 基本掌握门店盘点的流程和方法。
- 基本掌握门店价格调整的流程和方法。

北京沃尔玛超市被诉卖过期海苔

超市销售的韩国海苔中文标签注明的生产日期实为保质期,职业打假人阎先生以超市卖过期食品构成欺诈为由,将北京沃尔玛百货有限公司建国路分店告上法庭,要求对方退一赔十。2014年3月3日上午,朝阳法院审理了此案。

据阎先生说,2013年8月,他在沃尔玛建国路店购买了16包单价为19.8元、产地为韩国的海苔,共计316.8元。根据海苔包装上的中文标签显示,生产日期为2012年12月5日,保质期1年。食用后,他发现口味不对,感觉有股异味儿,于是请懂韩语的朋友查看外包装。朋友称,根据包装上印着的韩文,2012年12月5日是海苔的到期日期,根本不是生产日期,而他购买之日海苔早已过期。

"到期日期被翻译为生产日期,这不是坑老百姓吗!"阎先生认为,沃尔玛超市公开销售不符合食品安全的过期食品,应根据《食品安全法》,判决对方退一赔十,即返还购物款316.8元,赔偿3 168元。故诉至法院要求退还购物款316.8元,赔偿3 168元。

庭审中,沃尔玛超市认可该批自销进口海苔的标签存在将生产日期与保质期时间印刷错误的问题,但这是生产方的错误,与超市无关。

据超市代理人说,超市在与韩国公司签订合同后,韩国公司再提供包装标识等相关文件,经过中国检验检疫局的审核要求,合格后就让韩国方面生产,然后运到中国港口,再由检验检疫局检验产品商标,包括中文标识以及产品质量。超市代理人称"我们的产品是通过检验的。"

(资料来源:北京晨报,颜斐,2014-03-04,整理)

门店货品管理以市场销售为导向，通过商品信息分析，制订科学合理的需求规划，科学合理地进货、补货、存货、流量，使商品销售最大化和库存合理化，从而保证店铺可持续健康成长。

第一节　门店商品订货管理

一、订货作业流程

规模较大的连锁企业建立有自己的配送中心，门店通过内部的系统在规定的时间之前向配送中心订货，配送中心按照规定的时间进行送货，配送中心一般都会在第二天早上进行送货；个别的商品是门店向采购部提供的供应商直接订货，不过基本过程都相似。没有配送中心的连锁企业，各门店部门主管负责统计实际的订货数量，填写《门店要货单》，并报店长审核，各门店店长负责审核本店各商品部门主管填写的《门店要货单》，并报采购部采购汇总，采购部根据实际的商品库存情况决定是从内部各门店商品调拨还是向供应商订货。订货作业流程如图 2-1 所示。

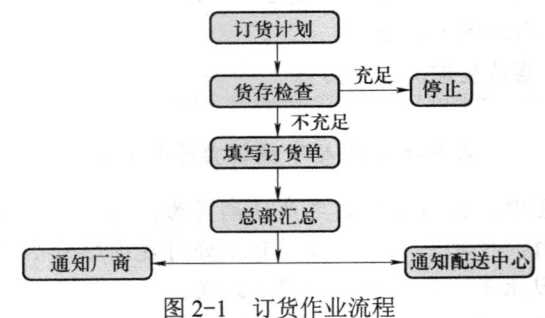

图 2-1　订货作业流程

二、门店商品订货考虑因素

门店商品订货应考虑以下因素。
（1）商品在排面的最基本陈列数。
（2）商品的 DMS（日平均销售量）值。
（3）现有的库存量。
（4）端架/促销区的陈列量。
（5）上 DM 或商品做促销的商品。
（6）与促销商品是否有相关联性（如现在咖啡在做促销，可考虑咖啡壶等相关商品）。
（7）季节性商品/流行性商品。
（8）商品货源的提供安全性（从节假日、气候、运输条件、供应商库存等方面来考核供应商的实力、能力、合力等）。
（9）最少订货量：电脑中应有设计。
（10）商品的进货折扣/搭赠。

（11）门店商品的库存空间：是否还有存放位置。
（12）商品保质期（一年保质期，留足 2/3 存留时间，半年以上保质期，留足 1/2 存留时间）。
（13）电脑自动建议订单数量是否合理。
（14）供应商的送货行程安排。
（15）当日进货量及人力情况安排。
（16）主管下单时，特别是快讯订单，不要将到货日期安排在同一天，避免同时到货，分日期、分时段有续到货，以减轻收货区及部门库存的压力。
（17）大宗团购。
（18）盘点因素：各门店不得在盘点期间，大量进货以影响盘点的准确性。
（19）竞争对手的影响。

三、合理订货量的计算

（一）一般商品订货量

不同类商品的订货管理的方法不同，超市一般商品的订货量可以用下面方法：

建议订货量=（订货频率+供应商交货期）×日均销售量+最大货架储存量×1/2−已订数量−库存数量

其中：
（1）订货频率：两次订货日期间隔的天数（通常为 7 天）；
（2）供应商交货期：从主管下订单到供应商送到物流收货部的天数；
（3）日均销售量=90%×前 5 周日均销售量+10%×前 1 天销售量；
（4）最大货架储存量=商品的货架排面×商品在货架上纵向的列数；
（5）订货频率+供应商交货期≤最大安全库存天数；
（6）最大安全库存天数：保证商品不脱销的库存天数（特别是为了保证临时的团购订单及时出货）。

（二）促销商品订单

为确保促销商品的销售，对促销商品要加大订单的力度：
（1）正常促销商品订货量=正常订货量×1.5
（2）惊爆商品订货量=正常订货量×3

四、科学控制库存

（1）每天了解库存金额及天数，并采取对策；
（2）定期研究各部门销售前 50 名商品的库存状况，并采取对策；
（3）定期研究滞销 7 天以上或库存天数超过部门指标两倍商品的库存状况，并采取对策；
（4）定期研究库存金额前 50 名或库存天数前 50 名的商品，并采取对策。

第二节　门店商品收货管理

一、商品收货区域管理

（1）收货部验收区域划为两个区域。黄线外面为验货区，验货区内货物为供应商的待验收商品；黄线里面为周转区，周转区内货物为门店已验收商品，周转区内由收货部自行划分一个退厂区，用于存放退厂商品。

（2）所有商品的验收、换货，必须在黄线以外的验货区进行，验货区的商品由供应商负责保管。商品进入周转区后，供应商不得再拿出。所有商品的退厂、换货，需在黄线以内的周转区进行交接，经防损员核对，签字确认后方可放行。门店间互调商品在周转区内验收。

（3）营业前生鲜熟食、冷冻食品等商品的供应商可在防损员处登记领取出入证，随收货员进入卖场。其他情况下，供应商不得从收货部进出卖场。

二、门店商品收货程序

门店的商品根据商品的来源一般有下列几种：配送商品，由总部配送中心统一配送的商品，门店根据送货单来验收商品；直送商品，某些生鲜商品由供应商直接送到门店，门店根据实际送货数量收货；直供商品，由供应商根据订单直接送到门店，门店根据订单来验收。商品验收流程如图2-2所示。

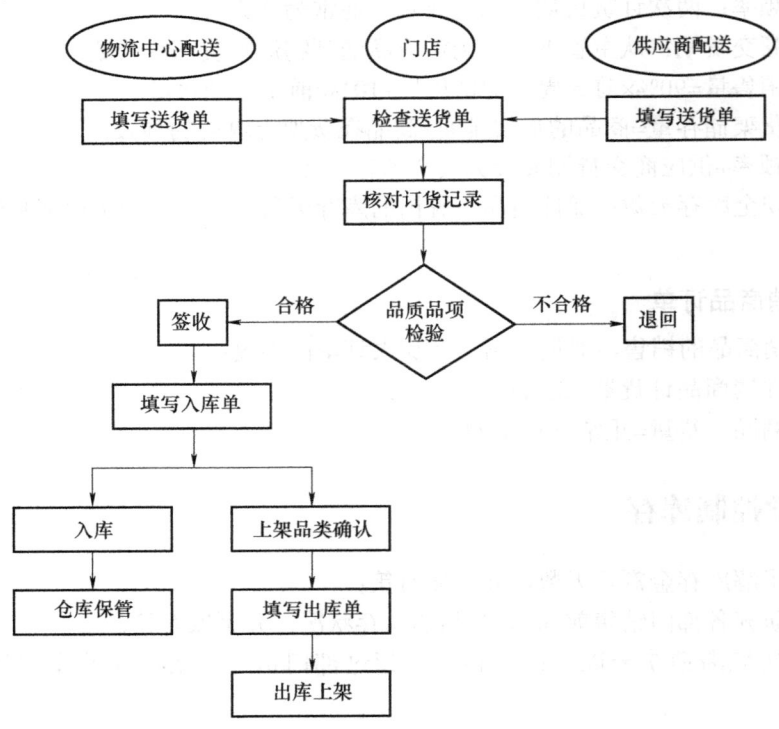

图2-2　验收进货作业流程

（一）配送商品的收货

（1）根据各门店的《门店要货计划表》，配送商品由配送中心配送给各门店。

（2）新商品如属配送商品，则根据《门店配送商品配送单》，配送中心将商品配送给各门店。

（3）配送中心配送的商品，门店可清点整件数量，开箱抽查30%商品。

（4）门店收货人员根据实际配送数量，填写《门店配送商品验收单》，门店收货人员和配送中心送货人员共同签名确认。

（5）门店收货人员将签名确认的《门店配送商品验收单》交门店录入员，门店录入员做门店配送商品收货录入，打印《门店配送商品验收单》一式四联，门店收货人员和配送中心送货人员共同签名确认，门店主管加盖门店收货章，门店和配送中心各一联，余下两联由出纳分别交给电脑部和财务部。

（二）直送商品的收货

（1）采购向供应商下达永续订单，只有商品的名称、规格、价格而无具体的数量。

（2）供应商按照永续订单上的商品要求，每日给各门店定时送货（通常要求早上送货）。

（3）门店根据永续订单上的商品名称、规格、价格，验收供应商送来的商品质量，清点数量。

（4）门店要重点检查直送商品的质量，把好商品质量关。

（5）门店主管根据实际送货商品的名称、规格、价格与数量，填写空白的《门店直送商品验收单》。

（6）门店主管将手写的《门店直送商品验收单》交给门店录入员，录入员做直送商品的收货录入，并打印出一式四联的《门店直送商品验收单》。

（7）收货人、主管及供应商在《门店直送商品验收单》上签字，门店主管加盖门店收货章，门店及供应商各留一联，余下一联交财务部，一联交电脑部。

（三）直供商品的收货

（1）各门店根据本店实际情况，向总部采购部门提交《门店要货计划表》，采购部门进行汇总后，向供应商发放各门店订单。

（2）供应商严格按照订单上的商品名称、规格、数量、时间送货。

（3）门店按照订单号打印与订单一一对应的《订单验收单》，严格按照订单上的商品名称、规格、数量收货，清点数量，检查质量，同时把实收商品数量填在《订单验收单》上，收货员与供应商共同签字确认。

（4）关于商品质量：门店应严格遵守《门店收货商品标准》进行收货。如有任何问题，需请示店长，并与采购部门及时取得联系。

（5）收货员将已签字的《订单验收单》交给门店录入员，录入员在电脑中进行收货录入，并打印出一式四联的《订单验收单》，门店收货员与供应商分别签字，门店主管加盖门店收货章，门店及供应商各留一联，余下两联由出纳分别交给电脑部和财务部，以备供应商结账时用。

（四）专柜商品的验收流程

（1）专柜商品需填写送货清单，商品不得超出合同范围。

(2)待传单组打印出标价签后,商品从收货部入场。
(3)收货部通知专柜员工到收货部收货,供应商不得进入卖场。
(4)在日常管理工作中,专柜所在区域的管理人员应不定期对专柜商品的质量、价格,及是否超范围经营进行监督、抽查。

三、商品收货标准规范

(一)一般商品收货标准

(1)外箱须完整无损。
(2)超市包装单位需正确无误,包装牢固。
(3)送货数量不得多于订单数量,如果供应商送货数量超出订单范围,门店只按订单数量录入,超出部分的商品,门店可根据实际情况决定是否收下。
(4)门店如收下超出部分的商品,则电脑系统认为多出商品属于副销售,门店通知采购部门根据超出数量补下订单。
(5)门店如因库存情况,不收超出部分商品,则供应商应将超出部分商品拉走。
(6)供应商必须在订单规定送货日期前三天或后三天送货,否则,门店可以拒收。
(7)送货描述、含量、规格等,必须与超市电脑系统中的商品描述一致。
(8)条形码:送货商品上的条形码,必须与超市电脑系统中此商品的条形码一致。不符合则需粘贴超市店内码,粘贴内码的位置必须符合超市的要求。
(9)保质期限:一年以内保质期商品,必须具有 2/3 有效时间,一年以上保质期商品,必须具有 1/2 有效时间,否则可拒收。
(10)成套商品配件必须齐全。
(11)中文标识:进口商品上必须有中文标识。
(12)防伪标识:烟、酒等特殊商品,必须粘有防伪标识。
(13)卫生检验合格证:食品、部分洗化用品,必须有质量检验合格证或卫生检验合格证(采购部门收取复印件转楼面一份供日常备查)。
(14)根据商品的特点或使用要求,需要标明产品规格、等级、所含主要成分的名称和含量。食品应标明:质量、容量、净含量、生产日期、保质期等。非食品应注明有关规格、成分、包装方法、中文标示、失效日期、产地认证等。

(二)食品类商品收货标准

食品类商品不得出现以下情况,否则拒收:
(1)罐头:凹凸罐,外壳生锈,有刮痕,有油渍等。
(2)腌制食品:包装破损、有液汁流出、有腐臭味道及汁液浑浊或液汁太少、真空包装漏气。
(3)调味品:罐盖不密封、有杂物渗入、包装破损潮湿、有油渍。
(4)食用油:漏油、包装生锈、油脂混浊不清、有沉淀物或泡沫。
(5)饮料类:包装不完整、有漏气、有凝聚物或其他沉淀物、杂物、凹凸罐。
(6)糖果饼干:包装破损或不完整、内含物破碎、受潮、有发霉、发软现象。
(7)冲调饮品:包装不完整、有破损、凹凸罐、内含物受潮成块状、真空包装漏气。

（8）米及面食：内含物混有杂物，内含物受潮结块，内含物生虫或经虫蛀，内含物发芽或发霉。

（三）拒收

供应商送货商品有如下情况之一的，可拒收

（1）商品描述、含量、条码、规格等，与订单不相符。

（2）超过规定的保质期（一年保质期，超过 2/3 存留时间的；一年以上保质期，超过 1/2 存留时间的）。

（3）没有按超市要求进行包装的商品。

（4）外包装破损严重，单品受压变形，外表有划痕等。

（5）商品有破损、断裂、划伤。

（6）外表有油渍不净者。

（7）商品有瑕疵。

（8）质量问题，如奶制品中有沉淀物，肉类发白发黑等情况。

（9）不予配合的供应商（该退货的商品没有退换货的），可予以拒收。

（10）供应商不愿卸货，而将货拉走者。

（11）直供商品无订单。

（12）"三无"产品，无中文标识商品，应有防伪标志，没有可拒收。

第三节　商品补货和理货程序

及时的补货和理货可以确保商品丰满，维护门店的形象，使消费者得到充足的商品，提高门店的销售业绩。

一、商品补货/理货时的顺序

（1）区域顺序：端架——地堆——其他促销区——排面——收银员。

（2）商品顺序：DM 商品——店内促销商品——A 类商品——普通商品。

（3）所有做促销活动的商品都应该优先补货。

二、补货的流程

（一）补货开始前应做准备工作

（1）检查该商品库存。

（2）清洁货架。

（3）检查价签。

（4）检查订货单和临时仓库。

（5）检查商品。

（6）如有 POP，必须辅助检查是否放回原处。

（二）补货结束后

（1）清洁货架。
（2）检查价签。
（3）回收纸箱。

（三）补货的基本原则

（1）商品数量不足，缺货时必须补货。
（2）补货时以补满为原则。
（3）遵循先进先出的原则，把货架上原有的商品先拿出来，再把要上的商品放在货架的最里面，最后把原来的商品放在货架的最外面。食品尤其要确保先进先出。
（4）补货时不能堵塞通道，不影响清洁卫生，不影响顾客自由购物。
（5）补货时不能随意更换陈列位置，不允许超过陈列的范围。
（6）补货时必须清洁卫生，把零散的商品放在货架的最顶端，必须把纸箱拆箱压扁，防止漏货，并叠放整齐。
（7）补货时，所在商品的正面必须朝外，面向顾客。

（四）理货

（1）当货物零乱时，要迅速理货。
（2）要随时把零星商品收回和归位。
（3）注意易混乱的商品，如毛巾、内衣等，要随时整理。
（4）归位应将不同货号的商品一一分开，放回原位。
（5）量贩包装的商品，要注意包装及条形码、价签的一一对应。
（6）理货时不能随意更改商品原来的排面。
（7）理货时遵循从上到下、从左到右的顺序。
（8）在每次补货的过程中，要进行一次理货工作。
（9）在营业高峰前后，必须理货一次。
（10）每天刚开门时，要进行一次理货，并进行一次清洁工作，每天工作结束后也要进行一次理货。

第四节 门店盘点作业程序

一、盘点的概念

盘点就是定期或不定期地对店内的商品进行全部或部分的清点，以确实掌握该期间内商品的实际损耗。

门店的盘点有多种，对部分商品进行盘点，称为周期盘点；每年一次对整个门店的商品进行盘点（生鲜除外），称为年度盘点。家电和精品部门每日进行商品的台账盘点；

生鲜部门每月两次盘点；食品干货、百货部门为维护电脑库存准确而每季度进行周期盘点；整个门店年末进行年度盘点（大盘点）；新店开张3个月内进行一次新店的新开张盘点等。

二、盘点的目的

盘点是衡量门店营运业绩的重要方法，也是对一年的营运管理的综合考核和回顾。盘点的数据直接反映的是损耗，所以门店年度盈利在盘点结束后才可以确定。盘点的损耗同样反映门店营运上的失误和管理上的漏洞，所以发现问题，改善管理，降低损耗是盘点的工作目标。

门店在营运过程中存在各种损耗，有的损耗是可以看见和控制的，但有的损耗是难以统计和计算的，如偷盗、账面错误等。因此需要通过年度盘点来得知门店的盈亏状况。通过盘点，可以达到如下目标：

（1）门店在本盘点周期内的盈亏状况。

（2）门店最准确的目前的库存金额，将所有商品的电脑库存数据恢复正确。

（3）确定损耗较大的营运部门、商品大组以及个别单品，以便在下一个营运年度加强管理，控制损耗。

（4）发掘并清除滞销品、临近过期商品，整理环境，清除死角。

（5）根据盘点情况，可加强管理、防微杜渐，同时遏止不轨行为。

三、盘点的原则

（1）真实：要求盘点所有的点数、资料必须是真实的，不允许作弊或弄虚作假，掩盖漏洞和失误。

（2）准确：盘点的过程要求准确无误，无论是资料的输入、陈列的核查、盘点的点数，都必须准确。

（3）完整：所有盘点过程的流程，包括区域的规划、盘点的原始资料、盘点点数等，都必须完整，不要遗漏区域、遗漏商品。

（4）清楚：盘点过程属于流水作业，不同的人员负责不同的工作，所以所有资料必须清楚，人员的书写必须清楚，货物的整理必须清楚，才能使盘点顺利进行。

（5）团队精神：盘点是全店人员都参加的营运过程。为减少停业的损失，减少盘点的时间，门店各个部门必须有良好的配合协调意识，以大局为重，使整个盘点按计划进行。

四、盘点的计算公式

盘损率=（账面库存–盘点实际库存）/盘点周期的总销售金额×100%

账面库存=上一年盘点库存+盘点周期的采购成本±分店转货成本—盘点周期的销售成本

公式解释：

（1）盘点的金额是按成本的价格为基础进行计算的。

(2) 盘点的实际库存=Σ单品盘点数×单品成本价格。
(3) 转出本店的，成本为"减"，转入本店的，成本为"加"。
(4) 盘点周期的总销售金额与库存成本必须同时是不含税或同时含税的金额。

五、盘点的总流程与管理

（一）盘点的总流程

盘点的总流程如图 2-3 所示。

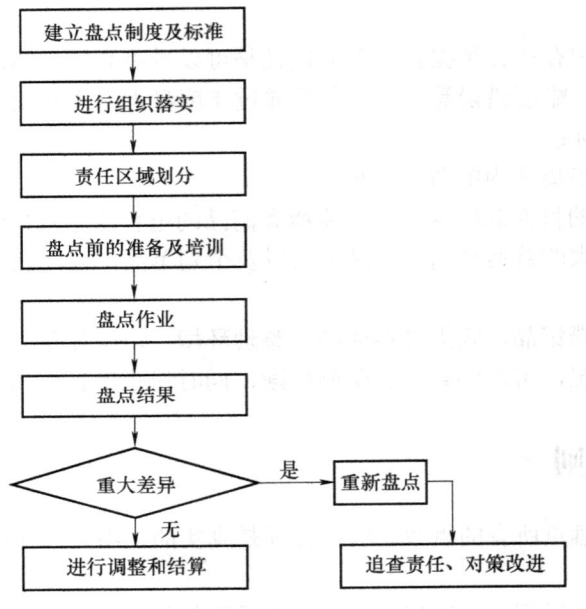

图 2-3　盘点总流程

（二）盘点进度控制

（1）总部盘点通知：总公司营运部下达所有下属门店本营运年度的盘点安排，确定具体的盘点时间，组织财务、审计、监盘小组到门店参与、监督门店的年度盘点。

（2）门店盘点小组的成立：门店在接到总部的通知后，提前于盘点日一个月前成立门店的盘点小组，全面进行年度盘点的准备工作。

（3）盘点准备工作计划：用倒计时的方式将盘点所需要进行的工作以清单的形式列印出来。

（4）盘点区域的规划：将所有需要盘点的区域进行编号规划，将不需要盘点的区域划分出去。

（5）陈列图的确认：对整个门店所有需要盘点的区域的陈列图进行确认，并输入电脑系统。

盘点进程表见表 2-1。

表 2-1 盘点进程表

进程	盘点前三日	盘点前二日	盘点前一日	盘点日	盘点后一日	执行人
人员组织及物品准备	☐	☑	☐	☐	☐	人事部
运回外仓商品	☐	☐	☐	☑	☐	食杂区
商品整理	☑	☑	☑	22:00	☐	各部门
价格检查	☐	☑	☑	☐	☐	各部门
有效发票报告	☐	☐	☐	交财务	☐	对账秘书
欠发票供应商清单	☐	☐	☐	交财务	☐	对账秘书
已退货未扣款统计表	☐	☐	☐	交财务	☐	对账秘书
调拨单	☐	☐	☐	交财务	☐	对账秘书
退货处理	☐	☐	☑	☐	☐	各部门
报损商品处理	☐	☐	☐	☐	☐	各部门
盘点检查表	☐	☑	☑	☐	☐	各部门
盘点卡	☐	☐	☑	☐	☐	对账秘书
停止收货	☐	☐	☐	12:00	☐	收货部
仓库初盘及复盘	☐	☐	☐	14:00-18:00	☐	柜组\财务
仓库存货停止流动	☐	☐	☐	14:00	☐	各部门
生鲜区开始清货	☐	☐	☐	20:00	☐	生鲜区
卖场整理检查	☐	☐	☐	22:00	☐	各部门
卖场放置盘点卡	☐	☐	☐	22:30	☐	各部门
卖场初盘	☐	☐	☐	23:00	☐	各部门
卖场复盘	☐	☐	☐	23:00（1区）	☐	各部门
交叉复盘人员交换区域	☐	☐	☐	☐	1:00	收银\防损
检查盘点卡	☐	☐	☐	☐	3:00	各部门
收单	☐	☐	☐	☐	3:30	各部门
数据录入、打印盘点表	☐	☐	☐	☐	☑	电脑部
打印、核对盘点报表	☐	☐	☐	☐	☑	秘书\柜组长

六、盘点前准备

（1）准备文具：准备所有盘点需要的文具、用具等。

（2）准备盘点表：在库存区预盘点之前，将所有的盘点表审核、准备完毕。

（3）设置盘点图：将门店所有陈列区域的商品陈列图设置到电脑系统中。

（4）人员安排：安排所有参加库存区盘点、陈列区盘点的人员，以及盘点指挥中心和盘点资料处理中心的人员。详细到如工作时间、就餐时间、报到地点等。

（5）商品整理：在盘点进行前，对销售区域、库存区域的所有属于盘点的商品进行整理，使其符合盘点的要求。

（6）盘点培训：组织对盘点小组人员、管理层、参加盘点人员的培训。

七、盘点方法

门店常用的盘点方法列表见表 2-2：

表 2-2 门店常用的盘点方法

	实物和账面		区域		时间段		周期	
	实物	账面	全面盘点	区域盘点	营业中	营业后	定期	不定期
定义	实际清点存货数量的方法	以书面记录或电脑记录进出账的流动状况而得到期末存货余额或估算成本	将店内所有存货区域进行盘点	以类分区，依序盘点一定区域，如此周而复盘	盘点时商店仍对外营业	商店在关门后盘点	每次盘点间隔期一致的盘点	盘点间隔期不一致的盘点
适用范围及时间间隔	商店实物盘点	由电脑部和财务部进行	一年两次	周期性	库存区盘点	销售区域盘点	全面盘点	大家电、精品等，或突发事件、人事变动、经营异常等

八、盘点配置表

开业初的全店配置图可做盘点配置图之用。一般而言,盘点配置图上除包括卖场的冷冻柜、冷藏柜、货架、大陈列区之外,还应包括后场的仓库区、冷库等,只要是商品储存、陈列之处均要标明。

为便于掌握整体态势及规划,盘点图必须将通道及陈列架标示编号,并将此编号做成贴纸,粘贴于陈列架右上角,这样既可周详地分配责任区域,盘点者又可明了自己的工作范围。同时,也可在此图上掌握全局,合理调配,互相援助。

盘点配置示例如图 2-4 所示。

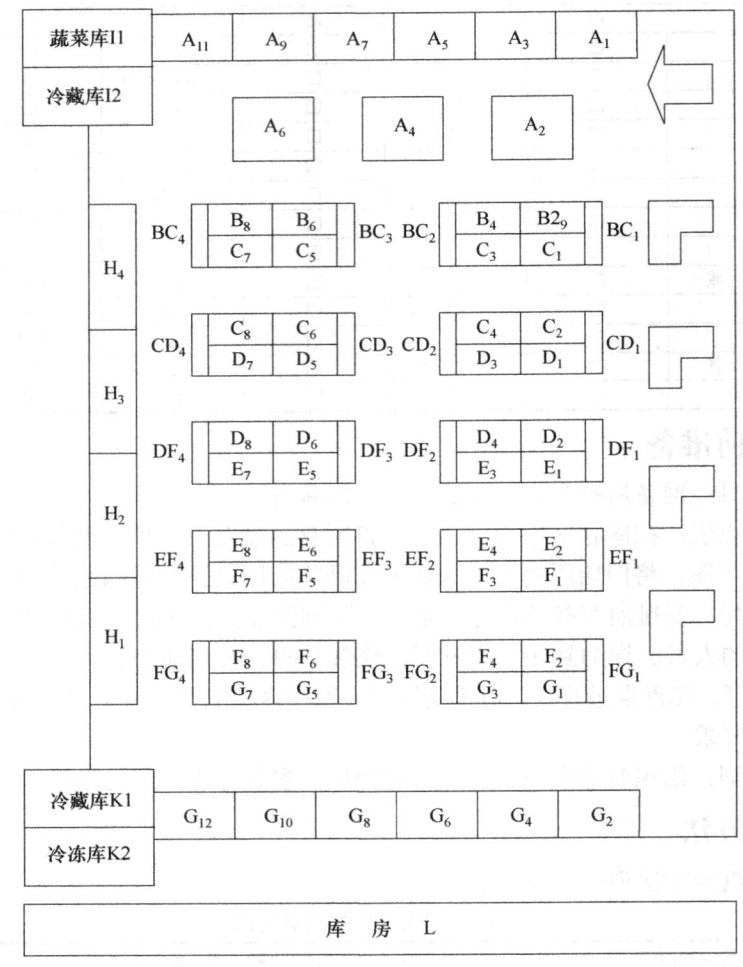

图 2-4 盘点配置图

九、盘点前的详细准备

为了盘点工作进展顺利,盘点结果准确,事前需要周密、详细的准备。

（一）人的安排

（1）原则上，盘点当日，应停止任何休假，特别是全面盘点至少应于两周前安排妥当，包括加班、延长时间等，应由门店各部门写出《××组盘点安排计划表》，并呈报店长批准。

（2）责任区落实到人，明确范围，采用"互换法"，即商品部 A 的作业人员盘点商品部 B 的作业区，防止"自盘自"造成不实情况发生。

（3）支援各部门盘点的员工，合理调配，填写《支援组盘点人员安排计划表》，并呈报店长批准。

（二）告知

1．通知顾客

若营业中盘点会影响顾客购物，则通过广播形式告知顾客，以取得谅解。若停业盘点则应提前三天，以广播方式及公告方式，通知顾客，避免顾客徒劳往返。

2．通知厂商

盘点前，由采购员在订货时注明，或以电话告知，或发函通知，避免厂商于盘点时段送货，并在收货处提前一个星期贴出通知。

（三）盘点的组织

盘点作业人员组织，一般由各店自己负责落实，若为全面盘点，应由总部营运部、电脑部、财务部、采购部在各门店进行盘点时分头指导和监督盘点，并由营运部总监统筹安排。由各店长负责并具体落实到各部门和人。盘点作业是商店人员投入最多的作业，所以要求全员参加盘点。一般是每个部门为一个小组。初点工作由指定员工实施，抽点、复点工作由部门主管或后勤人员来执行。

（四）商品整理与环境整理

实际盘点前两天对商品进行整理，使盘点工作更有序、有效，及早清除不良商品，整理的重点是：

（1）检查货架或冷冻库、价格卡是否与商品陈列位置一致，不一致时，要将其调整一致或更换新卡。

（2）将商品陈列整齐，以利于清点数量，如陈列端头、陈列架、附壁陈列架、随机陈列架、堆头等。

（3）清除坏品、退货商品，该报废的报废，该退货的退到收货区，包装破损商品要及时处理。

（4）清除卖场及作业场死角，检查维修检测区、收货区、结账区等是否有滞留商品。

（5）将各项设备、备用品、工具存放整齐。

（6）库存商品的整理要注意两点：一是把小箱子放在大箱前；二是避免商品数量不足整箱的当作整箱计算。

（7）盘点前最后整理。一般在盘点前两小时，对商品进行最后整理，主要是陈列架上的商品。顺序绝对不能改变，否则盘点时会对不上号。

（五）资料单据整理

为避免出现虚假现象，要整理以下有关盘点的资料：
（1）联营式自营商品的单据整理。
（2）报废品单据汇总。
（3）赠品单据汇总。
（4）改包装单位的商品单据汇总。
（5）收货资料的汇总。

（六）注意事项

（1）盘点前各主管须核查前三日的退货情况，看是否录入电脑。
（2）主管核对报废商品是否及时进行库存更正。
（3）主管检查破包商品是否整理。
（4）销售区域的盘点必须在当天营业结束后进行。
（5）电脑部必须在营业结束以后，开始盘点以作库存锁库。
（6）收货部门在盘点当日 19:00（可依实际情况而定），必须停止所有数据资料的录入。
（7）未录入的商品，必须贴上"未录入不需盘点"的标记。

十、盘点的具体操作

（一）初点作业规范

（1）先点仓库（库存区）、冷冻库、冷藏库，再点卖场。
（2）盘点货架或冷冻柜、冷藏柜时，依序由左而右、由上而下。
（3）每一货架或冷冻柜、冷藏柜均视为独立单位，使用单独的盘点表。若盘点表不足，则继续使用下一张。初点盘点表为黑色。
（4）两人一组，一人点，一人写；将数量写在自粘贴纸上，放置在商品的前方。
（5）盘点单上的数字填写要清楚，不可潦草让人混淆。
（6）数字写错，要涂改彻底。
（7）清点时，一定要按最小单位清点，不够一个单位的忽略不计，同时取出归入待处理品堆放处。
（8）盘点时，顺便查看商品的有效期，过期商品应随即取下归入待处理品堆放处。
（9）店长要掌握盘点进度，调度机动人员支援，巡视各部门盘点区域，及时发掘死角及易漏盘区域。
（10）对无法查知商品编号或商品售价的商品，应立即取下，稍后追查归属。
（11）盘点注意大分类和小分类，注明该分类商品所在的货架号码。

（二）复点作业规范

（1）复点时要先检查盘点配置图与实际现场是否一致，有否遗漏区域。
（2）巡视有无遗漏标示小粘纸的商品。
（3）复点在初点进行一段时间后进行，用蓝色一联。
（4）复点无误后将小粘纸拿下。

（三）抽点作业规范

（1）对整个区域的抽点视同复点。
（2）抽点商品要选择卖场内的死角，或体积小、单价高、量多的商品。
（3）抽点用红色盘点表，注明为抽点。
（4）抽点是对初点和复点无差异商品的抽验。

（四）贵重商品盘点注意事项

贵重商品是指筒装奶粉、烟酒、化妆品、小家电等易被盗、高价值商品，每天两次盘点有利于维护库存准确，及时发现异常情况并进行纠正，减少商品内、外盗的现象。工作中应注意：

（1）应由部门当班员工负责盘点和复查、抽查，不能完全交由促销员独自盘点。
（2）发现差异应在可能出现的区域仔细复查，如仓库的死角、加高层、与其他商品混装、待退货等情况。更改库存应慎重。

防损应随时抽查盘点，对错盘、漏盘等工作失误提出处罚。另针对同一单品重复更改库存的情况应特别重视。如改小之后又改大，或多次改小的情况。

（五）差异处理

差异是指初点和复点不一样及抽点与初点、复点的结果不一样。

（1）初点和复点不一样，应由主管或其指定的不同员工第三次盘点，填写红色单，注明第三次盘点。若还有差异则由不同的人重复上述动作，并注明是第几次盘点，直至正确，且电脑没有差异报表出现为止。
（2）抽点若发生与前述盘点有差异，按上述动作进行，直至正确。
（3）若无差异则须主管签名，由 ALC（自动数据处理中心）进行"确认"动作。

（六）注意事项

（1）每份盘点报表必须由部门经理以上人员签名。
（2）主管在签核报表时，对其数量的总和应再核对一次，以确保无误。
（3）主管必须检视每位员工负责的盘点区域是否确实完整地盘点。
（4）在盘点前该盘点品项的销售区域应维持适当的安全库存量。
（5）主管须负责对盘点过程中汇集的待处理品（如破损、变质商品、过保质期商品、无商标商品等）做出相应处理（如报损、重新包装等）。

（七）打印实际盘点报表

经主管核查无误后，并由部门经理以上人员签字后，由 ALC 打印实际盘点报表。

十一、盘点结果的分析和处理

（一）追查差异原因

盘点作业结束后，实际库存和电脑库存相核对，若有差异要追查原因，堵疏防漏。一般而言盘损的原因有下列几种：

(1) 错盘、漏盘；
(2) 计算错误；
(3) 偷窃；
(4) 收货错误，或空收货，结果帐多物少；
(5) 报废商品未进行库存更正；
(6) 对一些清货商品，未计算降价损失；
(7) 生鲜品失重等处理不当；
(8) 商品变价未登记和任意变价。

（二）盘点重大差异处理

盘点可能出现重大差异，即盘损率大幅超过同行业标准或公司目标，以及毛利率远低于同行业标准或公司目标。若发生重大差异时，应立即采取下列措施：

(1) 重新确认盘点区域，看是否漏盘；
(2) 检查收货，有无大量异常进货，并且未录入电脑；
(3) 检查有无大量异常退货，并且未录入电脑；
(4) 检查库存更正及清货变价表；
(5) 检查是否有新来生鲜处理员工，技术不熟练；
(6) 重新计算。

（三）库存调整

盘点产生的差异，店长签字确认，经部门经理签核后，以盘点实际库存量作为正确数据，由 ALC 参照电脑部相关程序调整库存，由财务部部门调整账务。库存更正流程如图 2-5 所示。

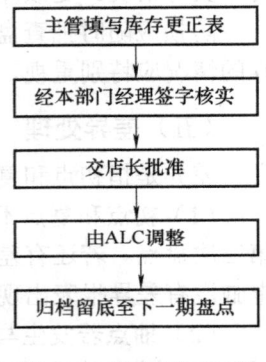

图 2-5　库存更正流程

（四）盘点结果处理

商品盘损的多少，代表着管理人员的管理水平及责任感，各部门盘点负责人在盘点后要提交盘点报告给店长，店长汇总提交总部营运部，盘点报告见表 2-3。

表 2-3　盘点报告

部门：_____　　　　　　　　　　　　　　　日期：_____

	执行情况	问题	改善对策
初盘			
复盘			
抽盘			

主管：

盘点结果只要在合理的范围内，均视为正常；超出合理范围，有必要奖优惩差，降低损耗。参照行业标准，某超市规定的量贩店盘点损耗标准为：

(1) 门店盘损率应控制在销售总金额的 4‰-6‰。

（2）在 4‰ 以下予以奖励。
（3）在 6‰~8‰ 之间应视为低于标准水平，必须由店长负责寻找原因，提出整改措施。
（4）在 8‰ 以上为不正常，须追寻有关经营人员及员工的责任，并给予处罚
（5）开店初期两个月的第一次盘点允许有较高的损耗率。

（五）游离商品的处理

1．盘点特殊情况

盘点通常会发生下列特殊情况：
（1）有货号，无品名或错品名，其原因有：
1）货号错误。
2）货号已淘汰，但商品仍在销售。
3）套号（厂商滥用已有货号，套用新产品）。
（2）有品名，无货号，其原因有：
1）条码脱落，又无据可查。
2）店内自购，还没有编号。

2．处理程序

（1）进行清查：在可能的情况下须确认货号（条码），同时输入库存记录。
（2）清查后仍无法找出原籍的商品一方面要列清单送采购部确认，一方面将其集中以便处理。
（3）采购部仍无法确认的商品，可以用下列方式处理：
1）退回厂商。
2）如果无条码有商标的商品，在品质仍完好的情况下由店长决定酌情作清仓处理。
3）报损。
（4）属未经许可引进之商品，则追究责任。
（5）注意：不可将不合格产品，过期或变质商品销售给顾客。

小 资 料

一、售罄率

售罄率：表明产品从到货至售出的正价比例（一定时间段，销售占总进货的比例）。售罄率计算期间通常为一周、一个月或一个季。售罄率是分析该产品是否需要补货还是列入降价的重要指标。

公式：售罄率＝指定期间正价销售量/到货量

售罄率反映了产品的销售速度——是否受欢迎，要充分关注新货上市的售罄率，发现问题并研究问题，及时采取措施。

举例：

	到货量	销售数量			
		第1月	第2月	第3月	整季
261247	100	40	30	15	85
售罄率		40%	30%	15%	85%
661201	100	30	30	10	70
售罄率		30%	30%	10%	70%

完整周期的售罄率可用来表明该产品是否赢利并指导明年当季产品的订货。
售罄率<65%，则库存大量积压；大量打折导致亏损。
售罄率>85%，则说明进货量太少，出现脱销，销售利润不能最大化。

二、订货额与销售额

在销售中必然存在折扣损失——清货打折与会员价等，这意味着销售额会小于订货额。则：

$$订货额=预测销售额*订销比$$

其中：

$$订销比=1/该季货品平均销售折扣率$$
$$该季货品的平均销售折扣率=销售额/销售额的吊牌金额$$
$$=（正价部分销售+特价部分销售额）/销售额的吊牌金额$$

本 章 小 结

本章主要论及了以下问题：连锁门店商品的订货、收货、验货流程和方法；连锁门店补货和理货的流程和方法；门店盘点的流程，组织和实施的方法。

案 例 分 析

某专卖店订货

某专卖店去年秋季的销售额为 80 万，由于店铺将改造和店铺管理水平的提升，预测今年秋季销售额能增长 25%，达到 100 万。去年正价销售 70 万，平均折扣 96%，特价销售 10 万，平均折扣 55%，预计今年秋季的正、特价销售比例基本一致。则今年秋季需要订货多少？

平均折扣率=销售额/销售吊牌金额
  =80/（正价销售牌价金额+特价吊牌金额）×100%
  =80/（70/0.96+10/0.55）×100%
  =80/91×100%
  =88%
订销比=1/88%=1.14
订货额=100*1.14=114 万

实 训 项 目

项目：门店商品管理巡查
以小组为学习单位，选择一家门店，对门店的商品管理状况进行巡查，记录巡查状况，提出改进建议。门店商品管理巡查表可参考表2-4。

表2-4 门店商品管理巡查表

序 号	巡 店 项 目	检查情况记录
1	每档DM重点商品、报纸商品的陈列及标识	
2	每日惊爆/限时销售商品选项、陈列、标识	
3	DM标牌是否清晰，DM标签与陈列的商品是否相符	
4	商品货架标签、旗标是否正确对应到位	
5	商品缺货检查，已缺货的商品有对应的缺货标识	
6	自有品牌是否张贴相对应旗标	
7	促销品是否贴有促销标签或自身带有促销标识	
8	小家电、烟酒、化妆品、奶粉等贵重商品陈列柜台是否随时上锁	
9	贵重商品是否按程序进行每日盘点	
10	试衣间的管理（干净，没有藏匿商品的迹象，拖鞋、试衣镜配备齐全）	
11	抽查鞋、服装、内衣、奶粉、烟酒等易损物品是否上防盗标签	
12	货架加高层商品摆放安全，陈列商品前后一致	
13	货架上是否有受污染、破包、破损的商品	
14	货架上是否有过期变质、虫害鼠咬的商品	
15	生鲜食品的品质（鲜度、色泽、味道）	
16	生鲜食品的品种齐全度	
17	生鲜试吃促销是否到位	
18	鱼缸内的水是否清澈，死鱼是否及时打捞	
19	所有未包装的散装零食/糖果非裸露售卖	
20	抽查货架、保鲜柜、冷冻柜中生鲜商品的保质期	
21	生鲜及散装称重食品是否正确标注保质期限、保存条件等信息	
22	销售高峰期员工作业是否占用顾客通道补货	
23	百货价格标识系统是否统一规范	

第三章 卖场布局和商品陈列

技能目标
- 能运用卖场布局磁石理论在不同的磁石点来配置相应的商品。
- 能运用卖场布局设计的基本知识对实体卖场的布局进行分析。
- 能对商场的商品陈列进行分析和调整。

知识目标
- 基本掌握门店布局的要求和方法。
- 基本掌握一般商品陈列的方法和技巧。
- 基本掌握生鲜食品陈列的要求、方法和技巧。

卖场的布局与陈列是连锁门店根据门店规模、运营目标和经营特色来规划和实施的卖场总体布局，是利用商品陈列的方法和技巧展示商品，以最大限度地方便顾客购买、创造理想购物空间的工作。卖场布局与商品陈列对商品的销售影响较大，合理的商品陈列可以起到刺激销售、方便购买、节约人员、优化空间、美化环境等方面的作用。各门店在总部的指导下，通过合理的卖场布局和商品陈列赋予商品生命力。

第一节 卖场布局设计

一、出入口与通道设计

（一）出入口设计

1. 出入口的基本要求

（1）企业标识应统一、明显、清晰、整洁。

（2）营业时间应指示清楚，表达方式应一致。

（3）入口处设有台阶的，坡度应缓和，并设有残疾人的坡道。雨雪天气时，出入口应有防滑提示标志。

（4）顾客入口应与商品进口区分，营业面积小于 200 平方米的折扣店和便利店除外。

（5）出口处应有明显的指示标志。

（6）出口与入口应有区分，并便于人员的疏散。

（7）出入口在晚间营业期间应有足够的照明度。

2．出入口布局

一般情况下，超市的出口与入口应该尽量分开，入口一般设在顾客客流量大、交通方便的一边，卖场的门面尽可能宽一些，以宽阔的入口和透视感增加客流。出入口设计应该能推动顾客从入口到出口自然、有序地浏览全场，不留死角。常见的超市出入口布局有下列几种，如图3-1所示。

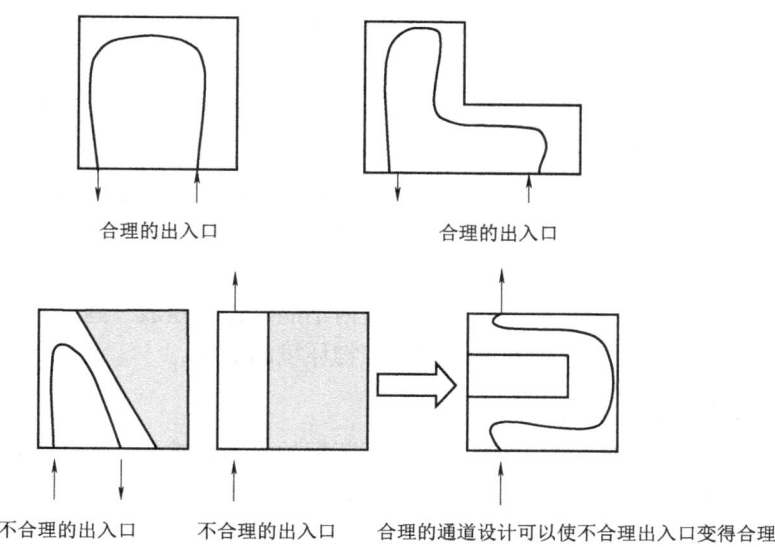

图3-1　卖场出入口设计图

（二）通道设计

通道设计是在考虑出入口和客流量的基础上进行的，卖场的通道划分为主通道与副通道。良好的通道设置应该能够引导顾客按设计的通道自然走过卖场的每一个角落，以方便顾客接触所有商品，使卖场空间得到最有效的利用，从而有效地提高零售店铺的营业效益和营业设施的使用率。通道在设置时应注意以下几项原则：

1．足够的宽度

通道应符合卖场整体动线要求，营业面积小于200平方米的折扣店和便利店的通道宽度应保持在0.9米以上，仓储会员店、大型超市应在1.6米以上（超市不少于1.5米）。足够的宽度即要保证顾客提着购物筐或推着购物车能与同样的顾客并肩而行或顺利地擦肩而过。不同规模超市通道宽度的基本设定值见表3-1。

表3-1　卖场通道宽度的基本设定值

单层卖场面积/平方米	主通道宽度/米	副通道宽度/米
300	1.5～1.8	1.2～1.3
1 000	1.8～2.1	1.2～1.4
1 500	2.0～2.7	1.4～1.5
2 000 以上	2.0～3.0	1.4～1.6

通道宽敞可以减慢顾客行走的速度，使顾客有更多的机会浏览通道两侧的商品，但也会减少空间利用率，因此应根据卖场的规模和客流来设计通道，同时设计收银台周围通道的宽度，以保证收银处顾客排队的通畅性。

2．主通道笔直

主通道要尽可能设计成笔直的单向道且尽量长，途中可拐弯的地方应尽可能少，需要时应借助于不间断连续展开的商品陈列线来调节，以对顾客产生吸引力。

3．通道通畅

辅通道应与主通道平行或垂直交叉布局，以保持各方向畅通。货架应以商品不重复、顾客不回头走的设计方式布局，以最大限度地展示商品，突出经营特色。

4．地面平坦

通道地面应保持平坦，不要有台阶，否则会使购物车不能通过，也容易使顾客绊倒。

5．灯光明亮适度

通常通道上的照明度要比外部照明度强 5%，尤其是主通道，由于相对空间比较大、客流量大、利用率最高，灯光明亮便于顾客浏览商品，但应以舒适为度。

6．无障碍物

通道要保持流畅，避免有死角，在通道内不能陈设、摆放一些与陈列商品或促销无关的器具或设备，以免阻断卖场的通道，损害购物环境的形象。

（三）收银区域的设计

收银区要有足够的空间、与卖场规模相匹配的收银台数量、一定宽度的通道才能保证顾客流畅。收银区域设计要求如图 3-2 所示，有下列要求：

图 3-2　收银区域设计示意图

（1）收银台应设有足够的收银通道，每千平方米卖场设有的收银台不少于 5 个。
（2）收银台中刷卡通道与非刷卡通道的比例不低于 1:4。
（3）收银通道间的距离以能够同时过两辆购物车为宜。
（4）收银通道前的距离以能够同时过三辆购物车为宜。

二、卖场区位划分与布局

（一）区域划分

卖场布局设计主要是对店内区域进行划分、分配卖场面积，功能区合理划分能有效地提高卖场的运营能力。除了通道的设置外,还包括营业(售货)区域、储存加工区域、辅助区域的设置。

1．营业区

营业区是顾客选购商品、交款、存包的区域,还包括服务台、休息区等。营业区域的面积一般占总面积的60%~80%。

2．储存加工区

储存加工区是储存加工商品的区域,包括商品收货处、售前加工、整理分装间、冷藏室等,其面积一般占总面积的15%~25%。储存区设计应利于员工行走、处理、搬运和寻找商品等作业,同时考虑使其与销货区的距离最近。

3．辅助区

辅助区是卖场内行政管理和放置设备的区域,包括各类行政和业务办公室,变电、空调、电话等设备房。一般辅助区占用的面积不超过总面积的10%。

根据国家商务部的《超市购物环境标准》,超过1 000平方米的店铺,应设有客用卫生间、广播室和客用电话设施。

(二)商品配置的面积分配

商品配置是门店经营成败的关键环节,如果商品配置不当,则不仅不能很好满足顾客的需求,而且不需要的商品挤占陈列货架空间,也积压了资金,会导致经营失利。面积分配方法有以下三种:

1．根据各大类商品销售目标确定其商品面积的配置

首先确定各大类商品销售的百分比,然后确定相应商品面积配置的比例,再根据实际销售状况和目标调整面积比例。如表3-2所示是日本的Sunkus便利店公司提供的一份商品资料。

表3-2 Sunkus便利店商品大类销售额

大　类	百分比(%)
新鲜食品	23.0
日用品	10.3
甜　食	7.8
食品杂货	9.4
软饮料	10.7
杂　货	7.5
杂　志	8.9
服　务	2.0
独家产品	20.4
总　计	100.0

2．根据居民消费支出比率,参照现有超市平均比率确定商品面积的配置

假设不论什么产品品种,其每一平方米所能陈列的商品项数都相同,那么为满足消费者的需求,卖场各项商品的面积配置比率应与居民消费支出的商品投向比率相同。因此要较正确地确定商品的面积分配,应该对来门店购物的消费者的购买比例做出正确的判断与

分析，再根据本店经营定位调整面积分配比例。表 3-3 是一份超级市场的商品面积分配的大致情况。

3. 参考竞争对手的配置，结合自己的经营特色，确定商品面积的配置

专业超市通常有专业人员设计，是经过了无数次考验并加以修正后的最佳成果，因此在做卖场配置前，可以先找一家竞争对手或是某家可以模仿的店，先了解对方的卖场配置，然后比较自己与竞争对手卖场的状况，如卖场面积、设施设备状况、地段、经营特色等，再调整商品面积配置。这样一是扩大自己具有经营优势的商品面积，发挥自己的优势、形成特色；二是超越对方较弱的商品面积，进行错位定位。

表 3-3 超级市场的商品面积分配的大致情况

部门	居民消费支出结构比（%）	超市结构比（%）
果菜	24	12～15
水产	11	6～9
畜产	19	12～16
日配	9	17～22
一般食品	7	15～20
糖果饼干	7	8～12
干货	10	10～15
特许品	6	3～5
其他	7	4～6

（三）商品位置的配置

商品位置的配置应该按照消费者购买每日所需商品的顺序做出动线的规划，即按照消费者的购买习惯和人流走向来分配各种商品在卖场中的位置。通常消费者到卖场购物顺序是这样进行的：

蔬菜水果→畜产水产类→冷冻食品类→调味品类→糖果饼干→饮料→速食品→面包牛奶→日用杂品

为了配置好卖场的商品，可以将卖场的商品划分为以下几种不同的商品部：

面包及果菜部。这一部门常常是门店的高利润部门，由于顾客在购买面包时，也会购买部分蔬菜水果，所以面包和果菜品可以采用岛式陈列，也可以沿着卖场的内墙设置。

肉食品部。购买肉食品是大多数顾客光顾超级市场的主要目的之一，肉食品一般应沿着超级市场的内墙摆放，方便顾客一边浏览一边选购。

冷冻食品部。冷冻食品主要用冷柜进行陈列，它们的摆放既可以靠近蔬菜，也可以放置在购物通道的最后段，这样冷冻食品解冻的时间就最短。

膨化食品部。膨化食品包括各种饼干、方便面等。这类食品存放时间较长，只要在保质期内都可以销售，它们多被摆放在超级市场卖场的中央。

饮料部。饮料与膨化食品有相似之处，货位要紧靠膨化食品。

奶制品部。顾客一般在其购买过程的最后阶段购买容易变质的奶制品，奶制品一般摆放在蔬菜水果部的对面。

日用品部。日用品包括洗涤用品、卫生用品和其他日用杂品,一般摆放在超级市场卖场的最后部分。

> **小 资 料**
>
> **中小型超市卖场布局设计步骤**
>
> **步骤一:主通道设计**
> ☆ 采用"凹"字形设计。
> ☆ 避免顾客视线受到阻隔。
> ☆ 通过所有的陈列区。
> ☆ 宽度在 2 米以上,考虑所用的购物车。
> ☆ 主通道两边的端架为黄金陈列区。
>
> **步骤二:副通道设计**
> ☆ 设计通道使卖场无死区。
> ☆ 延长副通道以增加客户滞留时间。
> ☆ 网化副通道以增加客户滞留时间。
> ☆ 宽度在 1.2~1.5 米,最窄宽度超过 0.9 米。
> ☆ 收银台前通道要超过 2 米。
>
> **步骤三:研究目标消费群的购物顺序**
> 典型消费者的购物顺序:蔬果→畜产→水产→冷冻→调味品→糖果饼干→饮料→面包牛奶→日用百货。
>
> **步骤四:摆放商品**

根据消费者的购物顺序,沿主通道摆放商品,如图 3-3 所示。

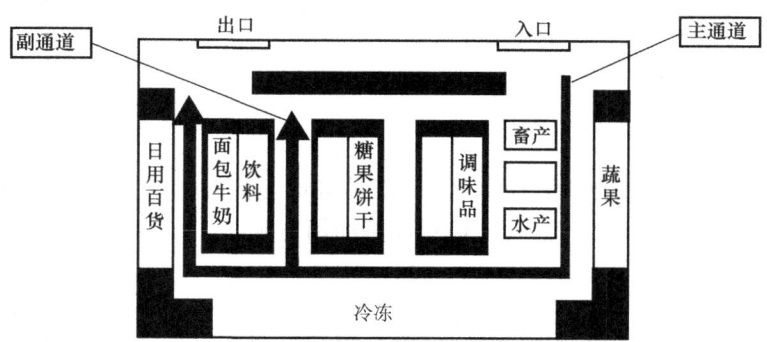

图 3-3 卖场布局图

三、卖场布局中磁石理论的运用

超级市场的卖场中最能吸引顾客注意力的地方称为磁石点,在磁石点配置合适的商品可以促进卖场的销售,并且这种配置能引导顾客逛完整个卖场,增加顾客冲动性购买率。磁石点可以通过商品配置的技巧创造出来。

超市卖场磁石点分为5类，如图3-4所示为不同的磁石点商品的配置。

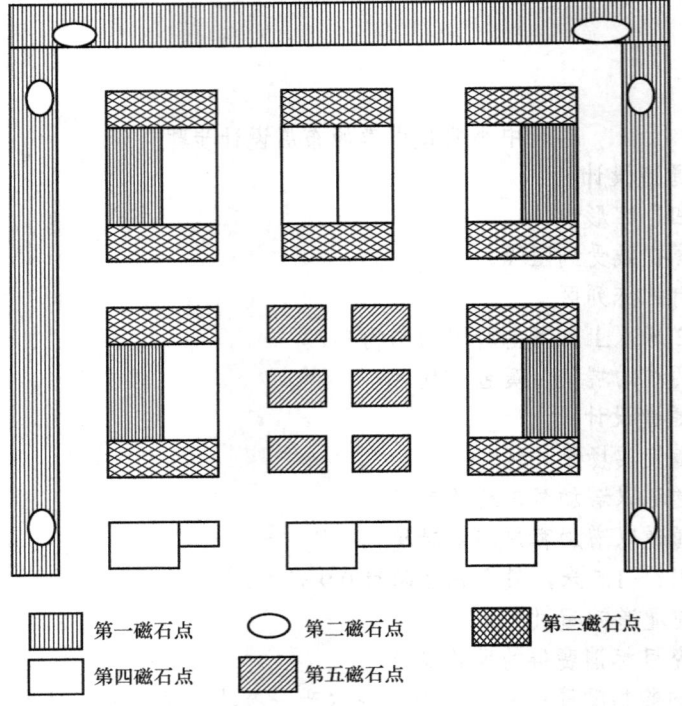

图3-4　卖场磁石点分布图

（一）第一磁石点

第一磁石点位于卖场中主通道的两侧，是顾客必经之地，也是商品销售最主要的地方。此处配置的商品主要是：

（1）消费量多的商品。

（2）消费频度高的商品。

（3）主力商品。

如蔬菜、肉类、日配品（豆、面、奶），这些商品是大多数消费者随时要使用的，也是时常要买的，可将其配置于第一磁石的位置以增加销售量。

（二）第二磁石点

第二磁石点穿插在第一磁石点中间，一段一段地引导顾客向前走，负有诱导消费者走入卖场最里面的任务，因此配置的商品应该是色泽鲜艳、引人注目的流行商品或季节性强的商品。配置的商品主要是：

（1）最新的商品。

（2）具季节感的商品。

（3）明亮、华丽的商品。

第二磁石点需要特别突出灯光照度和陈列装饰，使顾客一眼就能辨别出其与众不同的特点，并吸引顾客。第二磁石点上的商品应根据需要，隔一定时间或借节气的变化经常更换布置，吸引消费者的注意。

（三）第三磁石点

第三磁石点是卖场中央陈列货架两头的端架位置。端架是顾客接触频率最高的地方，要刺激消费者、留住消费者，可配置下列商品：

（1）特价品或促销商品。

（2）自有品牌的商品。

（3）高利润商品。

（4）季节商品。

通常以特价商品的价格来刺激消费者购买，用自有品牌或具季节感的商品来增加利润额。第三磁石点配置方式可参见图3-5。

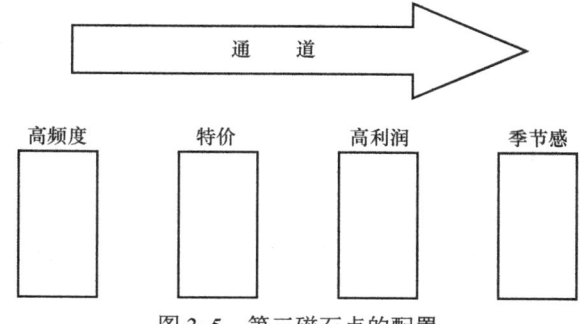

图3-5 第三磁石点的配置

（四）第四磁石点

第四磁石点是指卖场中副通道的两侧，是充实卖场各个有效空间的摆设。这个位置要引起顾客在长长的陈列线中的注意，因此在商品的配置上主要以单项商品来规划，即以商品的单个类别来配置。为了使这些单项商品能引起顾客的注意，应在商品的陈列方法和促销方法上作刻意表达。主要配置的商品为：

（1）流行、时尚商品。

（2）有意大量陈列的商品。

（3）广告效应强的商品等。

（五）第五磁石点

第五磁石点位于收银处前的中间卖场，是组织大型展销、特卖活动的非固定卖场。多品种大量集中陈列的方式能集聚大量的顾客，从而烘托门店气氛；同时展销主题的不断变化，也能给消费者带来新鲜感，从而达到促进销售的目的。

第二节 一般商品陈列

商品陈列就是利用柜台、货架以及其他陈列用具陈列摆放商品，以展示商品的全貌，最大限度地吸引消费者，为顾客参观、选购创造便利条件。作为开放式的经营，"陈列是沉默的推销""成功的陈列是优秀的无声推销员"，科学合理的陈列能有效提高卖场的销售额。

一、商品陈列的功能

商品陈列是门店营销的基本方法,商品陈列的方法和技巧直接影响营业效果,因此商品陈列应该发挥它的诸多功能。商品陈列的主要功能有:

(1)体现商场的主旨。商品陈列应符合商场主题,突出本店特色,使顾客感觉到与众不同,以吸引顾客。

(2)塑造商场形象。商品陈列是构成商场购物环境的重要组成部分,良好的陈列可以传递商场的经营主旨并给顾客留下经营有方的良好形象。

(3)传递商品信息。美观、丰满、精巧的陈列能更有效地传递商品信息给顾客。

(4)美化商品。富有艺术性和感染力的陈列将大大增加顾客的视觉享受,提高商店及商品的档次。

(5)促进消费。新奇的构思和精心的布置可吸引顾客的注意,激发购买欲望,从而提高销售力。

二、商品陈列原则

卖场根据经营的目的、商品的特点、顾客的购买习惯、陈列货架的特点等因素综合考虑,采取灵活多样的陈列方式和技巧,可以达到展示商品、引导消费、方便购买、顺利销售的目的。

(一)商品所在位置容易判断的原则

大型综合型超市商品品种繁多,为使顾客容易判断商品的位置,商品陈列要做到以下几个方面:

(1)商品陈列分类清晰、分区定位。店内商品的大分类、中分类、小分类表示要清楚,商品陈列分类要容易选购,使顾客进入店堂内很容易找到自己要购买的商品。分区定位就是要求每一类、每一项商品都有一个相对固定的陈列位置,使顾客容易判别陈列商品的所在地。

(2)公布商场商品配置位置图,并保持商品的配置位置图与商品的陈列位置相一致。

(3)每类商品的陈列区用分类标识牌来指示。

(4)商品群的区分和不同定价的商品可以用不同颜色的价格牌、不同颜色的不干胶色带或不同颜色的货架来区别。

(5)用POP广告来标识促销商品、特价商品、新商品等。

(二)商品显而易见的原则

商品陈列显而易见的原则要达到两个目的:一是让顾客看清楚卖场内所有的商品,引起他们的注意;二是能激起顾客冲动性的购买心理,并做出商品购买与否的判断。商品陈列要使顾客显而易见,要做到下面几点:

(1)商品陈列的排面数要适当。上架陈列的商品排面数不宜过多,也不宜过少。排面数如果太多,陈列的商品的品种率会下降,也会使顾客在心理上感受到商场极力推销的压力;如果排面数太少,往往不能引起顾客的注意,陈列的商品容易从顾客的视线中漏掉,达不到销售的目的。排面数与商品的大小、商场推销的重点、商品的系列大小等因素有关。通常较小的商品、重点推销的商品、系列不大的商品的排面数要多一些；反之则要少一些。一般一个 1～1.2 米宽的货架，一层可陈列 3～5 种商品。

（2）价格标签要清晰、醒目。价格是顾客判断是否购买的重要条件之一，所以这条信息要能够得到有效传播。商品摆放要从左到右，标价牌固定在第一件商品下端，作为商品位置起点标记和隔邻商品的分界线，价格牌的位置和货位应该一致；贴有价格标签的商品正面要面向顾客，商品价格标签的打贴位置应在商品正面的右上角，如遇右上角有商品说明文字，可打贴在右下角，商品价格标签位置对顾客挑选商品时，会产生积极的影响，同时，价格标签位置的规范化，有利于收银员提高收银速度；促销商品的价格标签可通过颜色或形状突出；POP 广告与促销商品的货位要一致。

（3）每种商品不能被其他商品挡住视线。顾客选购商品时经常会移动商品，将商品放到其他商品的位置上去，所以理货员要随时保持陈列的整齐、商品的到位。

（4）展示商品正面。要让顾客的视线能看清楚每一层陈列的商品的正面。如：货架底层的商品可以倾斜式陈列，货架不宜太高。

（三）商品便于取放的原则

商品陈列要让顾客能自由方便地选择、拿取商品，否则会影响顾客挑选的兴趣，要注意下面几点：

（1）货架上陈列的商品与上隔板应有一段距离，便于顾客的手能伸进去取放商品。这个距离要掌握合适，以手能伸进去为宜。太宽了影响货架使用率，太窄了顾客无法拿取商品。

（2）商品陈列要考虑到顾客的身高。货架应该根据商品和销售的对象选择不同高度的货架，不要把商品放在顾客手拿不到的位置，如大型商品不宜陈列太高，儿童与妇女购买的商品其陈列的货架要相应矮一些。

（3）货架上陈列的商品要稳定。货架上陈列的商品要排除倒塌的现象，给顾客以安全感。超市和便利店中经营的瓶装商品较多，如调料、酱菜、水果罐头、咖啡、奶粉、乳品等。一般一层货架只能摆放 1 到 2 层，如果摆放得太高，一是不便于顾客取放，二是稍不注意，就有碰倒商品，砸伤顾客的可能，不仅损失了商品，也破坏了顾客的购买情绪。

（四）货架要满陈列的原则

超市货架上的商品放满陈列，可以给顾客一个商品丰富、品种齐全的直观印象；同时，也可以提高货架的销售能力和储存功能，还相应地减少了超市的库存量，加速商品周转速度。有资料表明，放满陈列可平均提高 24% 的销售额。因此，商品放满陈列要做到以下几点：

（1）货架上商品品种要丰富。商品品种丰富是提高销售额的主要原因之一，一般 1.0～1.2 米的货架每一层至少陈列三个品种，畅销商品的陈列可少于三个品种，保证其量感；一般商品可多于三个品种，保证品种数量。按每平方米计算，平均要达到 11 至 12 个品种的陈列量。通常 $100m^2$ 的便利店经营品种至少要达到 1 200 种，$500m^2$ 的超市要达到 5 000～6 000 种左右，$1000m^2$ 的超市要达到 10 000 种以上。

（2）货架上商品数量要充足。货架上商品要放满，商品的陈列量与商品的销售量协调一致，并根据商品的销售量确定每种商品的最低陈列量和最高陈列量，以避免货架上"开天窗"（脱销）和无计划地堆放商品。

（3）当畅销商品暂时缺货时，要采用销售频率高的商品来临时填补空缺商品的位置，但应注意商品的品种和结构之间关联性的配合。

（五）陈列重点突出的原则

由于不同的陈列位置与人的视线形成不同的角度，不同陈列位置的商品的销售效果有较大的差别。因此商品应该根据商场的推销重点和商品的本身特点陈列于不同的位置。

顾客观看和拿取商品难易的程度和商品陈列位置的高低有直接关系，顾客接触商品的范围如图3-6所示。顾客最易发现商品的位置是以顾客直立平视为基点，上下15°，共约30°的范围；顾客较易发现的范围是平视向下的15～45°的范围，如图3-7所示。

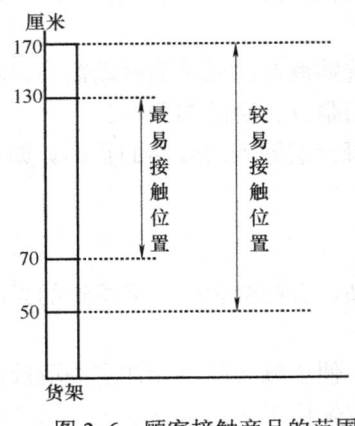 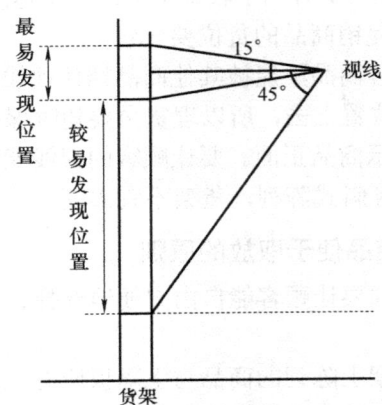

图3-6　顾客接触商品的范围　　　　图3-7　顾客发现商品的范围

按货架的不同高度，可分为三个区：

1．第一有效区

货架高度70～130厘米为第一有效区，也被称为黄金陈列区，是顾客易看到和容易拿取商品的陈列位置，所以是最佳陈列位置。该位置一般用来陈列高利润商品、自有品牌商品、促销与推荐商品等。

2．第二有效区

货架高度50～70厘米和130～180厘米为第二有效区。高度50～70厘米通常用来陈列利润较低商品，一般摆放保证商品齐全性的商品及从黄金段上退下来的商品；高度130～180厘米是货架的上段，该段通常陈列一些推荐商品，或有意培养的商品，陈列一段时间后可移至下一段。

3．第三有效区

货架高度50厘米以下和180厘米以上为第三有效区。高度50厘米以下的位置通常陈列一些体积较大的商品，重量较重、易碎、毛利较低的商品，或用来存储货物。180厘米以上不陈列销售的商品，可以展示商品。

货架有效区的划分可以根据消费对象的不同进行相应调整，如妇女、儿童的身高普遍较低，相关货架的有效高度可以相应降低。

（六）商品"立体前进"陈列的原则

商品"立体前进"陈列也称为"先进先出"陈列，是商品补货的一种方法。商品"立体前进"陈列的操作：

（1）当商品被销售出去需要进行补货陈列时，将货架上的商品取出来，放入补充的新商品在货架的最里面，再将原来的商品放在新陈列的商品的前面，这样可以保证先进的商品先卖出去，既可保证顾客购买商品的新鲜度，又可以避免排在后面的商品超过保质期，给商店造成损失。

（2）当某一商品的前排销售完，暂不补充新商品时，必须将后面的商品移至前排陈列（销售），决不允许出现前排空缺的现象。

（七）进行关联性陈列的原则

具有关联性的商品陈列在一起可以带动彼此的销售，关键是如何陈列才能达到这种效果。

一般关联性商品应该陈列在通道的两侧，或陈列在同一通道、同一方向、同一侧的不同组货架上，方便顾客沿着陈列方向行走时选择关联性的商品，如图3-8所示。而不应该陈列在同一双面货架的两侧，因为顾客很少绕着一个货架选购商品，而是沿着通道前行，错误的关联性商品陈列如图3-9所示。

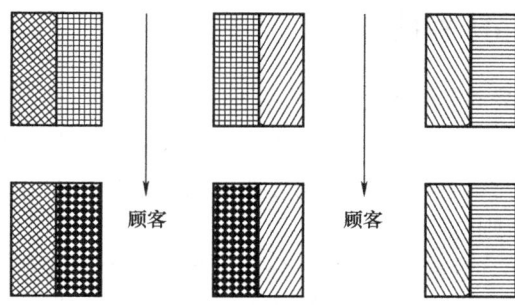

图3-8　正确的关联性商品陈列

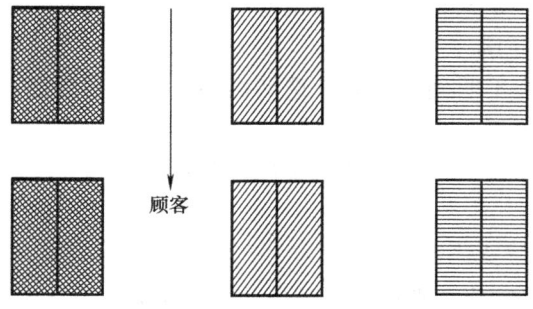

图3-9　错误的关联性商品陈列

（八）系列商品垂直性陈列的原则

系列商品要进行垂直性陈列，避免横式陈列，因为系列商品垂直陈列有下列好处：

（1）垂直陈列会使系列商品成为一个直线式的系列，体现商品的丰满感，起到较好的促销效果。

（2）系列商品垂直陈列可以使同一系列的商品享受到货架上各个不同段位的销售利益，而不会使不同系列商品由于横向陈列而销售利润不均衡。

（3）系列商品垂直陈列能方便顾客选购。由于顾客选择商品不同品种时，视线上下垂直移动比横向移动方便，所以同类商品采取垂直陈列的方法，顾客不用移动位置就可以看到并挑选整个商品的系列。

（九）整齐清洁的原则

做好货架的清理、清扫工作。这是商品陈列的基本工作，要随时保持货架的干净整齐。陈列的商品要清洁、干净，没有破损、污物、灰尘。尤其对生鲜食品，内在质量及外部包装要求更加严格。不合格的商品要及时从货架上撤下。

（十）生动化陈列原则

为了强化销售点广告效果，增加可见度，吸引消费者对产品的注意力，提醒消费者购买本公司产品，必须体现陈列展售的四要素，即位置、外观（广告、POP 的配合）、价格牌、产品摆放次序和比例，并根据商品特点及展售地点环境进行创意。采用多种不同的商品陈列方法，并定期变化，增强店堂的新鲜感、变化感。

三、超市一般商品陈列的方法

（一）常规货架的商品陈列方法

货架是超市最常用的陈列工具，日常销售的商品通过货架陈列来展示商品、实现销售，陈列的好坏直接影响商品的销售状况。常规货架陈列要掌握下面几点技巧：

1. 商品集团按垂直原则陈列

商品集团可以把它理解成商品类别的中分类，而中分类的商品不管其有多少小分类和单品项，都可以认同是一种商品。常规货架纵向陈列要比横向陈列效果好，因为顾客在挑选商品时，如果是纵向陈列的话，顾客就能在一次性通过时看清各集团的商品；而横向陈列的话，一次通过就必然会将某些商品漏看掉，而要全部看清楚商品集团就需要在陈列架前往返数次。

2. 明确商品集团的轮廓

相邻商品之间的轮廓不明确，顾客在选购商品时难以判断商品的位置，从而为挑选带来了障碍。要排除这种障碍，可以按商品色差陈列，采用带颜色的不干胶纸色带来区分各商品群，对一些造型、包装、色彩相似的不同商品群，可采用不同颜色的价格广告牌加以明确区分。

3. 第一排的商品数目要适当

要根据每种商品销售个数来确定面朝顾客一排商品的个数。排面数过多，一个商品所占用的陈列面积就会过大，相应地商品的陈列品种率就会下降，而排面数过少，会降低商品的销售力度，减少该商品的销售。

4. 要给周转快的商品安排好的位置

对于周转快的商品或商品集团，要给予好的陈列位置，这是一种极其有效的促进销售的手段，根据销售的不同目的，如对于推荐商品、有意培养的商品、高利润商品、自有品牌商品、为了保证商品的齐全性的低利润商品，以及体积较大、重量较重、易碎的商品给予货架的不同位置。

5. 要将必需品与刺激商品有机配合陈列

为了自然地引导卖场内顾客流量，在各重要地方要配置陈列必需商品，其旁边陈列刺激商品，这是超级市场商品平面布置的原则之一，也是刺激顾客扩大购买量的陈列方法。这种原则的贯彻可以用两种方法来表现，第一种方法是根据顾客自然流向，以刺激商品引起顾客的注意，然后准备必需商品，第二种方法是与第一种方法顺序相反，将刺激商品放在顾客自然流向的深处。

6. 要将相关联的商品汇集在一起

对消费者在消费过程中高度相关联的商品要汇集在一起陈列，尽管这些商品不是属于同一个商品集团。单纯一个商品往往难以让顾客感到其必要性，而将相关联的几种商品汇集在一起，经常会使消费者意识到这些商品的用途和对自己产生的效用价值，因而产生了购买欲望，最终导致了购买行为。

7. 要给大小商品不同的位置

体积较小的商品应该陈列在与人的眼睛齐平的高度，这是为了体现商品陈列显而易见的原则，更重要的是为了防止顾客漏看了这些小商品。体积较大的商品应陈列大货架的较下层，这样陈列位置由于商品大，顾客也容易看清，另外也便于顾客拿取商品，而不需要花很大的力气。

（二）促销商品的陈列

促销商品的陈列是各类促销活动要用的陈列方法，促销商品的陈列要具有醒目、大量、关联的特征。醒目就是通过POP、指示牌等明确的标示，新颖别致的陈列道具，端架、堆头等突出的陈列位置，以及鲜艳颜色的利用来吸引顾客的目光和关注，指引顾客购买。大量就是通过足够的货量的陈列，让顾客产生对商品的震撼和强大的购买引力。关联是通过关联商品的组合陈列，实现促销商品拉动高毛利商品的销售，拉动部门乃至整个店商品的销售。

促销商品陈列应该是便宜、看得见，故促销商品应陈列在最明显的位置且做大量陈列，正常商品若未降价（店内促销），除非必要尽量不要陈列在端架或促销区，以免误导顾客。

惊爆商品优先陈列于主走道促销区（以落地、大量陈列为原则，如商品体积较小可使用促销筒或折叠笼陈列），其次为促销区或端架。

快报商品，如量大且价格特别便宜可陈列于主走道，或促销区、端架，原则以降价幅度或销量大小来考量陈列位置。快报商品陈列于促销区及端架时，须尽量陈列在相关商品正常排面附近，以引导顾客进入排面。

促销商品的陈列方法主要有下面几种：

1. 整齐陈列法

整齐陈列法就是按货架的尺寸来确定商品长、宽、高的排面数，然后将商品整齐地堆积起来。整齐陈列法突出商品的量感，给顾客一种门店欲大量推销的印象。所以整齐陈列法常用于门店欲大量推销给顾客、折扣率高、购买频率高的商品的陈列。整齐陈列法有时让顾客感到不易拿取，必要时可作适当变动，如将前端堆成梯状。整齐陈列的货架一般可配置在中央陈列货架的一端，也可单独堆积陈列。

堆头陈列标准（如图3-10所示）：
- 商品高度紧靠价格牌的下端。
- 商品的开箱高度要达到总高度的三分之一以上。
- 堆头的垫底尽量用原商品箱或者是空箱且摆放平整、安全（商品陈列不能超出卡板）。
- 蓝白标签贴于价格牌的左下角，旗标贴于左角边。

2．随机陈列法

随机陈列法就是随机地将商品堆积在一种圆形或方形的网状筐或台上，通常配有特价销售的价格牌子，给顾客一种"特卖品""便宜品"的印象。一般门店特价或促销的商品采用这种方法。亦有反其道而行之的，如沃尔玛将一些世界名牌商品，如袜子、内衣采用随机陈列的方法，给顾客价廉、可以承受的感觉，销售效果较好。

3．盘式陈列法

盘式陈列法是整齐陈列的变化陈列法。如图3-11所示，它表现的也是商品的量感，与整齐陈列法不同的是，盘式陈列法不是将商品从纸箱中取出来一个一个整齐地堆积上去，而是将装商品的纸箱底部作盘状切开后留下来，然后以盘为单位堆积上去。盘式陈列的位置可与整齐陈列架一致，也可陈列在进出口处。

图3-10 堆头陈列实例

图3-11 盘式陈列法

4．兼用随机陈列法

这是一种同时兼有整齐陈列和随机陈列特点的陈列方法，其功能也同时具备以上两种方法的特点，但是兼用随机陈列架所配置的位置应与整齐陈列一致，而不能像随机陈列架放置在中央陈列架的过道内或其他地方。

5．端头陈列法

端头陈列法是指在双面中央陈列架的两端头陈列。在卖场中，中央陈列架的两端是顾客通过流量最大、往返频率最高的地方；从视角上看，顾客可以从三个方向看见陈列在此的商品，因此端头是商品陈列的黄金位置，是卖场内最能吸引顾客注意力的场所，所以端头一般用来陈列特价品、推荐给顾客的新商品以及利润高的商品。

端头商品陈列标准（如图3-12所示）：
- 最顶层商品的高度达到价格牌横梁。
- 商品与上层板有两指宽的距离。

图3-12 端头陈列法

- 在与视线平齐的层板高度贴上旗标,蓝白标签贴于价格牌的左下角。
- 顾客经常买的整箱商品置于最底层,如果不是经常被顾客整箱买走的商品,全部以单件摆放。

端头陈列法可以是进行单一商品的大量陈列,也可以是几种商品的组合陈列。端头陈列的商品如果是组合商品,将比单件商品取得更大的利益,所以端头陈列架上应以组合式、关联性强的商品为主。

6. 岛式陈列法

在卖场的进口处、中部或者底部独立配置特殊陈列展台,这样的陈列方法叫作岛式陈列法。岛式陈列的商品可以从四个方向看到,因此岛式陈列的效果是相当好的。岛式陈列的用具一般有冰柜、平台或大型的网状货筐,要注意的是,用于岛式陈列的用具不能过高,否则就会影响整个卖场的视野,也会影响顾客从四个方向对岛式陈列的商品的透视度。为了使顾客能够环绕岛式陈列台(架、柜、筐)选购商品,应给予岛式陈列以较大空间。

7. 窄缝陈列法

窄缝陈列法就是在中央陈列架上撤去几层隔板,只留底部的搁板形成一个窄长的空间,进行的特殊陈列。窄缝陈列的商品只能是1个或2个单品项商品,它所要表现的是商品的量感,陈列量是平常的4～5倍。窄缝陈列打破中央陈列架定位陈列的单调感,能吸引顾客注意力。窄缝陈列的商品最好是新商品或利润高的商品,这样能起到较好的促销效果。窄缝陈列可使卖场的陈列活性化,但不宜在整个卖场出现太多的窄缝陈列,因为推荐给顾客的新商品和高利润品太多,反而会影响该类商品的销售。

8. 突出陈列法

在中央陈列架的前面,将商品突出陈列的方法叫作突出陈列法。如图3-13所示,突出陈列是一种打破单调感的方法,它所要表现的目的是把顾客吸引到中央陈列架里去。作突出陈列的方法有好几种,如在地面上做一个突出的台,并在上面堆积商品;将中央陈列架下层的搁板做成一个突出的板,然后将商品堆在这块板上,这个突出的板也叫作延伸板;在中央陈列架前面放上一个存物筐,商品按随机方式堆放。

图3-13 突出陈列法

9. 悬挂式陈列法

将无立体感的扁平或细长形的商品悬挂起来,就叫作悬挂式陈列法。悬挂陈列能使这些无立体感的商品产生很好的立体感效果,并且能增添其他特殊陈列方法所没有的变化。目前工厂生产的许多商品都采用可用于悬挂式陈列的有孔型包装,如糖果、剃须刀、铅笔、玩具等。

10. 定位陈列法

定位陈列法是指某些商品一经确定了位置陈列后,一般不再作变动。需定位陈列的商品一般是一些消费者经常使用且知名度高的品牌商品,这些商品顾客购买频率高,购买量大,所以需要对这些商品给予固定的位置来陈列,以方便顾客尤其是老顾客的购买。适合商品定位陈列的位置一般是变化不大的中央陈列架。

11．关联陈列法

关联陈列法就是把不同分类但有互补关系的商品陈列在一起。关联陈列的目的是使顾客在购买某商品后，也顺便购买陈列在旁边的相关商品。如图 3-14 所示，关联陈列法可以使超市卖场的整体陈列活性化，同时也增加顾客购买商品的总数。关联陈列时需要打破商品分类之间的区别，再现消费者生活中商品的联系，如浴衣属服装类，但可与洗澡的用具和用品陈列在一起，因为这样更符合消费者日常的生活状态。

图 3-14　关联陈列法

12．比较陈列法

比较陈列法就是把相同商品按不同规格、不同数量予以分类，然后陈列在一起。比较陈列法所要表现的经营者的意图是促使顾客更多地购买。例如，一罐雪碧饮料售价 2.4 元，而旁边陈列的包在一起的 6 罐雪碧只卖 13.2 元，而包在一起出售的 12 罐该饮料可能只卖 24 元，顾客买得越多就越便宜，因而刺激顾客购买包装量较多的该种饮料。在进行比较陈列的作业时，陈列量上要多陈列包装量大的该商品，而包装量小和单品量就相应地少一些，以明确地为顾客指出购买方向。

四、商品陈列管理

商品陈列管理就是对商品的陈列进行调整、控制和日常的巡查。

（一）优化商品陈列要考虑的因素

商品陈列管理应该根据顾客购买心理和习惯、品种及品牌的市场占有率和市场趋势，结合货品在店内的销售比例，用科学的分析方法确定货品在货架上的陈列位置和陈列面，从而优化空间分配，使有限的货架空间创造出最好的销售效益。货架陈列主要考虑下面几个因素：

（1）顾客决策过程。顾客在货架前决定购买某种商品通常按一些决策因素来考虑，如牙膏购买通常是按品牌、功能、香型、规格等因素的顺序来考虑选择，因此，陈列也应该按这些因素陈列。

（2）商品品种市场占有率。优先考虑大品牌的货架位置和陈列面，同时留意其他品牌在本店的销售潜力。

（3）商品品种的市场趋势。优先考虑高增长品种的货架位置和陈列面。

（4）商品销售状况。要优先考虑销售额增长率、销售量增长率高的货品的货架位置和陈列面，同时考虑淘汰或减少销售额增长率、销售量增长率低的货品的陈列面。

（二）商品陈列排面调整的作用

（1）通过卖场商品排面量调整，可优化商品陈列，有效运用排面空间，提升陈列效果。

（2）通过对排面存量的准确输入，提高电脑下单的准确性。

（3）通过程序式循环往复的不断运行，逐步使库存结构与数量更趋合理，降低无效库存数量与金额。

(4) 通过有效切实的调整，可加速不良商品的淘汰率，优化商品结构，发挥商品的最大陈列效益。

(5) 通过合理的商品陈列调整，可减少员工的补货频率，合理运用人力。

(三) 陈列空间分配评估

对商品陈列的状态评估，可以按商品的品种、品牌来进行，根据货品陈列面占有率和货品的销售贡献率的比例的大小来判断陈列的状态，提出相应的调整方案。空间分配评估指标为：

$$空间指标=\frac{货品的陈列面占有率}{货品的销售贡献率}$$

空间指标>1，过量陈列状态，需要减少陈列面数；
空间指标=1，满陈列状态，保持陈列面数；
空间指标<1，不足陈列状态，需要增加陈列面数。
某超市商品空间分配评估实例可见表3-4：

表3-4 某超市商品空间分配评估

货品	调整前销售	销售贡献率	陈列面	陈列面占有率	空间指标（前）	陈列面建议	空间指标（后）
高露洁 MFP2 GRF 250g	168	5%	4	3%	0.47	+2	0.71
黑人 225g	129	4%	4	3%	0.62	+2	0.92
高露洁超强 105g	108	3%	2	1%	0.37	+2	0.74
两面针中草药 125g	34	1%	4	3%	2.34	-2	1.17
佳洁士舒敏灵 165g	29	1%	4	3%	2.74	-2	1.37
中华中草药 120g	72	2%	2	1%	0.55	+2	1.10
洁诺清新 165g	24	1%	4	3%	3.31	-3	0.83
黑人儿童 50g	20	1%	2	1%	1.99	-1	0.99
狮王爽口洁 125ml	7	0%	2	1%	5.68	淘汰	淘汰
黑妹国际香型 135g	市场占有率较高，建议增加为店的新品					+2	
合 计	3 141	100%	158	100%	1.00		

课堂训练

通过下面表3-5案例分析，学习商品空间分配评估的方法，提出解决方案。

表3-5 商品空间分配评估案例

品种（按功能分）	销售数量	销售贡献率	陈列面	陈列面占有率	空间指标
防蛀类	1 344	43%	56	35%	0.83
清新口气类	612	19%	22	14%	0.71
美白类	482	15%	20	13%	0.82
天然成分类	304	10%	26	16%	1.70
多功能类	218	7%	14	9%	1.28
防过敏类	92	3%	10	6%	2.16
儿童类	89	3%	10	6%	2.23
合 计	3 141	100%	158	100%	1.00

（续）

品种（按价格分）	调整前销售额	销售贡献率	陈列面	陈列面占有率	空间指标
高价位	967	31%	35	22%	0.72
中价位	1 291	41%	52	33%	0.80
低价位	883	28%	71	45%	1.60
合　　计	3 141	100%	158	100%	1.00
高露洁	1 442	46%	46	29%	0.63
黑人	585	19%	24	15%	0.82
佳洁士	421	13%	22	14%	1.04
狮王	95	3%	8	5%	1.67
洁诺	78	2%	12	8%	3.06
中华	69	2%	4	3%	1.15
两面针	68	2%	8	5%	2.34
合　　计	3 141	100%	158	100%	1.00

（四）商品陈列排面调整方法

商品陈列排面调整方法是首先通过商品可销售天数来确定商品等级，再针对不同的商品等级进行调整。商品等级根据可销天数而定。

可销天数=1层的满排面量×层数÷商品的日均销量（DMS）

商品等级的分类如下：

可销天数=1层的满排面量×层数÷商品的DMS=X

商品等级的分类见表3-6。

表3-6　商品等级分类

大类	A		B		C		D		E	
	$0<X<4$		$4≤X<12$		$12≤X<40$		$40≤X<120$		$X≥120$	
细分类	A1	$0<X<1/2$	B1	$4≤X<6$	C1	$12≤X<18$	D1	$40≤X<60$	E1	$120≤X<180$
	A2	$1/2≤X<1$	B2	$6≤X<8$	C2	$18≤X<24$	D2	$60≤X<80$	E2	$180≤X<240$
	A3	$1≤X<2$	B3	$8≤X<10$	C3	$24≤X<30$	D3	$80≤X<100$	E3	$240≤X<300$
	A4	$2≤X<4$	B4	$10≤X<12$	C4	$30≤X<40$	D4	$100≤X<120$	E4	$X≥300$

不同分类的调整方式：

（1）展示区所需的库存量，排面2M以上库存区的商品将摆放部分C类、全部D、E类商品，这些商品将不进入后仓；A、B类商品库存则全部进入后仓。

（2）调整时需参考可销天数的大小，考虑各商品陈列位置对销售所产生的影响，高回转的商品需考虑排面库存量的多少和补货的方便性，低回转的商品，如原先因位置过差而导致销售过差的，可酌情调整到销售较好的位置（如靠近主通道、黄金视线上等）。

（3）位置调整：通过对商品A、B、C、D、E类的识别，排面调整可以将销售最好的商品调至次好的位置，将销售次好的商品调至最好的位置，销售不好的商品（如D、E类）则及时检查是商品本身原因还是出样位置原因，以上动作至少每周需调整一次。

（4）商品陈列于正常排面的同时陈列于包柱或TG台（一种特殊阵列道具）、收银台前小端架时，当发现某商品销售不佳，请立即换下端架或包柱上的商品，只做正常排面出样，小端架更换同品牌的销售好的商品。

（5）个别门店有厂商 TG 架做短期重复陈列的，必须是促销商品或店内 IP，商品建促销档，经由促销订单下单，否则一律不得随意用该方式出样。

（6）调整后如个别分类因 D、E 类品项较多，整体排面缩小，造成品项缺少，请根据门店当地的市场，及时联系采购进行新品引进。

（五）商品陈列的日常巡查

公司督导员及店长、柜组长等管理人员对商品陈列负有检查、指导、督促的任务，巡查的主要事项有：

（1）是否按商品配置表来陈列。
（2）是否注意到商品的关联性。
（3）陈列的商品是否整齐有条理。
（4）商品的形状、色彩与灯光照明是否能有效地组合。
（5）商品的标价签是否正确、完整、对位。
（6）陈列的商品是否便于顾客选购。
（7）陈列的商品是否让人有容易接近的感觉。
（8）陈列的方式是否突出丰富感及商品的特色。
（9）商品是否有灰尘、破损。
（10）商品陈列是否能显示出商店所经营的主要商品。
（11）促销商品能否引起顾客的兴趣。
（12）商品陈列是否在店员视线所及范围之内。
（13）货架上的商品出售以后，补货是否方便。
（14）是否有效地利用了墙壁和柱子来陈列商品。
（15）广告、海报是否已破旧。
（16）陈列的各类商品的指示标识是否明显。
（17）引导顾客的标志是否易见易懂。
（18）陈列设备是否与商品相称。
（19）陈列设备是否安全可靠。
（20）员工对陈列设备的使用方法是否已详细了解。

第三节　生鲜熟食商品陈列

一、一般生鲜商品陈列的基本要求

（一）一般生鲜商品陈列的基本原则

（1）商品按商品分类的原则陈列，同一大类商品必须归类、相邻陈列，进行颜色搭配。
（2）商品陈列在正确的温度下。

(3) 商品陈列要整齐、美观、协调、丰富、整洁、方便。
(4) 标价签和价格牌要清晰、干净、醒目，内容准确，货与架要对位。
(5) 严格遵循"先进先出"原则。
(6) 特价促销商品有POP（卖点广告）、特价标识，位置突出。
(7) 破损、变质、腐烂、过期的商品及时撤离货架。
(8) 在人流较少时可以减少商品的陈列面与陈列量。
(9) 高档易损耗且销量不大的商品可采取"假底"陈列。
(10) 打包商品要求保鲜碟规格统一，标价签统一贴于保鲜碟横向右上角处。

（二）陈列设备要求

陈列设备包括店铺用于生鲜商品销售的陈列道具、货架、保温柜、冷藏柜和冷冻柜等。生鲜食品对陈列设备要求较高，其陈列设备要注意以下几点：

(1) 按照生鲜品的保鲜温度要求选择陈列设备并进行商品陈列。
(2) 陈列设备应保持清洁，无积水和污渍。
(3) 要保证贮存设备的温度控制在要求的范围内，冷藏库（柜）温度为-2～5℃，冷冻库（柜）温度低于-18℃。

（三）标识要求

(1) 商品标签要采用符合国家物价部门规定的式样，并标有"物价局监制"字样。所有电子秤计价包装或盒装食品标签必须有生产日期和保质期，标签表面保持干净、整洁、无错别字。标识要清晰、明确，张贴平整，使用的标识架要干净平稳。
(2) 标识要做到统一，公共标识应符合国际标准。
(3) 预包装食品标签应符合 GB7718—2011《预包装食品标签通则》的要求。

二、蔬菜水果的陈列方法和要求

蔬菜与水果是超级市场的主力商品之一，其陈列方式直接影响整个超市的购物环境及形象，所以蔬菜水果陈列得好坏对超市来说是至关重要的。蔬菜和水果最基本的陈列技巧有以下几个方面。

（一）陈列的基本动作

(1) 排列。将商品有规则地并排在一起。排列的重点是要将商品的边与前部排列整齐，不可杂乱或松散。
(2) 置放。将商品散开投放进陈列的容器里。由于用于蔬菜水果陈列的容器四周有隔物板支撑，因此不容易松散或杂乱。置放要求将最上面的商品摆平即可，无须作特别的处理。
(3) 堆积。将商品由下往上按顺序堆积。掌握堆积的动作，最重要的是要表现出商品的立体感，所以要保持商品堆积具有一定高度。
(4) 交叠。将商品交错组合、堆积。交叠的方法可对形状不一或圆形大小不一的商品组合产生较好的陈列效果。
(5) 装饰。在一些商品中放上一些其他的商品以起到点缀的作用，或同一种商品在最上部做一些特殊的造型,都称之为装饰。装饰的目的是要提高商品的可视率。

(二)陈列的基本形态

超级市场蔬菜水果的陈列形态一般有下面几种:

(1)圆积型。将商品一一对应或采用压缝的方法堆积成立体型。

(2)圆排型。将商品以一对一的方式垒起来,旁边用隔物板来支撑。

(3)茎排型。将商品的根与根、茎与茎、叶与叶相对应地排列在一起。

(4)交叉型。将商品的根与叶、叶与根相交叉排列。常用于根叶粗细不一的商品。

(5)格子型。上下层纵横交错,形成一个个方格。

(6)段积型。按圆积型罗列,面向顾客面为梯形。

(7)投入型。将商品零散、随意地堆积在托盘或有隔板的陈列台(架)上。

(8)并立型。将商品依靠特定的台架并列直立陈列在台架上。

(9)搭配型。将不同的商品利用大小、形状、颜色的对比陈列在同一台架上。

(10)散置型。将前排、底面或四周整齐排列,中间部分随意放置。

(三)水果蔬菜的陈列要求

(1)按照分类原则,进行区域分类、大分类、中分类陈列。

(2)按照丰满原则,蔬果的陈列要丰满、货多,起到吸引顾客、显示优质平价的作用。

(3)按照色彩搭配原则,将颜色鲜艳、色彩丰富的蔬果根据其颜色适当组合、搭配,充分体现蔬果的丰富性、变化性和新鲜感,尽可能将其颜色最漂亮的一面统一朝向顾客、吸引顾客,如图3-15所示。

图3-15　蔬菜陈列

(4)按照防损耗原则,根据不同商品的特点,正确选择陈列道具、陈列方法、陈列温度和陈列时间,陈列面积和周转量应该成正比。

(5)按照"先进先出"原则进行商品陈列,并控制陈列量,以免产品压伤,必要时对水果和蔬菜进行保鲜和补水处理,延长蔬果产品的货架周期。

(6)陈列的蔬果要干净整洁,必要时对果蔬进行清洁、整理处理后再陈列。

(7)陈列区域、设备、器具要保持清洁卫生。

(8)特价促销商品要用堆头和大面积陈列,且用POP等宣传告示与之对应。

(9)对于新商品和特价促销商品等需要向顾客展示其内在品质的商品,应将其切开进行展示，同时切成小块给顾客试吃。

（10）卖场内的加工蔬菜应用保鲜膜进行包装。

（11）特价促销商品要保证一个商品陈列一个堆垛，宽度保证在一至两米之间。

（12）高档且易损坏商品需要包装后进行陈列销售，绝大部分陈列于冷藏保鲜柜中，销售量不大的商品，要适当控制陈列面和陈列量。

（13）及时捡出破损、变质、过期的商品，及时更换破损的商品包装。

三、畜禽类肉品的陈列要求

（1）展示陈列柜的温度控制在−1～2℃，以保持成品的鲜度。

（2）考虑商品的分类、风俗习惯以及防止交叉污染等因素将不同类商品分开陈列，三鸟（鸡、鸭、鹅）类、猪、牛、羊肉之间需用分隔板隔开。

（3）冻品类如三鸟、翅膀、凤爪及内脏等商品，除了包装陈列外，可散装陈列于冰鲜台上。

（4）冷柜中散装陈列的畜禽类肉品和调理制品要经常翻动，以保持商品透气，防止肉品变色和调理制品表面干燥脱水。

（5）冷柜中散装陈列的畜禽类肉品应采用托盘陈列，不宜直接在冰块上陈列，避免融化的冰水降低肉品质量。

（6）按顾客行走的路线分品类陈列，建议依次为汤配、三鸟类、牛羊肉、猪肉，最后为腊味。

（7）价格标签上的价格、计量单位、生产日期和保质期等标识清晰明显、内容完整。

（8）特价促销商品陈列面积要加大，且用POP等宣传告示与之对应。

（9）卖场内禁止现场宰杀活禽。

四、鱼和海鲜类商品的陈列要求

（1）各种活鲜必须按品类特性进行陈列，如咸、淡水鱼分开，四大家鱼与鲈鱼、桂花鱼、河虾等分开，鲈鱼与河虾分开，活鱼与贝壳类分开，咸、淡水贝壳类分开等。

（2）水池里的水必须保持清澈，养殖水中加入一定比例的海水或池塘养鱼水。

（3）水池里的水必须保持循环、过滤、打氧。

（4）水池里的商品必须保证是活的。

（5）可以使用旋转式价格牌固定在鱼缸上标识价格。

（6）冷冻商品、海鲜干货销售必须在保质期内。

（7）各类海鲜商品必须陈列在正确的温度下。

（8）冰鲜商品的陈列要求散冰要散在鱼的身上以保持商品的新鲜，要求陈列动感化，鱼头朝顾客，鱼体斜侧立于冰面上，腹部藏于冰里面（黄花鱼除外）；细小鱼体则做圆形的花样陈列。

（9）冰鲜商品陈列的价格牌可以插到冰里面，必须与每一种商品相对应。

（10）海产干货的陈列主要是防尘、防霉、防潮、防虫。

五、熟食的陈列要求

（1）熟食必须在正确的温度下陈列。
（2）遵循商品分类的原则，每个陈列盘中只能陈列一种商品。
（3）陈列熟食商品必须标明时间代码，以控制仅有几个小时保质期商品的质量。
（4）熟食商品的陈列面积应该与销售量相匹配。
（5）价格牌一般放在商品陈列位的右上角。
（6）按顾客行走路线，建议分别为面食、凉拌菜、卤水、炸物、烤鸡、烧腊、寿司。
（7）卤水、凉拌菜需要点缀芫荽、青葱等绿色调料。
（8）熟食制作和加工过程应有严格的卫生管理制度，熟食凉菜制作应配备专用加工间。
（9）散装熟食的售卖应符合《散装食品卫生管理规范》，散装熟食陈列要用专用陈列柜或者网罩遮盖，以防来自购物环境的污染，准备好顾客拿取商品的工具。

六、面包的陈列要求

（1）按西式、中式、面包、蛋糕等大类分隔开，进行集中陈列。
（2）遵循"先进先出"原则，保证先生产先陈列。
（3）所有商品必须在保质期内销售。
（4）面包的陈列面积与销售量匹配。
（5）蛋糕要在正确的温度下陈列，必须放在冷藏柜中。
（6）散装食品应该放在较低的陈列位置，且置于有机玻璃的面包罩里。
（7）特价促销商品用促销车或不锈钢层架，结合 POP 宣传告示做陈列销售。
（8）面包制作和加工过程应有严格的卫生管理制度，蛋糕裱花应配备专用加工间。
（9）散装商品的售卖应符合《散装食品卫生管理规范》，散装糕点陈列要用专用陈列柜或者网罩遮盖，以防来自购物环境的污染，准备好顾客拿取商品的工具。

本 章 小 结

本章阐述了门店布局中对出入口、通道、货物区等布局设计的基本知识和运用于卖场布局的磁石理论，介绍了卖场布局的方法、一般商品陈列的方法和技巧、生鲜食品陈列的方法和技巧。

案 例 分 析

家乐福的商品陈列技巧

1. 堆头商品陈列结构

家乐福堆头商品陈列以食品为主，如目前除了月饼堆头外，共 26 个堆头，其中食品堆头 18 个，占 69.23%；日用品堆头 8 个，占 30.77%。家乐福堆头商品从价格水平来看，都是陈列特价商品，没有高毛利堆头，也没有固定堆头（商品在货架上基本都能找到），这可能跟他们突出低价形象有关。

2．堆头陈列商品品种更换频率

家乐福堆头一般一周左右更换其中的一部分品种，小部分堆头品种更换频率更高，如二楼电梯口的两个大堆头，一般2～3天更换一次，大部分时候是做杂牌震撼低价促销，其价格十分低廉，有时配备促销员高声叫卖。

家乐福同一个堆头陈列的商品品种基本固定，如这个堆头固定陈列牛奶，另一个堆头固定陈列大米等；并且在一段时间内，如几周的时间段内相对稳定地陈列相同品牌的商品，只是规格变化或者功能有变化。

堆头位置基本固定，并且布置在同一品种区域内，方便顾客挑选，如洗衣粉堆头布置在洗衣粉区域，油堆头布置在油货架附近等。节假日会临时增加一些堆头，增加陈列应节商品品种。

3．堆头陈列商品价格变动趋势

家乐福部分堆头商品的价格并不是固定不变的，一般为降低趋势，如堆头商品汰渍洗衣粉，前三天售价12.70元，后三天售价11.30元，这种现象主要集中在日用品。

4．堆头陈列商品品种选择特点

堆头陈列品种主要以知名品牌商品为主，其单品数比例占85%以上，而杂牌商品比例仅占15%以下。

家乐福彩页商品一般不会陈列在堆头位置上，而只有少数几个彩页商品陈列在堆头位置，如部分饮料等。

5．堆头陈列商品特价幅度

重复经营商品品种占堆头总体的50%左右，其特价幅度总体来说较大，所以家乐福堆头除了做负毛利销售的品种之外，其他品种总体价格水平稍高于平均价格水平。

案例分析：

1．你认为商品陈列与卖场的经营定位有什么关系？
2．试分析家乐福陈列方式的效果。
3．结合你所在城市中家乐福的卖场，提出可学习的陈列方法，并提出改进的建议。

实 训 项 目

项目一：卖场通道与布局分析

选择一家超市进行实地考察，作卖场布局图，画出主通道、副通道、商品品类的分布、顾客购物路线，并对卖场布局进行分析与评价，提出改善建议。

项目二：卖场布局磁石理论的运用

考察一家超市如何利用卖场布局中的磁石理论进行布局，并对商品配置状况进行评价，提出调整建议。

项目三：超市商品陈列分析

考察一家超市，学习各种陈列方法和技巧在陈列中的运用，做出1～3幅陈列配置图，分析陈列方法的运用，提出调整意见。

第四章 连锁门店服务管理

技能目标
- 能发现门店员收银、客服等作业的问题，提出改进要求。
- 能正确区分顾客投诉类型，对顾客的投诉提出正确的处理方法。
- 能了解顾客的需求，提供正确的销售服务。

知识目标
- 了解门店人员服务规范的基本要求。
- 基本掌握顾客投诉处理的原则、方法和技巧。
- 基本掌握顾客购买动机、顾客需求的类型。

体验营销（Experience Marketing）

体验营销是通过看（See）、听（Hear）、用（Use）、参与（Participate）的手段，充分刺激和调动消费者的感官（Sense）、情感（Feel）、思考（Think）、行动（Act）、关联（Relate）等感性因素和理性因素，重新定义、设计的一种思考方式的营销方法。体验营销这种思考方式突破传统上"理性消费者"的假设，其定义是："从消费者的感官、情感、思考、行动、关联五个方面重新定义、设计营销理念。"研究者认为，消费者消费时是理性和感性兼具的，消费者在消费前、消费中和消费后的体验，是研究消费者行为与企业品牌经营的关键。比如当咖啡被当成"货物"贩卖时，一磅卖 300 元；当咖啡被包装为商品时，一杯就可以卖 25 元；当其加入了服务，在咖啡店中贩卖，一杯最少要 35~100 元；但如能让顾客体验咖啡的香醇与生活方式，一杯就可以卖到 150 元甚至好几百元。星巴克（Starbucks）真正的利润所在就是"体验"。在伯德 H.施密特博士（Bernd H.Schmitt）所提出的理论中，营销工作就是通过各种媒介，包括沟通（广告为其之一）、识别、产品，共同建立品牌、环境，刺激消费者的感官和情感，引发消费者的思考、联想，并使其行动和体验，并通过消费体验，不断地传递品牌或产品的好处。

第一节　门店服务人员行为规范

一、服务人员仪容、仪表规范

1．统一着装
着装要清洁、整齐，符合礼仪规范，佩戴工号牌。
2．仪容大方
（1）女士上班必须化淡妆，禁止浓妆艳抹；头发须梳洗整齐，长发不要遮住脸，不准披肩，禁止头发染成彩色；始终保持手的清洁；禁止留长指甲，食品部工作人员禁止涂有色指甲油。
（2）男士严禁留长发，严禁留胡须，定期理发，保持整洁，头发不要遮住脸。
3．保持个人卫生
早晚要刷牙，饭后要漱口，勤洗澡防汗臭。
4．微笑服务
（1）精神饱满，热情投入工作。
（2）面带微笑，和颜悦色，给人以亲切感。
（3）顾客询问时，要聚精会神、注意倾听。
（4）不卑不亢，坦诚待客。
（5）神色坦然、轻松、自然。
5．整理仪容仪表
整理仪容仪表须到卫生间或工作间进行。

二、服务人员仪态规范

1．站姿
站立端正、挺胸收腹、面带微笑，双手可采取体前交叉式或背手式，站立时脚呈V字形，脚跟分开距离限8厘米内，双脚与肩同宽。
2．行态
（1）昂首挺胸、收腹、肩要平、身要直，行走轻稳，不可摇头晃脑。
（2）禁止工作场所与他人拉手、搂腰搭背、奔跑、跳跃。
3．手势
为顾客指引方位时，手臂伸直，手指自然并拢，手掌向上以肘关节为轴，指向目标，同时眼睛看着目标，并兼顾对方是否看到指示的目标。
4．举止
举止要端庄得体，迎客时走在前，送客时走在后，客过让路，同行不抢道。

三、服务语言规范

门店服务常用的服务礼貌用语：
（1）称呼语：小姐、夫人、太太、先生、同志、大姐、阿姨。

(2) 欢迎语：您来了、欢迎光临。
(3) 问候语：早上好、早安、午安、晚安、下午好、晚上好。
(4) 祝贺语：节日愉快！圣诞快乐！新年快乐！生日快乐！
(5) 道歉语：对不起、请原谅、打扰了、失礼了。
(6) 告别语：再见！欢迎下次光临！
(7) 道谢语：谢谢、非常感谢！
(8) 应答语：是的、好的、我明白了、谢谢您的好意、不客气、没关系。
(9) 征询语：我能为您做什么吗？您喜欢……？请您……好吗？
(10) 敬语：您、您好、请、劳驾、麻烦您、多谢您、可否、是否、能否代劳、有劳、效劳、拜托、谢谢、请稍候、对不起、再见。

四、待客规范

(1) 面对客人时须面带微笑。
(2) 对客人询问要全神贯注用心倾听，眼睛望着客人面部、切忌死盯顾客，不要打断客人谈话。
(3) 和客人谈话时，须停下手中的工作，眼望顾客、面带笑容。
(4) 客人询问时要认真负责，不能不懂装懂、模棱两可、胡乱作答。
(5) 回答顾客问题时，要态度和蔼、语言亲切、声调自然、声音适中、应答迅速明确。
(6) 接待顾客应使用普通话，遇到讲粤语的顾客，要请会粤语的营业员接待。

五、门店服务禁止的行为

(1) 吸烟、吃零食、吃口香糖、吃饭。
(2) 聊天、嬉笑打闹、高声辩论、大声喧哗、聚堆、吹口哨、唱小曲、打私人电话等违反劳动纪律的行为。
(3) 看书、看报、写家信、干私活、化妆。
(4) 做出不雅动作（坐着接待顾客、掏鼻孔、掏耳朵、剔牙齿、打饱嗝、打喷嚏、打哈欠、抓手、搔痒、修指甲、伸懒腰、扮鬼脸、吐舌、眨眼等）。
(5) 与客人开玩笑、吵架、打闹。
(6) 有过分亲热的举动。
(7) 手叉腰、手插兜、手抱胸。
(8) 和客人顶嘴、吵架、对骂。
(9) 讥笑、挖苦顾客。
(10) 使用粗言恶语，使用蔑视或污辱性的语言。
(11) 在客人面前耳语或与顾客长谈。
(12) 议论同事、上司，传播流言蜚语，散布谣言。
(13) 对客人及上级使用质问、怀疑、命令、顶撞、否定式语言。
(14) 随地吐痰，扔果皮、纸屑或其他杂物。
(15) 出现带有厌烦、僵硬、愤怒的表情。

（16）上班前食刺激性气味食品。
（17）上班前及上班时间饮酒。
（18）私拿乱用公物、商品。
（19）挪借营业款、票证及商品等。
（20）因结账、点款、开具各种票证，不理睬顾客。
（21）私分紧俏商品或为亲友熟人代买商品，自己买自己出售的商品。
（22）随便离开工作岗位，擅自变更班次。

第二节　收银作业管理

一、收银作业守则

现金的收受与处理是收银员相当重要的工作之一，除了要为顾客提供准确、高效、温馨的收银服务外，现金管理的安全性也十分重要，收银员在收银作业时应遵守下列守则：

（1）收银员身上不可带有现金。收银员在执行任务时，身上如有任何私有金钱，容易让人误认为是店内公款而造成不必要的困扰。如果收银员当天拥有大额现金，并且不方便放在个人的寄物柜时，可以请店长代为存放在店内金库。

（2）收银台除茶水外，不可放置任何私人物品。收银台随时会有顾客办理退货，或临时删除购买的品项，若有私人物品也放置在收银台，容易与顾客的物品混淆，引起他人的误会。

（3）收银员在收银柜台执行任务时，不可擅自离位。收银柜台内有金钱、发票、礼券、单据等重要物品甚多，如果擅自离开，将使不法分子有机可乘，造成店内的损失，而且当顾客需要服务时，也可能找不到工作人员，而引起顾客的抱怨。

（4）收银员不可为自己的亲朋好友结账。避免收银员利用职务上的方便，以较原价为低的价钱登录至收银机，而图利亲友。同时也可避免引起不必要的误会。

（5）收银员不可任意打开收银机的抽屉查看数字或点算金钱。收银员随意打开抽屉容易产生误会，而且当众点算金钱，也容易引起他人侧目造成安全的顾虑。

（6）收银员在执行任务时不可嬉笑聊天，随时注意收银台前的情况，如有任何状况，应按铃通知主管处理。不使用的收银通道必须用链条围住。收银员在工作时嬉笑聊天，不但会疏忽店内周边的情形，导致公司遭受损失，也会让顾客留下不佳印象。此外，收银员们位于店的出入口，较方便留意店内出入人员。如果收银通道任意开放，将会使顾客不结账而将商品带出。

（7）收银员应熟悉超市的服务政策、促销活动、当期物品、重要商品位置，以及各项相关资讯。收银员熟悉上述各项讯息，除了可以迅速回答顾客询问，也可主动告知，促销店内商品，让顾客有宾至如归、受到重视的感觉，同时还可以增加公司的业绩。

二、收银员上机前的准备

（1）清洁、整理收银作业区。包括收银台、包装台、收银机、收银柜台四周的地板、垃圾桶等。

（2）整理、补充必备的物品，包括购物袋、验钞机、计算器、必要的各式记录本及表单、干净抹布、笔、便条纸、剪刀、发票、铃钟或警铃、装钱袋、"暂停结账"牌等。

（3）准备放在收银机内的定额零用金。收银员在上机台前向内勤人员领取零用金，收银员必须用专用零用金袋装零用金，收银员领到零用金要清点是否正确。

（4）检查收银机是否正常，各项统计数值是否正确或归零。

（5）收银员服装仪容的检查。包括制服是否整洁符合规定，是否佩戴工作牌，发型、仪容是否清爽、整洁。

（6）熟记并确认当日特价品、变更售价商品、促销活动，以及重要商品所在位置。

（7）早会、礼仪训练。

三、收银员营业中服务

（一）收银员服务内容

收银员营业中的服务主要有：

（1）营业时收银员要招呼顾客。
（2）为顾客结账及商品装袋。
（3）配合促销活动的收银处理。
（4）顾客抱怨处理。
（5）对顾客适当引导。
（6）营业款缴纳。
（7）进行交接班。

（二）收银结账步骤与规范

收银员进行收银结账的步骤与规范可参见表4-1。

表4-1　收银结账步骤与规范表

步骤	收银标准用语	配合的动作
1. 欢迎顾客	欢迎光临	面带笑容，与顾客的目光接触 等待顾客将购物篮，或者购物车上的商品放置收银台上 将收银机的活动屏幕面向顾客
2. 商品登录	逐项念出每项商品的金额	以左手拿取商品，并确定该商品的售价及类别代号是否无误 以右手按键，将商品的售价及类别代号正确地登录在收银机 登录完的商品必须与未登录的商品分开放置，避免混淆 检查购物车底部是否还留有商品尚未结账
3. 结算商品总金额并告知顾客	总共××元	将空的购物篮从收银台上拿开，叠放在一旁 若无他人协助入袋工作时，收银员可以趁顾客拿钱时，先行将商品入袋，但是在顾客拿现金付账时，应立即停止手边的工作
4. 收取顾客支付的金额	收您××元	确认顾客支付的金额，并检查是否为伪钞 将顾客的现金以磁铁压在收银机的磁盘上 若顾客未付账，应礼貌地重复一次，不可表现不耐烦的态度
5. 找钱给顾客	找您××元	找出正确零钱 将大钞放在下面，零钱放在上面，双手将现金连同发票交给顾客 待顾客没有疑问时，立刻将磁盘上的现金放入收银机的抽屉内并关上
6. 商品入袋		根据入袋原则，将商品依序放入购物袋内
7. 诚心的感谢	谢谢！欢迎再度光临	一手提着购物袋交给顾客，另一手托着购物袋的底部，确定顾客拿稳后，才可将双手放开 确定顾客没有遗忘的购物袋 面带笑容，目送顾客离开

（三）装袋作业

为顾客做入袋服务时，必须遵守下列原则：

（1）选择适合尺寸的购物袋。

（2）不同性质的商品必须分开入袋，例如，生鲜与干货类，食品与化学品，以及生食与熟食。

（3）重、硬物置袋底。

（4）正方形或长方形的商品放进袋子的两侧，作为支架。

（5）瓶装及罐装的商品放在中间。

（6）易碎品或较轻的商品置于上方。

（7）冷藏（冻）品、豆类制品、乳制品等容易出水的食品，肉、鱼等容易渗漏流汁液的商品或是味道较为强烈的食品，应先用其他购物袋装妥当之后再放入大的购物袋内。同时，确定附有盖子的物品都已拴紧。

（8）货物不能高过袋口，避免顾客不方便提拿。

（9）确定公司的传单及赠品已放入顾客的购物袋中。

（10）入袋时就将不同客人的商品分别清楚。

（11）体积过大的商品，可另外用绳子捆绑，方便顾客提拿。

（12）提醒顾客带走所有包装好的购物袋，避免遗忘在收银台。

（四）离开收银柜台的作业要项

当收银员必须离开收银柜时，应注意下列事项：

（1）离开收银柜台时，必须先将"暂停结账"牌摆放在顾客容易看到的地方，同时用链条将收银通道围住。然后将所有的现金全部锁入收银机的抽屉内，同时将收银机上的钥匙至锁定位置，钥匙必须随身带走，交由相关人员保管或放置在规定的地方。

（2）将离开柜台的原因及回来的时间告知临近看守的收银人员。

（3）离机前，若还有顾客排队等候结账不可立即离开，应以礼貌的态度请后来的客人至其他收银台结账，并且为现有的顾客做完结账服务之后方可离开；如果必须立即离开时，也应礼貌地向排队的顾客致歉。

（五）商品价格的确认

收银员应熟悉商品价格，以便尽早发现错误的标价。如果商品的标签价格低于正确价格时，应向顾客委婉解释，若是顾客坚持依照标签上价格支付，仍应尊重顾客的意愿，因为这是超市工作人员的错误，或是同一商品上同时有两张标签时，应以低价登录，但若顾客所购数量很大，或差价在一定的数额以上时，应先查证清楚，是工作人员的疏忽，还是顾客自行更换标签，发现以上两种情形，皆应立即通知店内人员检查其他商品的标价是否正确。

（六）假钞的识别

收银员应熟悉辨认真假币的方式，避免因收到假钞，而造成店内的损失，因此，当收银员收到顾客给予的大钞时，切勿将钞票高举以灯光照射，引起顾客反感，认为未受到尊重。最好的方式应该是以指触摸、辨认，或觉有异立即请相关主管至现场处理。

四、收银员营业后作业规范

(一)收银员营业后工作内容

(1) 整理各类发票及促销券。
(2) 结算营业额。
(3) 整理收银作业区卫生。
(4) 关闭收银机并盖好防尘套。
(5) 清洁、整理各类备用品。
(6) 协助现场人员做好结束后的其他工作。

(二)收银长短款管理

收银员交班或营业结束后,按规定的时间到财务结算营业额。收银过程中会出现长短款情况,收银长款指收银实收数大于电脑应收数部分,包括现金长款、支票长款、信用卡长款;收银短款指收银实收数小于电脑应收数部分,包括现金短款、支票短款、信用卡短款。

1. 处理原则

(1) 收银长款:一律归公。
(2) 现金短款:超市收银员低于两元(含两元)的由公司承担,封闭柜收银员低于一元(含一元)的由公司承担,超过此标准的由责任人全额赔偿。
(3) 支票短款、信用卡短款均由责任人全额赔偿。

2. 长短款的调整程序

收银员需调整长短款的,由收银员填写"收银长短款调整表",见表 4-2,并附上调整资料,交收银主管或分店经理审批(若因储值卡或电脑系统原因造成的长短款必须再经信息管理部驻店人员审核),收银主管将手续完备的"收银长短款调整表"传驻店财务,驻店财务外勤出纳员核实短款并交驻店财务主管审批后予以调整。

3. 收银员有下列情形之一的不予调整

(1) 多留备用金而造成少缴营业款。
(2) 兑换零钞错误的。
(3) 假币短款。

表 4-2 收银长短款调整表

营业点:		营业时间:		年 月 日
姓名及工牌号	台 号		收 银 号	流 水 号
查询内容及事由(卡号:)		调整金额:		
原因:				
收银主管(或经理):				
查询结果				
财务核实情况	出纳员:		财务主管:	

（三）营业结束后的收银管理

结束营业后，收银员应将收银机内的现金、礼券、抵用券，及各种单据收回金库，并在指定地点放妥当，收银机的抽屉则不必关上，将其打开直到次日营业开始。

将收银机抽屉打开的目的，在于避免夜晚歹徒侵入时，为了偷取金钱而撬开并破坏收银机，减少公司事后的修理费用。

五、超市员工购物

超市员工不可在上班时间购物。其他时间所购买的商品，如需在超市内食用或暂放在店内者，其购物发票应加上收银员的签字，并请店内主管加签，以证明该商品为结过账的私人物品，同时超市的员工必须依照正常手续进行换货作业，不可私下自行调换，购买的商品也必须与金额相等，收银员不可徇私包庇，以避免员工因职务上的方便，任意取用店内货品或图利他人。

六、货品的管制

凡是通过收银区的物品，必须经过付款结账。厂商若有退货应从指定地方进出。收银人员应有效控制货品的出入，避免厂商及店内人员擅自拿出店内的商品，造成超市的无形损耗。

第三节　客服部接待服务管理

一、存包处服务工作

存包服务可分为人工存包和自动存包两种服务。

（一）人工存包

1．人工存包处服务人员的职责

（1）每日早、晚班人员应做好存包区的卫生清洁工作。

（2）存包柜的备用钥匙由主管保管，客人遗失存包牌需开柜时，必须与主管联系。

（3）存包处服务人员要尽职尽责，认真核对号码牌，不能利用工作之便盗取顾客的物品，一经查出，予以开除处理。

2．工作方法

（1）顾客到存包处存包，服务员把包放入存包柜。号码牌一号两牌，一牌系于物品上，另一牌给予顾客。

（2）提醒顾客将现金、手机等贵重物品取出，存包处不负责贵重物品的寄存。

（3）顾客凭存包牌取包，取包时服务员应将客人存包牌与存包柜物品上的标志牌相核对是否吻合，以防假冒。

3．特殊情况的处理

特殊情况的处理主要包括顾客遗失存包牌的处理和过夜包的处理。

（1）顾客遗失存包牌的处理

1）顾客遗失存包牌，应及时与服务台联系并办理挂失手续。

2）由顾客填写《存包牌遗失登记表》，注明存包柜内有何物，尤其是证件名称。

3）顾客所登记的物品与柜内相吻合，请客人予以签收，并交纳挂失费，服务台开具收据给客人，次日早上交财务。

4）遗失存包牌的号码要公告作废，并且该号码在一定时期内不能再启用。

（2）过夜包的处理

1）晚班存包柜工作人员应仔细核查发出存包柜的牌号是否回收，缺失部分作废；若柜内仍有物品，将其记录在《顾客过夜包登记表》上。

2）如三天内顾客到存包处领取，需交纳过夜保管费（一天 2 元，可按实际情况进行调整）；超出 3 天期限，存包处将自行处理，而且将该柜子的存包牌号码作废。

（二）自动存包

1．自动存包处服务人员的职责

负责换币并指导客人正确使用存包柜，同时留意不法分子利用存包柜作案的动向。

2．工作方法

存包：投币一元至投币口→打开门放进包→关门并保管好钥匙→存包结束。

取包：用钥匙打开门取包→关门→取包结束。

3．自动存包的注意事项

（1）自动存包柜中途不可开门。

（2）有意外事件发生时，根据本单位自动存包柜的应急开门程序办理；应急钥匙由客服部主管及以上人员保管。

（3）重大事件（如调包）可先让顾客填写客诉单，帮助客人报警。

（4）存包柜人员对客人的询问要耐心解释，随时留意存包柜出现的异常情况（如放错柜、未拿钥匙、遗失钥匙等）。

（5）存包备用金为一定金额，请交接人员作好交接工作，出现差异由当事人自行负责。

二、退换货工作

（一）商品退换制度

（1）经营者向消费者提供商品和服务，按照国家规定或与消费者的约定，承担包修、包退、包换或其他责任的，应当按国家规定或约定履行，不得故意拖延或者无理拒绝。

（2）经营者在出售商品时，必须向消费者出具信誉卡；如发现经营者未出具信誉卡的，罚款 20 元。

（3）消费者在购买商品后，发现有质量问题或其他问题需修、换、退时，请持购物信誉卡按规定时间到工商所投诉。

（4）经营者在接待消费者投诉时要认真接待，主动协商解决，对一时解决不了、发生争议的，要配合工商所处理好问题；对处理问题有争议的，可请求所属区域消费者协会进行协调。

（5）商品质量有问题的，经营者要无条件给予退货或换货；商品质量确认不清的，到省、市技术监督部门鉴定，如有质量问题，经营者承担鉴定费用。

（二）营业中的工作流程

1. 审查是否符合退换货标准

（1）顾客持销售小票以及商品，在指定期间内到退换货服务台办理。

（2）退换货区人员审查该商品是否符合退换货标准。

（3）若不符合退换货标准，要婉转谢绝客人的退换货要求。

（4）若符合退换货标准，在进入退换货流程时应注意：请顾客出示小票，客服部人员核对商品与小票是否相符；客服部人员需要填写《顾客退换货单》一式三联，双方签字（一联转财务，二联转顾客，三联转部组）。

《顾客退换货单》使用注意事项：

1）退换货单必须按流水号使用，不能跳号。

2）遗失一份退换货单将受到行政处罚一次。

3）每退换一件商品须在《顾客退换货单汇总表》上登记。

2. 商品退换货处理程序

商品退换货处理分三种情况：商品的退货、商品的换货、收银员多扫商品的退货。

（1）商品的退货程序

1）客服人员根据小票上显示的付款方式，在《顾客退换货单》上标注是现金购物或是持卡购物，同时标注小票流水号。

2）退货金额在 500 元以下的由客服部主管签字后办理退货手续；退货金额在 500 元以上的由客服部经理签字后，方可办理退货手续（经理不在时，由卖场值班经理签字）。

3）将小票上的退货商品信息剪下，粘贴在退货单的第二联。

4）顾客持《顾客退换货单》第二联到指定收银台领现金。

5）收银员收取的退货单据，由收银主管打印相应金额的负票，粘贴在第二联《顾客退换货单》上，并于下班时与营业款一起上交现金办。

6）客服部填写《顾客退换货单汇总表》一式两联，将第一联《顾客退换货单》与相应的《顾客退换货单》核对后，于交接班时上交现金办。

（2）商品的换货程序

客服人员填写《顾客退换货单》一式三联，并将小票上的换货商品信息剪下，粘贴在换货单的第二联，同时将《顾客退换货单》第二联交予顾客（换货单只可换货，不可退现金）。

1）顾客办理换货手续并换取卖场内的任何商品后，到指定收银台结账，所换商品经过 POS 机结账时将《顾客退换货单》交收银员，所购商品超出换货商品的金额，则由顾客补现金，收银员在换货商品的 POS 小票上标注"换货"字样。

2）换货商品在收银台按正常程序结账，打印收银小票并收回换货单。

3）收银员收取的换货单据应由收银主管打印相应金额的负票，粘贴在第二联《顾客退换货单》上，并于下班时与营业款一起上交现金办。

4）客服部填写《顾客退换货单汇总表》一式两联，第一联《顾客退换货单》与相应的《顾客退换货单》核对后，于下班前上交现金办，第二联留存。

5）闭店前通知有退换货商品的部组主管，到客服部领取当日的退换货（生鲜部的退换货商品应尤为注意要及时），将退换货商品与第三联《顾客退换货单》一同交予部组，部组主管检查退换货商品并在《顾客退换货单汇总表》上签字确认。

（3）收银员多扫商品的退货程序

收银员多扫商品的退货程序包括两种情况：

1）交易未成功时。若多扫商品为操作中的最后一个商品的信息时，收银员可做取消动作，取消多扫商品的信息。

若多扫商品为操作中的前几位商品时，则由收银主管及时做负数处理，不允许收银员做取消交易的处理。

2）交易成功时。由收银主管核实确认后，顾客持POS小票到客服部办理退货手续。

由收银主管、客服部主管在《顾客退换货单》上签字（注明空退数量及金额），由客服部人员将小票上的相应商品信息剪下，粘贴在退货单的第二联上。

由收银主管持《顾客退换货单》第二联，到指定收银台领现金并交予顾客。

收银员收取的退货单据，由收银主管打印相应金额的负票，粘贴在第二联《顾客退换货单》上，并于下班时与营业款一起上交现金办。

（三）营业结束之后的工作

（1）通知楼面主管到退换货区签收退换商品（营业中也可以签收，时间依实际情况定）。

（2）当班退换货服务人员将退换货单做一份《每日退换货统计表》，可以详细了解当天退换货商品的件数及金额。

三、手推车管理工作

（1）及时将顾客用完的手推车及购物篮归还原处，便于下一位顾客使用。

（2）每班人员分成二组，一组送手推车及购物篮，另一组于入口处负责整理顾客用完的手推车及购物篮，便于顾客拿取。

（3）任何一组工作繁忙时，另一组应及时协助其完成工作。

（4）上班时间工作人员不得随意串岗，影响工作运行。

（5）除做好管理工作外，应协助外保人员防止手推车及购物篮的损坏、遗失。

（6）各部门员工用完客服部手推车之后，应及时将其归还；如需长时间借用，要以书面形式借用（打借条），归还时索回借条。

（7）手推车管理员应每星期对手推车及购物篮进行盘点，并将准确数字与上期比较后上报主管。

（8）手推车管理员应及时清理手推车内的脏物，并定期冲洗以保证其正常使用。

（9）若发现手推车有损坏现象，应及时报行政部修理。

四、赠品发放管理工作

赠品的发放通常有三种形式，即随商品包装、厂商驻店发派、客服部赠品发放处派发。

1．赠品的收货

厂商送来赠品后，由收货区与客服部一并点收，并放入赠品仓库，凭"赠品收货单"入赠品账本。

2．领取赠品

赠品区人员填写领料单，经部门主管批准后，一同去仓库领出赠品，并在账本的"贷方"位置作领出的记录。

3．发放赠品

顾客持购物小票至赠品区领取，工作人员在"赠品控管表"上作派发的登记，注明流水号、机台、数量、经办人，并在购物小票上盖"赠品已送"的印章。

4．赠品的账目

每天发放的赠品品名、数量都须依据"赠品控管表"上的记录进行入账，贵重赠品每天盘点，其余赠品每月大盘一次。

5．赠品的转货及报废

（1）存放时间长且不再派发的赠品，通知楼面主管进行处理，填写《存货更正单》，否则由客服部自行处理。

（2）已变质或破损的赠品，需填写报废单，经部门经理批准后进行报废。

6．赠品的稽核

每日客服主管应对前一日电脑销售与赠品派发数量进行核对，若有出入，应查询原因并处理。

五、广播中心管理工作

广播中心主要负责卖场的音乐气氛，宣传各项促销特价信息以及为客人提供广播服务。广播的内容一般分为促销广播、音乐广播、服务广播。

1．努力提高本身的业务素质

努力要求自己成为一位合格标准的播音员，注意播报内容时要吐字清晰，克服不良情绪，保持心情喜悦，严格按照超市有关礼貌用语的要求来播音。

2．学会根据客流量播放适当的音乐

根据客流量的不同、时间段的不同来选择不同的音乐进行播放。高峰期播放节奏明快的音乐，让顾客加快购物步伐，让下一轮顾客进场；非高峰期则播放缓和的音乐，以留住顾客，让顾客长久地留在超市里购物。

3．充分利用促销广播来促销商品

要利用广播将不好销售的商品的用途、优点及对顾客的适用情况等传达给顾客，以达到促销的目的，充分发挥其作用。

4．要为顾客排忧解难，充分发挥服务广播的作用

顾客在购物过程中，有时会出现不小心丢失物品或跟丢朋友的情况。作为广播员应帮助顾客尽可能找回丢失物品和走散的朋友，要安慰顾客不要着急并及时为其排忧解难，给其提供方便。

第四节 顾客接待服务技术

门店营业员为了更好地为消费者提供优质服务，必须学习运用科学的销售方法，能准确地分析、判断顾客购买类型和顾客的购买动机，了解顾客的真实需求，能根据顾客购买心理过程的不同阶段提供相应的指导和服务，从而提高销售效率，满足消费者的需求。

一、顾客购买动机

顾客不同的行为是受不同的购买动机和购买心理决定的，而不同的购买动机取决于顾客的不同要求和需要。所以，门店服务人员要了解顾客，把握不同顾客的购买动机和心理特征，才能为顾客提供更为完善、有效的服务，真正满足顾客需求。

顾客的购买动机受到经济的、社会的、文化的、个性心理的多方面因素影响，表现极不相同，最常见的有以下几种：

（1）求实购买动机。以追求商品的实际使用价值为主要特征，这种动机的核心是"实惠""实用"。在这种动机驱使下，顾客选购商品特别注重商品的功能、质量和实际效用，不过分强调商品的式样、色调等，几乎不考虑商品的牌号、包装及装潢等非实用价值的因素。

（2）求新购买动机。以追求商品的新潮时尚为主要特征，这种动机的核心是"时髦"和"奇特"，这类顾客选购商品时特别注重商品的款式、造型等是否新颖和流行，而对商品的质量、实用性和价格不十分介意，具有这种购买动机的多为经济条件比较好的青年男女消费者。

（3）求名购买动机。以追求名牌为主要特征，在这种动机驱使下，顾客购买时几乎不考虑商品的价格和实际使用价值，只是通过购买、使用名牌商品来显示自己的身份和地位，从中得到一种心理上的满足，具有这种购买动机的顾客一般都具有相当的经济实力和一定的社会地位，另外，一般也是表现欲和炫耀心理比较强的人。

（4）求优购买动机。以追求商品质量优良为主要特征。这类顾客选购商品时注重内在质量，对外观式样以及价格等不过多考虑。这种购买动机多见于经济条件较好的老年顾客。

（5）求美购买动机。以追求商品的艺术欣赏价值为主要特征。这类顾客在购买商品时最为关注的是商品的审美价值和装饰效果，注重商品的造型、色彩、图案等，商品的实际使用价值是次要的。具有这种购买动机的多为中青年女顾客以及文艺界人士，他们是妇女时装、化妆品、首饰、工艺品、家庭装饰用品的主要购买者。

（6）求廉购买动机。以追求商品价格低廉为主要特征。这类顾客选购商品时最注重的是价格，对商品的式样、花色及质量等不太计较，喜欢购买削价处理品、优惠价商品。具有这种购买动机的多为经济收入较低的顾客，也有部分经济收入较高、但节俭成习的顾客。

（7）求便购买动机。以追求购买过程简便、省时为主要特征。这类顾客时间、效率观念很强，希望尽可能简单、迅速地完成交易过程，不能容忍烦琐的手续和长时间的等候，但对商品本身却不大挑剔。具有这种购买动机的大多是事业型的男性顾客。

（8）嗜好购买动机。以满足个人特殊爱好或兴趣为主要特征。如有的人喜欢集邮，有的人喜欢古玩字画、音乐等。人们由于兴趣爱好、生活习惯或职业需要等原因，往往对某些商品表现出特殊的兴趣，成为这类商品的经常性购买者。这类顾客往往对所购商品有着丰富的知识和很强的鉴赏力,他们的购买行为取决于个人的嗜好,一般不受广告宣传的影响,具有集中性、稳定性和经常性的特点。

(9)攀比购买动机。以争强好胜,不甘居人后为特征。这类顾客在购买商品时不是出于对商品本身的实际需要,而是为了与别人比较,向别人炫耀。他们的购买行为在很大程度上取决于其归属的社会群体,亦是流行趋势的追随者。

以上是对顾客购买动机的大致划分,顾客在购买过程中的心理动机远比这些复杂,而且,经常是几种动机交织在一起。因此,营业员在接待顾客时,要细心观察、揣摩顾客心理,透视出顾客的真实动机。

二、顾客购买行为的类型

1. 按顾客购买目标的确定程度区分

(1)全确定型

顾客进入商店,已有明确的购买目标,包括对商品名称、商标、型号、样式、颜色、价格的幅度等都有明确的要求,这类顾客进入商店后,一般能有目的地选择商品,并主动地提出需购商品的各项要求,可以毫不迟疑地买下商品;其购买目标、购买行动与语言表达等方面都能鲜明地反映出来。对这类顾客营业员要快速、准确地为之提供其需要的商品和服务,而不需多言。

(2)半确定型

顾客进入商店前,已有大致的购买目标,但具体要求还不明确,最后购买决定是经过选择比较而完成的。如洗衣机,是其计划购买的目标,但购买什么样的洗衣机,选择哪种厂牌、型号、规格、式样等均未作肯定,实现购买目的需要经过较长的比较、评定阶段。对这类顾客服务人员要有重点、实事求是的介绍商品,作好参谋。

(3)不确定型

顾客在进商店前没有明确的购买目标,进入商店主要是参观,随便了解一些商品的销售情况,碰到感兴趣的合适商品也会购买。对这类顾客服务人员不要太早主动接触,给顾客自由浏览的环境。

2. 按顾客购买态度与要求区分

(1)习惯型

习惯型顾客往往根据过去的购买经验和使用习惯采取购买行为,或长期惠顾某商店,或长期使用某个厂牌、商标的商品,而很少受时尚风气的影响。顾客对某种商品的态度,常常建立在知识的基础上,也可以建立在见解或信任的基础上。如认为某种商品可以保护人体的安全的信念;认为某种商品可以满足某种情感需要的信念等,都能加深对某种商品的印象,形成一种习惯态度,使之在需要时不加思索地去购买,这就形成了习惯型的购买行为。

(2)理智型

理智型顾客购买行为以理智为主、感情为辅,喜欢根据自己的经验和对商品的知识,在采取购买行为之前,收集商品有关信息,了解市场行情,经过周密的分析和思考,做到对商品心中有数,在购买过程中,这类顾客主观性强,不愿别人介入,往往在对商品作细致的检查比较,反复地衡量各种利弊因素后才做出购买决定。

（3）经济型

经济型顾客选购商品多从经济角度考虑，对商品的价格非常敏感，包括对高价格与低价格两方面的不同态度与心理反应。如有的从价格的高昂确认商品的优质，而选购高价商品；有的从价格的低廉评定商品的便宜，而选购廉价商品。当然，选择价格的原因很大程度上也与其经济条件和心理需要有关。

（4）冲动型

冲动型顾客的个性心理反应敏捷，客观刺激容易引起心理的指向性，其心理反应与心理过程的速度也较快，这种个性特征反映到购买行为上便是冲动型购买。此类顾客选购商品时，易受商品外观质量和广告宣传的影响，以直观感觉为主，新产品、新时尚商品对其吸引力较大，一般对所接触到的头一件合适的商品就想买下，而不愿做反复选择比较，因而能快速地做出购买决定。

（5）感情型

感情型顾客在其个性心理特征上，兴奋性比较强，情感体验深刻，想象力与联想力特别丰富，审美感觉也比较灵敏，因而在购买行为上容易受感情的影响，也容易受销售宣传的诱导，对商品和各种象征富于想象、联想，往往以商品的品质是否符合其感情的需要来确定购买决策。

（6）疑虑型

疑虑型顾客的个性心理特征具有内倾性，善于观察细小事物，行动谨慎、迟缓，体验深而疑心大；选购商品从不冒失、仓促地做出决定，听取营业员介绍和检查商品时往往小心谨慎，疑虑重重；挑选商品动作缓慢，费时较多，还可能因犹豫不决而中断。

（7）随意型

随意型顾客多数属于新购买者，缺乏购买经验，购买心理不稳定，往往是随意购买或奉命购买；在选购商品时大多没有主见，表现出不知所措的言行。这类顾客一般都渴望能得到营业员的帮助，乐于听取营业员的介绍，并很少亲自再去检验和查证商品的质量。

三、顾客购买心理过程

顾客在购买商品时，一般心理的变化大致可以分为八个阶段，现说明如下：

1. 注意

顾客对商品的认识是从"注意"开始的。人们在同一时间里不可能感知其周围所有的东西，而只能感受其中的少数的对象。这种对一定事物的指向和集中就是注意。商场的商品繁多，许多商品顾客视而不见，因此，销售应从引起顾客的注意开始。

2. 兴趣

当顾客注视到商品时，有些商品会引起顾客的兴趣。引起他们所注意到的部分包括商品的色彩、光泽、式样、使用方法、价格等。当顾客对一件商品产生兴趣之后，他不仅会以自己主观的情感去判断这件商品，而且还会用客观的条件，去进行合理的评价。

3. 联想

顾客如果对一件商品产生了浓厚的兴趣后，他就不会再停留在"注视"的阶段，他会从各个不同的角度进一步去观察它或试用、试穿，然后再把感兴趣的商品和自己的日常实际生活联系在一起，联想起自己使用这种商品时的情景。例如，看到一件漂亮的时装时，会进一步仔细观看其面料、款式，并试穿，便会想到穿上这件衣服上班时的情景及大家的赞赏。

4．欲望

当顾客对某种商品产生了联想之后，他就开始想要这件商品了，这就是欲望的产生阶段。但是，当他产生拥有这件商品的欲望时，他又会同时产生一种怀疑，如"这件东西对我合不合适？""是不是还有比这个更好的东西呢？"等。这种疑问会对顾客的购买心理产生微妙的影响，而使得他虽然有很强烈的购买欲望，但却不会立即决定购买此种商品，而是将心境转入下一个"比较检讨"的阶段里。

5．比较检讨

当顾客产生了购买某种商品的欲望之后，就开始在心里作比较、权衡，如商品的尺寸、颜色、质料、款式、价格等。有没有比这个更合适的呢？颜色协调吗？等。进行想象与比较。

6．信心

顾客做了各种比较之后，他就会觉得："嗯，这东西的确不错！"于是，便对这种商品产生了信心。

一般来说，顾客之所以会产生信心，主要是受三个方面因素的影响：

（1）营业员。营业员如果能对顾客提出有价值的建设性意见，顾客便会信赖他。这时要求营业员说话时要尽量实事求是提示商品的特点，有自己的见解，态度诚恳，语调清晰，这样才能打动顾客，顾客也就会因此而信赖营业员了。

（2）商店或制造商。一般来说，年轻的顾客多偏爱品牌，尤其是对一些名牌产品比较崇拜，而年老的顾客则注重商店的信誉，对一些大商场、老字号商店或老品牌比较信赖。

（3）商品品牌。顾客如果用惯某种商品，并觉得它不错的话，就会一直用下去，这就是对商品有信心的表示。这种相信商品品牌的人，大多是自认为擅长于挑选商品的顾客。

7．行动

所谓"行动"，就是顾客在决定要购买此种商品时，一般会表示出来，如"我要买这个，请你帮我把它包起来"，同时，当场付清价款。这种购买行动，叫作"成交"，也就是双方交易完毕的一种表示。

8．满足

所谓"满足"，包括两种，一种是购物后所产生的满足感，包括满足于买到了可心的商品和满足于店员对他的亲切服务。这种购物后的满足感就是购买心理过程的最后一个阶段。

除此之外，还有一种是商品使用过程中的满足感。这种满足感往往需要一定的时间才能体验到，尤其是耐用消费品，要经过较长时间才能确定是否满意。严格讲，商品使用过程中的满足不包括在顾客购买心理过程之中，但它却影响顾客下次是否再到此店购物。

以上就是顾客购买心理过程的八个阶段。这八个阶段，包括了顾客在购买商品时所有的心理变化过程。由于顾客及其所选购的商品不同，有时购买心理就会简单一些，有时购买心理就会复杂，有的顾客心理甚至会一再重复某几个阶段，但是，这些特殊的心理变化过程也不会脱离或超越这几个阶段。因此，服务人员只要了解掌握了这几个阶段，就等于掌握了顾客的购买心理。

四、接待服务程序与服务技术

商场服务人员应根据顾客购买心理过程的不同阶段提供相应的服务,与顾客购买心理过程对应形成相应的服务步骤。如图4-1所示。

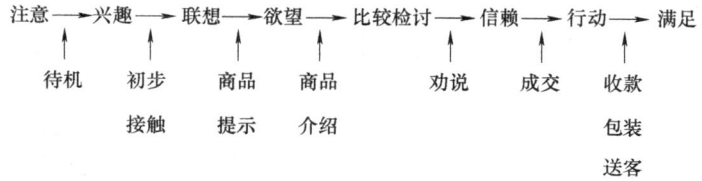

图 4-1　顾客购买心理过程及服务步骤

(一) 等待时机

营业员服务步骤的第一步是"待机",所谓待机,就是顾客还没有上门之前的等待行动。

一般来说,待机时间的长短与商品价格的高低成正比,即价格越高的商品,如贵重的首饰、高档服装、高档家具、家用电器等,待机的时间越长;而价格越低的商品,如牙膏、毛巾、水果、蔬菜等,待机的时间就越短。

在待机的阶段里,营业员应随时做好迎接顾客的准备,无论顾客什么时候进来,都可以为顾客提供最好的服务,同时,运用一定的方法吸引顾客的注意力,引起顾客的注意。

1. 待机阶段的服务规范

(1) 以正确的姿态等待客人

要以规范的站立姿态,良好的精神状态,自然、亲切的目光注视来往的顾客,随时准备为顾客服务。要坚决禁止待机时剪指甲、化妆、背靠墙、聊天说笑等不规范的行为。

(2) 坚守固定的位置

营业员在店里的适当位置,是以站在能够照顾到自己责任区的商品,并容易与顾客做初步接触的位置为宜。

(3) 暂时没有顾客时整理商品

在暂时没有顾客上门时,应抓紧时间做以下工作:

1) 检查商品。尽管进入货柜的商品已经经过工厂质量检查人员及商店管理部门的层层把关,但仍难免有疏漏。有些商品即使上柜之前完好无损,但经过众多顾客抚摸之后,也可能受到污损。营业员必须利用待机的空闲时间,认真检查商品质量,将破损、过期、变质、沾污等有问题的商品挑拣出来,防止流入顾客手中,影响商店声誉。

2) 整理与补充商品。营业员整理与补充商品的工作主要有:将经过顾客挑选之后的商品重新摆放整齐;随时补充售出的商品;查看价目卡是否移位,保证货卡一一对位;检查柜台是否脏了,及时擦干净;要一边整理商品,一边注意顾客的光临。

3) 其他准备工作。在销售低峰期,等待时机的时间较长,营业员可以做一些其他准备工作,如制作商品介绍卡,熟悉有关的商品知识,学习商品陈列技巧,处理各种事故等。

4) 时时以顾客为重。不论销售人员在待机时间里做什么准备工作,都只能算是销售行为的辅助工作,绝对不能为了做这些工作而忽略自己最重要的职责——接待顾客,应随时注意是否有顾客走近,如果有,应立即停止手中的工作,而全神贯注地迎接顾客。

5）引起顾客的注视。营业员"等待时机"这个服务步骤，是相对于顾客"注视"这一心理阶段而产生的，因此，营业员在待机的过程中，要千方百计地吸引顾客的视觉，让顾客注意你的商品。通常可用整理商品，改变商品陈列，操作商品，让商品发声、转动等多种方式来引起顾客注意。

2. 迎接顾客的技巧

让顾客一进商场就能感受到服务人员的亲切、友善和欢迎，而又不干扰顾客，能让顾客轻松愉快地步入商场，自由自在地浏览和选购商品，可采用下列迎接顾客的方法：

（1）目光迎接法。目光迎接传递的信息是：欢迎顾客的到来，请自由自在地选购。目光是人们进行信息沟通的一种形式，可表达各种情感。用友善的目光可传递对顾客的尊重、友善和欢迎，而不干扰顾客。

（2）趋近迎接法。趋近迎接法传递的信息是：恭候顾客购买，如果需要，随时提供服务。趋近迎接法通过缩短与顾客的空间距离，主动改变人际间的关系，让顾客感受到迎候。在人际交往中，3米以内是交往的距离，3米以上往往不进行直接交往，但1米以内是顾客的私人空间，非亲密关系不可贸然进入，因此，服务人员可缩短与顾客的距离，但不可太近，最好是2～3米。

（3）微笑迎接法。微笑迎接法传递的信息是：亲切、友善、欢迎。当与顾客的目光相碰时，或当顾客走近3米以内时，应向顾客点头，报以发自内心的微笑。

（二）初步接触

所谓"初步接触"，就是营业员一边和顾客打招呼，一边和顾客接近的行动。

过早的接触，会使顾客有压迫感，产生厌烦；过迟的接触，会错过失机，顾客就会感到受到冷落、不被重视。在"初步接触"这一步骤里，对于营业员来说，最重要，也是最难把握好的。从顾客的心理来说，初步接触的最佳时机，应当是在"兴趣"和"联想"之间，在这之前和之后，都不合适。

1. 接触顾客的最佳时机

判断顾客的心理过程发展到这一阶段有赖于营业员长期的观察和体验。一般来讲，当顾客出现以下举动时，应当是营业员接触顾客的最佳时刻：

（1）当顾客长时间凝视某一商品时。当顾客花很多时间注视某一商品时，说明他对此商品发生了较大的兴趣，而且可能很快会将心理过程转移到"联想"阶段，所以，营业员一定要把握良机，开始做初步接触。

（2）当顾客反复触摸商品时。顾客如果将商品拿在手上反复翻看，或是用手去触摸商品表面，也表明他对这件商品产生了兴趣，根据顾客的表情和动作来判断接触的时机。

（3）当顾客抬起头来将视线从商品转向服务人员时。当顾客注视商品一段时间后，把头抬起来时，往往是顾客需要提供一定的服务，营业员也可马上迎上前，亲切地询问，及时提供服务。

（4）当顾客突然停下脚步时。如果顾客在你柜台前突然停下脚步，那么一定是有某种商品吸引了他的视线。营业员可利用这个好机会，迎上前去招呼顾客。

（5）当顾客的眼睛在搜寻时。当顾客走入店中，东张西望地好像在找什么的时候，营业员要赶快走过去向他打招呼，最好是问："您需要些什么？"此种情况下的初步接触，要越快越好，因为这类顾客购物目标明确，这样可以替顾客节省很多寻找的时间和精力，会让他觉得非常高兴的。

（6）当顾客与营业员的眼光相碰时。当顾客与营业员的目光相碰时，营业员应向顾客点头，并说"欢迎光临""早安""您好"之类的话，以此轻轻地打个招呼。表现出营业员应有的礼貌，给顾客留下一个极好的初步印象。当顾客有需要时，就会主动找你的。

2．初步接触的常用方法

在"初步接触"这一步骤里，营业员除了要把握好接触的时机以外，还要掌握正确接触的方法，常用的方法有下面几种：

（1）介绍法。介绍法是利用介绍的方式来与顾客接触，一方面这种方法满足了顾客的知晓欲望，使之感受到关心和重视；另一方面顾客没有要购买的压力，使营业员获得进一步与顾客交流的机会。介绍的内容可以是商品的特征、新商品信息、促销信息、特价品、新服务项目等。如"这种微波炉今年获得全国质量评比金奖""这个品牌的电视机今天刚降价"。这种扼要介绍的方法不需要顾客回答问题。

介绍商品时要求营业员具备娴熟的技巧和业务知识，了解商品的主要特色，并能够把这些特色与顾客的实际需要挂起钩来，当商品的某种特性与顾客需要吻合时，用这种介绍商品法接近顾客十分有效，顾客会把你看作经验丰富的营业员而乐意接受你的帮助。

（2）打招呼法。打招呼的方式有很多，一是很随便地同顾客打招呼，以表示对顾客的欢迎。有时一句"您好""早上好""请随便看看"的寒暄，能促使顾客告诉你他所需要的商品；二是当顾客较多时，对暂时不能照顾到的顾客用抱歉打招呼的方式，如"对不起，请稍等！"表示对顾客注意和重视。

（3）服务法。服务法就是单刀直入地询问顾客要买什么商品，比如说"您要买什么东西吗？""您找到合适的尺寸了吗？"或者是"我能帮您的忙吗？"。

服务法最好是对那些急于买东西，对于买什么样的东西心中已有数的顾客采用。这些顾客希望营业员能提供快速的、热情的服务。

3．具体接触时要注意的几点

在具体接触时，应注意以下几点：

（1）在与顾客打招呼时，最好站在顾客的正面或侧面，轻轻地说声："有什么需要我帮忙的吗？"注意说话的时候一定要站在顾客看得到的地方，绝对不能从顾客的背后突然冒出一句话来，使顾客吓一大跳，距离也不可太近。

（2）营业员与顾客打招呼时，其语言不应当只局限于"欢迎光临""我能帮您的忙吗？"之类，而要用诸如"嗯，您真有眼光，这件衣服非常受欢迎！"或是"这种颜色、式样的衣服与您的肤色和气质很相配！""这是今年的新款。"之类的话语帮助顾客丰富自己的联想。用这种话语来做初步接触，成功的概率比较高。

（3）不同的商品，营业员做初步接触的时机早晚亦不相同。一般来说，价格较贵，选择性较大的商品，因为顾客购买心理过程"进展"较慢，初步接触可晚些。相反，像日用品、食品等日常必需品，价钱比较便宜，顾客经常地购买，故心理过程发展较快，所以，营业员可早做初步接触。

（4）对顾客的兴趣能正确判断。营业员一定要能判断他们在注视、感兴趣的是哪一种商品，并针对此商品的优点、特征做一番说明，否则如果顾客喜欢 A 商品，而营业员却介绍 B 商品，只会使顾客离开。

课堂训练

初步接触技巧训练

小组讨论初步接触顾客时如何问好，每种方式列出不少于三个。
- 问好+直接切入产品（特点、优点）
- 问好+优惠信息
- 问好+产品特色

（三）商品提示

营业员在适当的时机与顾客做初步接触之后，接下来所要做的工作，就是"商品提示"。

所谓"商品提示"，就是想办法让顾客进一步了解商品。商品提示，是对应顾客的购买心理过程中产生"联想"和"欲望"之间的，因此，在这一步骤中，营业员的目的就是要把商品清清楚楚、明明白白地介绍给顾客。这种介绍，不仅仅是把商品拿给顾客看看就行了，还要求能在顾客看到商品之后，提高顾客的联想力，刺激其购买欲望的产生。

1. 商品提示应遵循的原则

（1）让顾客了解商品的使用情形。顾客在购买某一商品时，一定非常想知道这一商品在使用时效果是怎样的，因此，营业员一定想方设法多向顾客介绍这方面的情况，具体途径有：

1）通过商品陈列或柜台展示。

2）让顾客试穿试戴。

3）让顾客实际操作。

（2）让顾客触摸商品。据心理学家分析，人们对亲身实地参加的活动能记住 90%；对看到的东西能记住 50%；对听到的只能记住 10%。由此看来，在各种感觉中，触觉对顾客的影响最大，因此，营业员不仅要将商品解释给顾客听、拿给顾客看，更要让顾客触摸试用，充分调动顾客的多种感官，达到刺激其购买欲望的目的。

（3）显示商品的价值。对一件商品来说，不管它的价格高低，营业员要小心处理、轻拿轻放，对商品爱护、珍惜，就会让顾客感到此商品可能有较高的价值投入，值得去买。

让顾客了解商品的价值，除了营业员在对待商品上要认真仔细以外，还可以通过衬托的方式来显示。如珠宝首饰柜台为了表现出其宝石、首饰的价值，便特别注重周围环境的衬托。

与之相反，对一些名牌的商品，其价值是不容置疑的，而通过堆头的陈列形式，让人感觉价格低，可以接受。

（4）多拿商品给顾客看。通常顾客购买商品时都喜欢采用"比较"的方式，在许多同类商品中挑选出一件他最中意的一种。因此，可将同类商品多拿出几样让顾客选择，以满足顾客的欲望。

从理论上讲，给顾客出示的商品的品种应当越多越好，但实际上，让顾客看太多的商品，反而令他眼花缭乱，犹豫不决。因此，拿商品给顾客看时，一次最好不要超过五种，将顾客不感兴趣的商品及时放回货架。

2. 揣摩顾客需要的技巧

不同的顾客由于购买动机不一样，会产生不同的购买行为，即会购买不同的商品，有的注重价格、有的注重款式、有的赶时髦。动机不同，选择的标准也就不同。如果营业员不把握需求心理，明确顾客究竟喜欢什么样的商品，就不能向顾客推荐最合适的商品，帮助顾客做出最明智的选择。揣摩顾客需要的方法有：

（1）观察法：

1）观察动作。

2）观察表情。

3）观察衣着、言谈举止。

（2）推荐商品法。假如你通过观察法并未能准确地把握顾客的要求，那么，不妨试一下推荐商品法。通过向顾客推荐一至两件商品，观看顾客的反应，便可以了解顾客的愿望。

（3）询问法。揣摩顾客需要的技巧就是发问，营业员可以提出几个经过精心选择的问题询问顾客，以求了解他们的真实想法。问题的设计可以用下面的技巧：

1）问简单的问题。在销售的前期，问话更多是探寻客人的需求，有了客人的需求，就便于展开针对性有说服力的介绍。想要客人说出自己的需求，就需要问一些简单的问题，不问那些敏感、复杂的问题。这样也便于回答、有利于拉近和客人的距离，话术如下：

"是您自己穿，还是送人？"

"您平时喜欢穿什么颜色的衣服？"

"您今天是看裙子，还是看什么？"

2）问 YES 的问题。问顾客认同的问题即 YES 的问题，客人会觉得你提出的问题是为她着想，利于沟通，很快拉近距离，取得信任。如：

"如果穿起来不合适，买回家也穿不了几次，反而是浪费，您说是吧？"

"买女装，板型非常重要，您说是吗？"

"夏天买衣服，穿起来一定要凉爽、透气，您说是吗？"

"现在，买女包时尚款式非常重要，您说是吧？"

3）问"二选一"的问题。在销售的流程后期，在客人对货品产生浓厚兴趣，有可能购买的情况下，问一些"二选一"的问题。忌讳的就是节外生枝，又给客人另外推荐，衣服看多，经常是看花眼，结果客人就无法下决定，走了出去回来的就很少了。话术如下：

"您是选择蓝色还是绿色？"

"您是选择七分裤还是九分裤？"

（4）倾听法。营业员应善于倾听顾客的意见，了解顾客的心理和需要，同时，顾客对那些能认真听取自己意见的营业员也非常尊重，这对建立同顾客之间融洽的人际关系十分有益。

然而，倾听顾客意见是一件很有学问的事，营业员要想成为一个好的倾听者，一般应注意以下问题：

1）做好"听"的各种准备。

2）给顾客以说话的机会。

3）注意力要集中。

4）不要打断顾客的话。

5）给顾客以思考的时间。

6)对顾客的话要有反应。

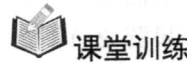课堂训练

揣摩顾客需要的技巧训练

小组讨论如何揣摩顾客需要的技巧,每种方式列出不少于三个。
- 问简单的问题
- 问 YES 的问题
- 问"二选一"的问题

（四）商品说明

顾客对某商品产生购买欲望后,并不会立即决定购买,还必须进行"比较检讨",直到充分信赖后,方可采取购买行动。那么在顾客产生欲望后,营业员就要做商品说明工作,以利于顾客的比较检讨。

1．商品介绍的具体方法

（1）针对不同商品的特点进行介绍。

（2）商品的特点较多,可以突出商品的某方面的特点进行介绍。

（3）侧重商品的成分、性能。

（4）侧重介绍商品的造型、花色、式样。

（5）侧重介绍商品的质量特点。

（6）侧重介绍商品的独特风格、独特风味。

（7）侧重介绍名牌商品的特点。

2．重点介绍商品的用途

（1）商品多用途的介绍。

（2）商品特殊效能的介绍。

（3）连带商品的介绍。

（4）代用商品的介绍。

（5）新商品的介绍。

（6）滞销商品的介绍。

（7）促销商品的介绍。

3．商品说明时应注意的几点

商品说明会依商品的不同或顾客的不同,对商品说明的内容、重点进行调整。因此,在做商品说明时应注意以下几点：

（1）针对顾客的需要进行商品说明。如对注重商品外形的顾客,营业员可针对商品优美的造型与款式来做说明；对注重商品品质的顾客,营业员应以质料的精良为重点做说明；对嫌商品太贵的顾客,营业员可以向他强调此价格的合理性；而对重视商品使用性能的顾客,应着重说明该商品优异的内部机能。总之,营业员应在把握顾客需要的前提下,有针对性、有重点地加以说明。

（2）善于应付两者并存的顾客的需要。有时,顾客的需要并不仅限于一个重点,而会出

现两者并存的情况。比如，同时注重商品的价格与品质，即要求商品价格合适，又要求商品持久耐用，所以，营业员对此应逐项向顾客说明，绝不自相矛盾，使顾客无所适从。

（3）交替运用"商品提示"和"揣摩需要"。营业员如果要想将商品说明做好的话，就必须将"商品提示"和"揣摩需要"同时进行，以此来准确地把握顾客对商品要求的重点，然后，再有选择地为顾客做说明。

（五）劝说

营业员为顾客做了详细的商品说明之后，顾客便会完全了解此商品的特性、使用方法、价格等，这时，营业员应把握机会，及时游说顾客购买商品，这个阶段就叫"劝说"。劝说要遵循下面的原则：

1．实事求是地劝说

对待顾客一定要诚实，因为你是在为他服务，而不是在向他强行推销商品，否则，会让顾客感到营业员是在愚弄他。

2．投其所好地劝说

假如不配合顾客的需要向他游说，不但不能促使他信赖产品，反而会弄巧成拙。

3．向顾客劝说时要配合一些动作

营业员在向顾客推荐、介绍商品时，加上一些动作，以吸引顾客的注意。

4．让商品证实其本身的价值

虽然营业员的口头说明，可以使顾客大致了解商品的优点，但是，让商品自身来证明其优点，可增加可信度，效果会更好。例如，介绍微波炉时，可以放杯水在里面，在不到一分钟的时间内烧开，让顾客看到其方便、快速的优点。

5．帮助顾客比较商品

让顾客将此商品与其他商品进行比较，并对顾客特别强调此商品的优点。

当顾客的心理进入到"比较检讨"阶段时，营业员就应该以"商品说明"和"劝说推荐"来应对顾客。此时，营业员要帮助顾客做比较，并且充分说明你所推荐的商品与其他商品的不同之处，用这种特殊的优点去打动顾客。

（六）成交

在大多数情况下，顾客在听了营业员做销售要点说明之后，仍犹豫不决，或下不了决心，或没有向营业员明确表示决定购买，这时，就需要营业员做进一步的说服和服务工作。

1．掌握成交的时机

在"成交"这一步骤里，营业员的目的就是要尽快让顾客采取购买行动，因此，对那些尚未决定是否购买的顾客，营业员应抓住适当的机会，促成交易及早实现。成交时机通常有：

（1）顾客突然不再发问时。顾客从一进门开始，就东摸西看，并不断地问营业员各种问题，过了一段时间后，不再问话，可能是考虑是否要买，如果这个时候，营业员能从旁游说，则将促使其购买。

（2）顾客话题集中在某个商品上时。顾客几个商品比较后，渐渐地舍弃了其他的商品，而只对其中的一件详加询问，此时，营业员应该意识到顾客对此商品有了浓厚兴趣，营业员如果稍加劝说，就可能达成交易。

（3）顾客不讲话而若有所思时。顾客本来是对着商品摸摸看看，并不断地发问或陈述自己的意见，但从某个时刻起，他停止了一切言语和动作，似乎若有所思，这说明他内心正在权衡买还是不买，这时营业员应抓住机会，用恰当的语言鼓动顾客购买。

（4）顾客不断点头时。当顾客一边看商品，一边微笑地点头时，就表示他对此商品很满意，这便是成交的好机会。

（5）顾客开始注意价钱时。顾客在看了商品、摸了商品之后，当他抬起头来问营业员："这个多少钱？"或自己看标签上的价格时，说明他对商品基本满意，剩下只需考虑价钱的问题，这也是一个想要购买的信号。

（6）顾客开始询问购买数量时。如果顾客对商品做了一番考察之后，开始向营业员询问："这种口服液服多少才能见效？"说明顾客已动心思要购买了。

（7）顾客关心售后服务问题时。假如顾客询问营业员："这种录像机买回去后，如果质量有问题，你们是不是负责退换呢？""保修期是多长时间？"等，营业员就应该清楚此项交易很快就要实现了。

（8）顾客不断反复地问同一个问题时。当顾客不断反复地问营业员同一个问题，说明他对这个商品非常有兴趣，只是还有一点不放心。

在以上时机中，顾客只是已有购买的意图，但还未最后下决心，能不能马上付诸行动，还有赖于营业员说服和帮助。因此，营业员在这时应适当采取一些方法和技巧，以促使顾客尽早成交。

2. 促使顾客尽早成交的技术

（1）请求购买法。在归纳了商品的特色及顾客能得到的好处之后，营业员坦诚地请求顾客购买，这是很自然的事，有利于排除顾客不愿自动成交的心理障碍，及时把握成交的时机，也是促成交易早些实现的有效方法。

（2）缩小选择法。缩小选择法是促进成交的最好和最常使用的一种方法。在假定顾客购买的基础上，引导顾客在一个有效的范围内进行购买选择。这种方式由于给了顾客一个选择的权利，使顾客感觉是自己在作决策，心理负担轻，能在良好的气氛中成交。选择是让顾客选择购买哪种商品，而不是选择买还是不买，如营业员问顾客："这种款式非常适合您，您要蓝色的呢，还是要红色的？蓝色的显得很高雅，红色的则很醒目，您要哪一种呢？"像这样稍加上点提示，就会帮助顾客很快地决定购买哪种商品了。

（3）假设购买法。在介绍商品过程中，当顾客对商品表示感兴趣或同意你的观点时，你就应当假设顾客已下了购买决心。跳过成交决定的环节，直接引入到成交的具体事宜上来。如"您要几个？""我给您开单，您到对面去缴款。""我帮您放到收银处。"

（4）优惠成交法。当顾客对商品基本满意，可还是犹豫不决时，营业员还可以采用价格优惠的办法鼓励顾客迅速做出购买决定。例如，"买三件有九折优惠。"，或者说："本周购买这架照相机，可以赠送您一张存储卡。"因此，推销时留点余地到最后常常能起较大的作用。

（5）相关群体法。利用对顾客购买有重要影响的群体促成交易。如对于追星族"这种化妆品/这种品牌的服装是影星×××专门选用的。"

（6）从众成交法。利用流行趋势，大多数人的购买促成交易实现。社会心理学认为人的行为既是个体行为又是一种社会行为，要受社会的影响，从众行为是一种普遍的社会心理现象。从众成交法正是利用这种社会心理。如"这衣服是目前最流行的款式和颜色,销得特别快。"

(7) 肯定成交法。用肯定的、赞扬的语言坚定顾客的购买信心。如"您就买××牌的DVD吧,它的音质非常好,款式新,价格也不算太贵。"如果说"这两种都可以,你自己选吧。"顾客仍无从选择。这种方法适用于顾客对商品感兴趣,而又犹豫不决时。但肯定的态度要适当,不能用自己的主观想法强行代替顾客的愿望,强行推荐自己喜欢的其他商品。

(8) 最后机会法。当商品的数目已经不多,错过机会很难再买到的时候,采用这种方法可以鼓励顾客尽快采取购买行动。例如,当销售某种有时间性的商品时候,也可采取此法,如"今天是半价的最后一天,假如您今天买,就可以买到正常价格的两个。"

从顾客来讲,他希望能得到有关这方面的信息,但营业员一定要诚实,要实事求是,不可以滥用,欺骗的结果就是永远地失去顾客。

(9) 保证成交法。通过向顾客提供售后服务保证,如肯定质量、保修、送货、安装等售后服务,让顾客放心购买。

(10) 化短为长法。顾客在犹豫不定时,通常会列举商品的几个缺点来表示对商品的担心,这时营业员应能够把商品的短处变为长处,并作为说服顾客的理由。

(11) 扬长避短法。一种商品的长处总是多于短处,当顾客拿不定主意时,往往看到的都是商品的短处,这时,营业员可以用商品的长处来弥补其短处,从而消除顾客的疑虑。

3. 促使顾客及早成交要注意的问题

(1) 在即将成交的时候,营业员就不要再让顾客看另外的商品了。给顾客介绍的商品太多,会使他们更加难以决定。

(2) 缩小商品选择的范围。接近成交阶段,最好把顾客选择的范围限制在两种以内,至多不超过三种。顾客选择的范围缩小了,成交的时机就会尽快到来。

顾客在挑选过程中如果还想看别的东西,这时就要把他不喜欢的商品拿走一两种,再拿别的给他看,自然减少种类。

(3) 要确定顾客所喜欢的东西。假如营业员能及时地将顾客最喜欢的商品推荐给顾客,则不仅会使成交尽快实现,而且还会赢得顾客的好感。

确定顾客喜爱的商品可以参考以下方法:①顾客摸的次数最多的商品;②顾客注视时间最长的商品;③顾客放在最靠身边的商品;④成为顾客比较中心的商品。

(4) "成交"阶段,营业员一定要避免催促和强迫顾客,要以平缓的语调建议顾客购买,而不能使用粗暴、生硬的语言,诸如"怎么样,您到底买还是不买?""您快点行不行?我可没时间老陪着您。"

课堂训练

成交技巧训练

小组讨论如何使顾客尽早成交的技巧,每种方式列出2个。
(1) 请求购买法
(2) 缩小选择法
(3) 假设购买法

（4）优惠成交法

（5）相关群体法

（6）从众成交法

（7）肯定成交法

（8）最后机会法

（9）保证成交法

（10）化短为长法

（11）扬长避短法

（七）收款、包装

顾客决定采取购买行动后，营业员就要进行商品的收款、包装。营业员收款时必须做到唱收唱付，清楚准确；并让顾客知道商品价格，避免在货款结算方面与顾客发生不愉快。

1．货款收付有以下原则

（1）让顾客知道商品价格。顾客如果决定要买某种商品，营业员就应该将价格告诉顾客，并将价格标签指给顾客看。这样做能避免由于顾客看错金额而导致的纠纷。

（2）收到货款后，要唱收唱付，将金额说出来。收款时"这件衣服270元，您给我300元，对不对？"将找钱交给顾客时，要再确认一遍："对不起，让您久等了，衣服270元，您给我300元，现在找给您30元，请点点看。"一定要等顾客数完确认无误后，才算结束了收款工作。

（3）在给顾客找钱时，将钱递到顾客手上，不可将找的钱扔在柜台上或收款台上。若收款员从窗口递给顾客不方便，也应将找的钱轻轻推至窗口，而不能"啪"的一声甩出窗外。

2．包装商品应注意的几点

收款工作结束后，下一步就是商品的包装或捆扎。包装商品应注意以下三点：

（1）包装商品要力求安全牢固、整齐美观、便于携带。

（2）包装前要特别注意检查商品是否有破损或脏污。如有，应另换一件好的商品，以示对顾客负责。

（3）包装时要快捷稳妥，对商品应轻拿轻放，并主动征求顾客意见，采取适合顾客携带习惯、使用习惯和心理要求的包装方法，以求得顾客心满意足。

在包装过程中，营业员可以一边包装，一边再向顾客提一些友好的建议和询问。比如，建议买高档茶具的顾客再去买一只与之配套的托盘；询问买电子驱蚊器的顾客是否需要再买一盒驱蚊药片等。这种建议和询问，不仅能使商店多销售一些商品，更主要的是增强了营业员与顾客之间的感情联络，让顾客觉得营业员是真正在关心他。

（八）送客

包装完毕后，将商品双手递给客人，就进入到服务过程的最后一步了，即"送客"。

首先，要怀着感激的心情向顾客道谢，并说些欢迎下次再来的话。要亲切自然，用语简洁。

其次，要注意留心顾客是否忘记了他随身所带的物品，如皮包、雨伞、外套、帽子、手套等。这种关心，也是营业员为顾客服务的内容之一。

最后，要目送顾客。

第五节 顾客投诉处理

正确对待和处理顾客的抱怨,化不利因素为有利因素。将顾客抱怨视为企业的财富,作为改进客户服务质量的窗口,并与顾客形成长期合作的良好关系。

一、顾客投诉类型

对连锁门店而言,顾客抱怨的类型主要有以下几类。

(一)对商品的抱怨

商品是满足顾客需要的主体,顾客对商品的投诉意见主要集中在以下几个方面:

(1)质量不良。商品质量问题往往是顾客投诉意见最集中的问题。商品质量问题主要是坏品、过保质期、品质差或不适用,许多商品的品质往往要打开包装进行使用时才能判别做出鉴定。特别是食品由于储存、陈列不当引起的商品的问题较多,打开包装或使用时发现商品品质不好时,通常顾客的反应较强烈,意见较大,引起的投诉亦较多。

(2)价格过高。商场中销售的商品大部分为非独家经营的商品,在信息时代,顾客对各商家的价格易于做出比较,特别是日用品、食品、生鲜果疏等类商品是顾客经常购买的商品,顾客对商品的价格十分熟悉,对同一商品在不同商场价格的高低和同一商场的同一商品的价格因季节性或促销因素的价格变动十分敏感,顾客往往会因为商品价格过高向商场提出意见。

(3)标示不符。商品包装标示不符往往成为顾客购物的障碍,而成为顾客的意见投诉对象。顾客对商品包装标示的意见主要是:商品的价格标签看不清楚;商品上有几个不同的价格标签;商品上的价格标示与促销广告上的价格不一致;商品包装上无厂名、无制造日期;进口商品上无中文说明等。

(4)商品缺货。顾客对商场商品缺货的抱怨,主要是对热销商品和特价商品的缺货、商品品种的不全而不满。

(二)对服务的抱怨

消费者购买商品的同时需要商场提供良好的服务,其对商场服务的不满直接影响商场商品的销售。对服务的抱怨主要有下面几个方面:

1. 营业员的服务方式欠妥

(1)接待慢,搞错了接待顺序。

(2)缺乏语言技巧,不会打招呼,也不懂得回话;说话没有礼貌,过于随便;说话口气生硬,不会说客套话等。

(3)不管顾客的反应和需要,无重点地一味地加以说明,引起顾客的厌烦和抱怨。

(4)商品的相关知识不足,无法满足顾客的询问。

(5)不愿意将柜台或货架上陈列的精美商品让顾客挑选。

2. 营业员的服务态度欠佳

(1)只顾自己聊天,不理会顾客的招呼。

(2)紧跟在顾客身后,唠叨着鼓动顾客购买。营业员在售货过程中表现出过分的殷勤,不停地劝说顾客购买,让顾客觉得对方急于向自己推销,在心理上形成一定的压力。

(3)顾客不买时,马上板起面孔,甚至恶语相加;以衣帽取人,瞧不起顾客,言语中流露出蔑视的口气。

(4)表现出对顾客的不信任,盯梢或用语言中伤。

(5)对顾客挑选商品不耐烦,甚至冷嘲热讽。

3．营业员自身的不良行为

(1)营业员对自身工作流露出厌倦、不满情绪。例如,营业员正在抱怨工资、奖金低,工作纪律严等。

(2)营业员对其他顾客的评价、议论,甚至贬低。

(3)营业员自身衣着不整、浓妆艳抹、举止粗俗、言谈粗鲁、打闹说笑、工作纪律差,会给顾客造成不良的印象,会直接影响顾客的购买兴趣。

(4)营业员之间发生争吵,互相不满,互相拆台。

4．服务作业不当

(1)结算错误、多收钱款、少找钱。

(2)包装作业失当,导致商品损坏,入袋不完全,遗留顾客的商品。

(3)结算速度慢、收银台开机少,造成顾客等候时间过久。

(4)顾客寄放物品遗失、存取发生错误。

(5)送货太迟或送错了地方。

(6)不遵守约定,顾客履约提货,货却未到。

5．对服务制度的抱怨

主要为营业时间、商品退换、存包规定、售后服务及各种服务制度(规定)等。如不提供送货服务、无保修或店内无维修点等。

6．对安全和环境的抱怨

(1)意外事件的发生。顾客在卖场购物时因安全管理不当,造成意外伤害而引起不满,如因地滑而摔跤,因停电而碰撞或损失。

(2)环境不舒适。灯的亮度不够,空气不流通,温度过高或过低,商场内音响声太大等,令人感觉不适;卖场走道内的包装箱和垃圾没有及时清理,影响卖场整洁和卫生;商品卸货时影响行人的交通。

7．设施不当

(1)货架高度不当,拿取不方便。

(2)无休息的凳椅。

(3)收银机少,缴款排队的时间较长。

(4)商场布局指示不清。

(5)无电梯、洗手间。

二、顾客诉怨管理

顾客诉怨是门店的重要财富,是服务水准提升的重要契机,诉怨应对流程就是为顾客创造价值的过程。

（一）诉怨处理原则

做生意不仅要创造顾客，更要留住顾客。无论处理什么样的抱怨，都必须要以顾客的思维模式寻求解决问题的方法。诉怨处理原则包括：

1．正确的服务理念

需要经常不断地提高全体员工的素质和业务能力，树立全心全意为顾客服务的思想，确定"顾客永远是正确的"的观念。诉怨处理人员面对愤怒的顾客一定要注意克制自己，避免感情用事，始终牢记自己代表的是公司或商场的整体形象。

2．有章可循

要有专门的制度和人员来管理顾客投诉问题，使各种情况的处理有章可循，保持服务的统一、规范。另外要做好各种预防工作，使顾客投诉防患于未然。

3．及时处理

处理抱怨时不要拖延时间、推卸责任，各部门应通力合作，迅速做出反应，向顾客清楚地说明事件的缘由，并力争在最短时间内全面解决问题，给顾客一个圆满的答复。而拖延或推卸责任，则会进一步激怒投诉者，使事情进一步复杂化。

4．分清责任

不仅要分清造成顾客投诉的责任部门和责任人，而且需要明确处理不同投诉的部门、人员的具体责任与权限。

5．留档分析

对每一起顾客投诉及其处理要做出详细的记录，包括投诉内容、处理过程、处理结果、顾客满意程度等。通过记录来吸取教训、总结经验，为以后更好地处理好顾客投诉提供参考。

（二）诉怨处理技巧

卖场运营中，处理顾客诉怨是服务提供者的一项重要工作。平息顾客的不满，使被激怒的顾客"转怒为喜"，是企业获得顾客忠诚的最重要手段。处理顾客诉怨，令顾客心情晴朗的技巧——"CLEAR"方法，是清空顾客愤怒的一种有效方法。

顾客心情晴朗的技巧——"CLEAR"方法步骤如下：C——控制你的情绪（Control）、L——倾听顾客诉说（Listen）、E——建立与顾客共鸣的局面（Establish）、A——对顾客的情形表示歉意（Apologize）、R——提出应急和预见性的方案（Resolve）5个步骤。

1．控制你的情绪（C）

（1）目的。当顾客发怒时，导购员要处理的第一个因素是控制自己的反应情绪。当顾客进行投诉时，顾客的语言或者行为会让员工感受到攻击、不耐烦，从而被惹火或难过，往往心情不好，容易产生冲动、丧失理性。"以暴制暴"会使事态发展更加复杂，同时会使店面服务和信誉严重受损。控制自己的情绪可以在很大程度上避免上述情况的发生。

（2）原则。可以不同意顾客的投诉内容，但不可以不同意顾客的投诉方式。顾客投诉是因为他们有需求没有被满足，所以应该要充分理解顾客的投诉和他们可能表现出的失望、愤怒、沮丧、痛苦或其他过激情绪等，不要与他们的情绪共舞或是责怪任何人。

（3）有效技巧。下边是一些面对顾客投诉，帮助平复情绪的一些小技巧。

1）深呼吸，平复情绪。要注意呼气时千万不要大声叹气，避免给顾客不耐烦的感觉。

2）思考问题的严重程度。

3）摆正心态。要记住顾客不是对你个人有意见，即使看上去是如此。

4）以退为进。如果有可能的话给自己争取点时间，如"我需要调查调查，10分钟内给您回电""我需要两三分钟时间，同我的主管商量一下解决这个问题，您是愿意稍等一会儿呢，还是希望我一会儿给您打回去？"当然接着得确保在约定的时间内兑现承诺。

2．倾听顾客诉说（L）

员工的情绪平复下来后，需要顾客也冷静下来才能解决好问题。先别急于解决问题，而应先抚平顾客的情绪，然后再来解决顾客的问题。

（1）目的。为了管理好顾客的情绪，首先要意识到这些情绪是什么，他们为什么投诉。静下心来积极、细心地聆听顾客愤怒的言辞，做一个好的听众，这样有助于达到以下效果：

1）把握顾客所投诉问题的实质和顾客的真实意图。

2）了解顾客想表达的感觉与情绪。

3）给顾客抱怨一个宣泄的渠道，辅以语言上的缓冲。

4）表示出与顾客合作的态度，使其愤怒的程度有所减轻，也为自己后面提出解决方案做好准备。

（2）原则。无论顾客诉说的是事实，还是隐藏在事实之后的情绪，要遵循的原则应该是为了理解而倾听，并非是为了回答而倾听。

（3）有效技巧。在顾客很恼火时，有效、积极地倾听是很有必要的，应该做到以下几点：

1）全方位倾听。比较所听到、感到和想到的内容的一致性，用心体会、揣摩听懂弦外之音。

2）不要打断。要让顾客把心里想说的话都说出来，中途打断顾客的陈述，可能遭遇顾客最大的反感。

3）向顾客传递其被重视的信息。

4）明确对方的话。重点内容要请对方进一步说明，但措辞要委婉。

3．建立与顾客共鸣的局面（E）

共鸣被定义为站在他人的立场，理解他们的参照系的能力。它与同情不同，同情意味着被卷入他人的情绪，并丧失了客观的立场。

（1）目的。对顾客的遭遇深表理解，这是化解怨气的有力武器。当顾客投诉时，最希望自己的意见受到对方的尊重，自己能被别人理解。

（2）原则。与顾客共鸣的原则是换位真诚地理解顾客，而非同情。只有站在顾客的角度，想顾客之所想、急顾客之所急，才能与顾客形成共鸣。

（3）有效技巧。实现与顾客共鸣的技巧有：

1）复述内容：用自己的话重述顾客难过的原因，描述并稍微夸大顾客的感受。

2）对感受做出回应：把从顾客那里感受到的情绪说出来。

3）模拟顾客的境地，换位思考：想象一下，我们的供应商以相同或类似的方式对待他们的顾客（我们）时，我们会做出什么样的反应。

4．对顾客的情形表示歉意（A）

（1）目的。聆听了顾客的投诉，理解了他们投诉的原因和感受，对顾客表示歉意，从而使双方的情绪可以控制。

（2）原则。对顾客的情形表示歉意应包括以下原则：

1）不要推卸责任。当问题发生时，员工要承认自己的错误。但管理人员不要当众责备公司员工，以避免顾客对公司整体留下不好的印象。

2）即使顾客是错的也要为顾客情绪上受的伤害表示歉意。

3）道歉要有诚意。一定要发自内心地向顾客表示歉意，不能口是心非、皮笑肉不笑，否则就会让顾客觉得是心不在焉地敷衍，从而产生自己被玩弄的负面情绪。

4）不要说但是。当道歉时说"我很抱歉，但是……"，这个"但是"否定了前面说过的话，使道歉的效果大打折扣。

（3）有效技巧。对顾客表达歉意的技巧如下：

1）为情形道歉。要为情形道歉，而不是去责备谁。即使在问题的归属上还不是很明确，需要进一步认定责任承担者时，也要首先向顾客表示歉意，但要注意，不要让顾客误以为公司/卖场已完全承认是自己的错误，我们只是为情形而道歉。例如可以用这样的语言：

"让您不方便，对不起。""给您添了麻烦，非常抱歉。"这样道歉既有助于平息顾客的愤怒，又没有承担可导致顾客误解的具体责任。

2）肯定式道歉。当顾客出了差错时，我们不能去责备。要记住当顾客做错时他们也是正确的，他们也许不对，但他们仍是顾客。

5．提出应急和预见性的方案（R）

在积极地听、共鸣和向顾客道歉之后，双方的情绪得到了控制，处理重点将转到解决问题上去。

（1）目的。提出应急和预见性方案的目的包括以下两个方面：

1）解决单次顾客投诉。

2）寻找改善服务的方案。

（2）原则。对于顾客投诉，要迅速做出应对，要针对这个问题提出应急方案；同时提出杜绝类似事件发生或对类似事件进行处理的预见性方案。

（3）有效技巧。提出应急和预见性方案的技巧如下：

1）迅速处理，向顾客承诺。首先向顾客说明各种可能的解决办法，或者询问他们希望怎么办，充分听取顾客对解决问题的意见，对具体方案进行协商；然后确认方案，总结将要采取的各种行动；再重复顾客关切的问题，确认顾客已经理解，并向顾客承诺不会再有类似事件的发生。

2）深刻检讨，改善提高。在检查顾客投诉的过程中，负责投诉处理的员工要记录好投诉过程的每一个细节，把顾客投诉的意见、处理过程与处理方法在处理记录表上进行记录，这样顾客也会有慎重的态度。而每一次的顾客投诉记录，店铺都将存档，以便日后查询，并定期检讨产生投诉意见的原因，从而加以改正。

3）落实。对所有顾客的投诉意见及其产生的原因、处理结果、处理后顾客的满意程度以及店铺今后改进的方法，均应及时用各种固定的方式，如例会、动员会、早班会或企业内部刊物等告知所有员工，使全体员工迅速了解造成顾客投诉意见的原因，并充分了解处理投诉事件时应避免的不良影响，以防止类似事件的再次发生。

4）反馈投诉的价值。顾客进行投诉对卖场服务不满的信息，无疑给卖场提供了一次认识自身服务缺陷和改善服务质量的机会，所以可以写一封感谢信感谢顾客所反映的问题，并就公司为防止以后类似事件的发生所做出的努力和改进的办法向顾客说明，真诚地欢迎顾客再次光临。

为表示慎重的态度，常以企业总经理或部门负责人的名义寄出，并加盖企业公章。当顾客是通过消费者保护机构提出投诉时，就更需要谨慎处理了。原因在于零售企业回函的内容，很可能成为这类机构处理中的一个案例，或作为新闻机构获取消息的来源。

总之商场在处理各种顾客投诉时，要掌握两大原则：

一是顾客至上，永远把顾客的利益放在第一位。

二是迅速补救，并把顾客的每次抱怨看作商场发现不足、改善管理的机会。

本章小结

本章主要介绍了门店人员服务、收银员、总台服务等工作的各项流程和管理规范，如何提高销售服务技术，如何应对顾客投诉，如何与客户建立良好的关系。

案例分析

宜家的体验营销

当你装修房子正为缺乏创意发愁时，当你不知道应该买何种家具和饰品来搭配现有的家具时，你会想到它。它是强烈鼓励消费者在卖场进行全面的亲身体验，比如拉开抽屉、打开柜门、在地毯上走走、试一试床和沙发是否坚固等的家具零售商，也是第一个向顾客介绍节能灯好处的零售商——宜家（IKEA）公司。作为全球最大的家居用品零售商之一，宜家是怎样将自己的产品成功地推向市场，并被消费者广泛认可和接受的呢？

一、让购买成为一种休闲旅行

宜家的服务理念是"使购买家具更为快乐"。因此，在宜家商场布局和服务方式的设计上，公司尽量使其显得自然、和谐，让每个家庭到宜家就像是"出外休闲的一次旅行"。

1. 舒适的宜家

宜家商场都建在城市的郊区，在商场内还有一些附属设施，如咖啡店、快餐店和儿童的活动空间。如果你累了，你可以在优雅舒适的宜家餐厅，点一份正宗的欧式甜点，或者一杯咖啡，甚至只是小憩一会儿，没有人会打扰你。经营这些餐厅，宜家可不单单是为了盈利，为顾客营造一次难忘的购物经历，这才是宜家的真正目的。

2. 煽情的宜家

在卖场气氛营造上，宜家可谓是煽情的高手。到过宜家的人，没有一个不觉得清新，宜家要传递的正是"再现大自然，充满阳光和清新气息，朴实无华"的清新家居理念。宜家擅长于"色彩"促销，在重大节日将至的时候，宜家更似沉浸在色彩的海洋之中。春节和情人节期间，宜家所推出的"红色恋情""橙色友情"和"蓝色亲情"的梦幻组合，使整个卖场充满了人情味。

据有关资料表明，较之常见的促销手段，购物经历正在日益为顾客所看重。销售终端竞争的成败最终决定着企业竞争的成败，宜家所营造的情感消费的氛围意义正在于此。但是众多的企业并没有真正领悟到这层意义，采用传统的仓库式终端的企业仍占绝大多数，其中不乏东方家园等一些经营很好的企业。相比之下，宜家有效地利用了终端，把商场当作家庭来布置，进行彻头彻尾的终端文化建设，将终端作为传播企业文化的大舞台，通过一切可用的传播手段来全方位地吸引和引导顾客，使顾客在潜移默化中了解宜家、钟情宜家。家具毕竟不同于一般的消费品，顾客购买决策会颇为慎重，需要有一个说服自己的缓冲时间，宜家在给消费者提供舒适、轻松、休闲之余，也为顾客开辟了一个思考决策的空间。在这样良好的环境里顾客自然愿意多待一会儿，多待一会儿就会多挑选几样东西。

二、体验式营销，兜售质量主张

1．质量过硬的宜家

作为返璞归真的现代营销手段，宜家鼓励顾客在卖场"拉开抽屉，打开柜门，在地毯上走走"，或者试一试床和沙发是否坚固。这种"体验式营销"或叫"朋友式营销"，包括消费者免费使用产品，无条件退换，对产品进行破坏性实验等。在睡眠者日，宜家给三百多人提供在商店内过夜来试验新型宜家床垫，如果试验者第二天买了被试验的床垫，即可以给十分优惠的折价。

在宜家，用于对商品进行检测的测试器也非常引人注目。在厨房用品区，宜家出售的橱柜从摆进卖场的第一天就开始接受测试器的测试，橱柜的柜门和抽屉不停地开、关着，数码计数器显示了门及抽屉可承受开关的次数。

在家居行业采用这样的营销手段具有很大的风险性。宜家之所以这样做并且能够坚持下来，首先过硬的商品质量是根本原因，另外则是出于对消费者心理的准确把握。鼓励消费者尝试公司的产品，不知不觉中让消费者信赖，"朋友式营销"不同于"专家型营销"的地方是更亲切、更生活化。

2．精致、人性化宜家

宜家的产品做得非常的人性化和精致，宜家的产品充分考虑到使用的方便性和舒适性。在这个以消费者为导向的时代，谁为消费者想得更多，谁就能够成为市场的赢家。宜家产品设计是从消费者日常使用的方面考虑的，这些东西是否适合消费者的使用，开发人员、设计人员都和供应商之间进行非常深入的交流，做过非常深入的市场调查。一般来说，产品的设计到制作完成需要半年的时间，这当中包括设计、材料的选择、测试、完工等。平时，宜家了解消费者的途径是通过零售商（宜家卖场），宜家卖场的人员还会及时将信息反馈给产品设计人员，设计人员会结合消费者的需求对产品进行改进和设计。

3．独具风格的宜家

商品的交叉展示及样板间也是宜家独创的风格。早在1953年宜家在自己的发源地就开辟了样板房，让人们可以亲自来体验，可谓是体验营销的先驱。顾客在宜家不仅可以买到称心如意的家居用品，而且可以获得色彩搭配等许多生活常识和装饰灵感。宜家把各种配套产品进行家居组合设立了不同风格的样板间，充分展现每种产品的现场效果，甚至连灯光都展示出来，使顾客基本上可以体验出这些家居组合的感觉以及体现出的格调。宜家在中国的样板间的设计充分结合中国人对于生活的要求和消费模式，在北京宜家商场的三层，有58个家居设计的样板间，有9平方米、14平方米、20平方米等不同规格的设计，对单身贵族、年轻夫妇、三口之家以及儿童等不同的居住空间提出不同的方案。宜家承诺，消费者如果自己买回去的东西发现搭配不如宜家漂亮，在60小时之内退货，并还要负责教会消费者怎样去搭配。

而在单个产品上宜家也设计了消费者自己动手体验的过程，宜家的大件产品都是可以拆分的，因此消费者可以将部件带回家自己组装，所有宜家的产品在设计师自己设计的时候自己动手组装，还会提供各种各样的工具来帮助安装，并配备有安装的指导手册和宣传片，比如就纺织品来说，宜家就制作了52集搭配宣传片，教会消费者怎样去买、去搭配、去选择。

随着消费者消费意识的成熟，消费者对于消费的过程体验需求越来越强烈，宜家结合这样的需求，提供了一套从现场卖场到最终将家具搬回家之后的全套体验营销，让消费者不仅仅在现场体验，而且回到家后还可以自己动手安装体验，拉近了产品与消费者之间的距离。

三、拒绝主动服务，让顾客了解更多

1. 拒绝主动服务，给顾客营造轻松氛围

消费者在购买一件商品的时候，要么缺乏选择某一品牌某一产品的坚定理由，要么在很大的购物场所里面因为商品的种类太多而经常迷失方向，这在一定程度上增加了消费者的决策时间和决策成本。国内很多家居商场采取的是通过店员的详细介绍来说明每一件商品的特点，但是宜家的经营者认为，没有人比顾客自己更愿意帮助自己，因此，宜家将营销的信息全面公开和透明，引导顾客扮演非传统角色，购货采用顾客自选的方式进行，鼓励顾客参与购物的全过程，完全打破了消费者的顾虑，并节省了消费者的时间。

在宜家商场内的工作人员不叫"销售人员"，而叫"服务人员"，宜家规定其门店人员不得直接向顾客推销，而是任由顾客自行检验来决定，除非主动咨询。宜家商场的入口处，提供给顾客产品目录、尺、铅笔和便条，帮助顾客在没有销售人员的情况下做出选择。宜家认为对于顾客来说这些已经足够，售货员的全程陪同无非在顾客需要时提供同样的信息和一些顾客不需要的东西。这样的服务方式除了使顾客有一个轻松自在的购物经历、增加了从购物过程中所获得的满足感和成就感，也降低了对销售人员的需求、降低了销售费用。

宜家的顾客自我服务方式恰当地把握了现代家居个性化的大趋势。满足了人们追求自在、自我，渴望成为主角和支配者的心理需求，因此赢得了很多消费者的喜爱。

2. 顾客信息指导，让顾客了解更多

宜家不仅给顾客提供轻松、自由的购物环境，而且精心地为每件商品制定"导购信息"。负责任的企业应该尽量向消费者提供关于产品、价格、功能等方面的全部真实信息，丰富而透明，以使顾客在充分掌握这些信息的前提下，做出完全自主的购物选择。在这方面，宜家堪称典范。

在宜家的"导购信息"中，有关产品的价格、功能、使用规则、购买程序等几乎所有的信息都一应俱全。对于组装比较复杂的家具，宜家在商店中反复放映录像和使用挂图解释如何组装该家具。为了让顾客了解相关的商品知识，宜家每件产品上的标签都详细而明了，宜家总是提醒顾客"多看一眼标签"，在标签上会看到价格、尺寸、材料、颜色、功能、购买程序、使用规则及保养指南。就是一颗简单的灯泡，宜家也可以将其灯泡的特点完全展示出来。宜家是第一个向顾客介绍节能灯好处的零售商。在北京宜家家居二楼的厅柱上写着："1. 一只节能灯泡的寿命相当于 8 只普通灯泡，您可以少换几次灯泡。2. 节能灯可为家庭一年节省约 400 元等。"标签下面安装了两排闪闪发亮的灯泡，另一排是 6 只 60 瓦的普通灯泡。一只箭头指着两只电表："请看这两种灯泡巨大的区别。"就连你不懂怎样挑选地毯，宜家也会用漫画的形式告诉你用这样简单的方法来挑选我们的地毯：一是把地毯翻开来看它的背面；二是把地毯展开来看它的里面；三是把地毯折起看它鼓起来的样子；四是把地毯卷起看它团起来的样子。

每个顾客在做出购物决定之前，如果对所购商品的特性一无所知，那么他肯定就会感到手足无措，如果是在别人劝说之下做出的决定，买回去如果发现问题就会大呼上当，带来不好的感受，因此，宜家采取了一种顾问式的营销方式，将每一个细节都考虑进去，来指导消费者快速做出购买决定，因此它出售的几乎都是完全符合用户要求的产品。

四、锁定目标，DM（产品目录）营销

宜家主要以产品目录（DM）的形式展示自己，向顾客直观介绍企业产品。"宜家目录"可以说是宜家集团的一扇窗户，既是对顾客的一种信息服务方式，又是一种有效的广告宣传，

一直被作为其主要的市场推广手段。

1. 精致、完美的宜家 DM 广告

宜家的产品目录，从设计到印刷成册，不得不用"精致与完美"来形容，你可以不买，但是你不可能不看，就是这样自信——用细节体现价值。宜家的产品目录采用 39 语言编写，由宜家全球 150 位专业家居设计师和摄影师参与制作，向宜家的顾客群体赠阅。宜家的 DM 制作之精美，融家居时尚、家居艺术为一体，让你从中学到不少家居知识。200 多页厚的目录全册全部采用彩色印刷，将宜家的产品有机地结合在一起，并给每一种产品起了一个好听的名字，便于识记也便于查询，以独特的创意展现了宜家产品的品质、功能，给人提供无限的想象空间。产品目录为顾客在选择宜家产品时提供了更为直观、简洁的方式，融商品信息、家居时尚、家居艺术为一体，并能指导顾客如何布置个性化的家居生活环境。

2. 向顾客兜售宜家理念

产品目录一直被视为世界家具流行趋势的向导。作为世界上发行量最大的免费印刷刊物，宜家产品目录 2004 年全球总发行量为 1.31 亿册，共 45 个版本。2004 年在中国的发行总量为 250 万册，比 2003 年多发行 30 万册，其中北京 120 万册，上海 130 万册，内容也由 2003 年的 204 页增加到 284 页。宜家不惜成本向锁定对象免费散发目录手册，一是展示世界大牌的身价，二是树潮流领袖的权威。尽管比起广告来，这样做的成本是巨大的，但是向锁定的消费群散发目录手册远比铺天盖地的广告廉价而且更能带来深入人心的品牌渗透效果。没有人会对这份精美的"艺术画册"视而不见，他不是在兜售一种产品，而是在兜售一种理念，这种"醉翁之意"的迂回"攻心战"在与顾客的直接沟通中，更易打动顾客的心。作为一种高端的 DM 广告，100% 的暴露频率加 100% 的目标人群，使宜家每一分广告费用都能产生价值，虽然成本的一次性支出很大，但相比电视广告等传统传播媒介而言，从长期来看，却更为节省。

宜家在其他国家都大量采用电视这一媒体，因为宜家的经营理念就是为大众创造美好生活，电视媒体恰好满足了这一要求。但宜家在中国只有上海和北京两家商场，它的目标顾客是年龄在 25~45 岁之间，受过良好教育、工作稳定、高收入的人群。这部分人群并不代表大多数的中国消费者，而电视是一种大众化的媒体，因此，宜家进入中国伊始，同样是采用针对性强的 DM 方式，没有支付昂贵的电视广告费用。

案例分析

1. 宜家体验式营销有何特点？
2. 宜家体验式营销对我国零售企业有什么启示？

实 训 项 目

项目一：顾客接待服务训练

1. 分组：4~5 人一组。
2. 小组选择一件商品，讨论商品的特性、优点、特殊利益等及接待服务技巧。
3. 根据下列程序设计两份商品接待服务的方案。
4. 小组每位成员演示服务过程，其他小组点评，然后改进方案。

顾客接待服务方案要求见表 4-3：

表 4-3 顾客接待服务方案

步骤	内容	服务方式与语言技巧
1	开场白（问候、引起注意及兴趣）	
2	通过观察法和询问法，指出客户目前期望解决的问题点或期望得到满足的需求	
3	针对顾客需求，设计商品推荐内容	
4	异议处理	
5	成交请求	

项目二：门店服务巡查

以小组为单位，选择一家连锁零售门店，对其服务进行巡查，参考表4-4。并讨论总结，提出改进意见。

表 4-4 服务标准检查表

检查门店：　　　　检查人：　　　　检查日期：

项目		检查内容	评价			评价描述
仪表仪态	1	员工必须时刻保持头发清洁。女士短发不过肩，长发应扎或盘在脑后。发型朴素，不烫怪异发型，禁止夸张染色；男士前发不过眉，鬓角不过耳，后发不过衣领，发型朴素，禁止染发，每天认真清理面部的胡须，保持干净整洁	□优秀	□达标	□不达标	
	2	客服和收银人员要求淡妆上岗，浓妆和彩妆不宜	□优秀	□达标	□不达标	
	3	女员工上班可佩戴一对耳钉。已婚人员可佩戴一枚婚戒（食品加工人员除外），工作期间禁止佩戴其他任何夸张饰品	□优秀	□达标	□不达标	
	4	员工必须穿着公司要求的统一工装上岗，领扣须全部扣上，保证工装干净整洁	□优秀	□达标	□不达标	
	5	工作证应该佩戴在左胸前。严禁将工作证反戴，员工应保持工作证整洁，不得佩戴脏、残、损的工作证。工作证上不得装带笔、钥匙等物品及粘贴饰品	□优秀	□达标	□不达标	
迎宾	6	开店迎宾时，值班店长带领迎宾人员（各部门处值班等）站在卖场入口一侧，面带微笑向顾客呈45°鞠躬，同时使用礼貌用语如"您好，欢迎光临！"等（如果在非开门时间巡店可以采取向店长或值班干部现场提问的方式检查）	□优秀	□达标	□不达标	
收银	7	扫描商品前，收银员需使用手势提示顾客或帮助顾客将购物车里的商品放于收银台上	□优秀	□达标	□不达标	
	8	严格执行唱收唱付原则；微笑服务，礼貌热情、友好地接待顾客	□优秀	□达标	□不达标	
	9	找零时，收银员需面带微笑注视顾客，用双手将零钱或信用卡递给顾客，同时对顾客本次购物表示感谢和欢迎顾客下次光临	□优秀	□达标	□不达标	
服务台	10	保持服务台干净、整洁	□优秀	□达标	□不达标	
	11	在显著位置悬挂便民服务内容指示牌。客服人员必须熟悉便民服务项目，并准备好各项用品，以备顾客随时使用	□优秀	□达标	□不达标	
	12	实行站立服务，主动招呼顾客，并使用礼貌用语	□优秀	□达标	□不达标	
	13	门店需在服务台显著位置公示可以开具的发票项目	□优秀	□达标	□不达标	
	14	存包柜及服务台须在醒目位置悬挂温馨提示，提醒顾客勿将现金、有价证券、手机、数码产品、新鲜食品、易燃易爆、易污染物品进行寄存；易碎、易损物品存放时应轻拿轻放	□优秀	□达标	□不达标	
管理者	15	销售高峰期所有处级以上干部均需在一线服务现场进行指导	□优秀	□达标	□不达标	

第五章 连锁门店价格管理

技能目标
- 能对门店商品价格的调整提出建议。
- 能对门店商品价格标识进行管理。

知识目标
- 了解价格制订的影响因素。
- 掌握价格调整的基本方法和程序。
- 基本掌握门店商品价格标识管理的方法。

沃尔玛"天天低价"新诠释

44年了,沃尔玛的宣传语始终是"天天低价"。而2006年年初的时候,沃尔玛推出活动,邀请消费者尝试在沃尔玛购买更贵的产品。到2007年这个活动已经轰轰烈烈开展了1年。在这种巨大的反差中间,沃尔玛发现了新的广告口号:"为消费者省钱,让他们过得更好"。

这种新的、对全国最大零售商沃尔玛的内在定义很快就成了一个非常公开的战略,4 000个沃尔玛商店的货架和遍及美国的广告都明显地反映出了这种新变化。

在经过1年的紧张研究和实践后,这个打折的巨人总结出一个公式,即其2亿消费者基本上分为3种类型:"品牌渴望型"(收入不高但却迷恋品牌产品);"价格敏感型"(收入不错但喜欢占些便宜);"价值价格敏感型"(喜欢低价,支付能力不大)。

打折巨人开始重新对消费者进行分类并改革购买和营销环节。

新的分类对沃尔玛来说非常有意义,因为这是其第一次认识到零售行业不仅仅需要关心人们在商场里如何购买,还有他们为什么会以这种方式购买。

这种重新定位看起来似乎太过精细,但对于沃尔玛这样的公司来说——其销售额甚至超过了排名其后的4家零售公司销售额的总和,达到3 450亿美元——这种赌博风险就非同一般了。

通过购进更高端的产品,同时配合煽动性的广告从而创造更大的利润,沃尔玛期望能够借此改正其最大问题:一直以来都是依靠开设更多的新店来促进公司的成长,每年在世界各地开新店几乎超过300家。沃尔玛一些老店的销售增长,一直是零售行业的一个主要测量标准,10年以来第一次跑到了Target等竞争对手的后面。

但迎合高层次消费者的战略没有起作用,至少现在还没有。

虽然仍然有这样的野心，但沃尔玛决定放缓脚步，因为沃尔玛希望能够理智地、一步一步向前发展。而现在他会把更多的注意力放在现有消费者身上。

从现在开始，沃尔玛所有的产品购买都会按照 3 种类型消费者的特点来做出决定，因为在沃尔玛看来，这 3 类消费者正代表了公司业务客户的主体。这些消费者有哪些共同特点呢？他们都希望交易成功，但他们需要的并不是便宜的产品。事实上，他们都比较看重如摩托罗拉和三星之类的品牌产品。

弗兰明同时认为，对消费者来说最强有力的诱惑还是低价。"低价正是人们到沃尔玛购物的原因，也是为什么在停车场会停有宝马车的原因。过去我们太注重低价了，但新的问题是究竟应该是针对什么产品的低价？消费者真正需要的是品牌的保证。"在 2007 年的首要任务是必须改善购买和营销环节。

因此沃尔玛打算组织一个团队，每个团队都有一个营销高管和一个采购高管，他们一起负责为这些消费者解决他们关心的所谓五大拳头产品——食品、娱乐、服装、家居用品和医药。以沃尔玛的电子产品部门为例，他们的销售业绩有了提高，但依靠的并不仅仅是最低的价格，而是提供一些全国闻名的品牌，像索尼的平板电视。但仅仅在每个部门有一两种品牌产品是远远不够的，沃尔玛需要在每一种产品类别中建立起一种品牌信誉度，这样当消费者想到要购买产品时，会想到沃尔玛而不是百思买或家得宝。

同时，沃尔玛已经开始重新打造其已经老化的店面，适度地偏离了原来单一的低价策略，在曼哈顿开设了一个设计室，展示时尚秀和在《Vogue》等时尚杂志上购买广告以做宣传；开始改变过去限制员工时间的方法，在最忙碌的时间段仍然支持为消费者服务。

第一节 影响零售价格的因素

零售店定价与销售组合的其他要素是相互制约的，在制订价格的过程中要综合考虑各种相关因素，根据企业的市场定位、经营特色、经营目标，以及市场的各种因素来制订价格。零售店的定价通常受以下主要因素的影响。

一、经营目标

零售店的定价战略必须符合并反映出它的经营总目标。零售店的主要目标一般主要有：利润目标、销售目标、竞争目标、维护商店形象。

（一）利润目标

利润是零售商从事经营活动的目的，也是零售商生存发展的基本条件。零售商对利润追求体现在两个方面：

1. 利润最大化

零售商都期望通过价格在一定的时期内获得最高的利润额。通过制订单位商品的最高售价可以实现单位商品的最大利润，但并不意味着会实现一个时期的利润额最大化。因为价格和需求量之间的关系是相逆的，因此零售商应当以适当的价格刺激需求，从而实现较大的销售量而获取最高利润。零售商追求利润最大化也遇到许多制约，如零售商追求利润最大化可能使其他渠道成员的利益受到损害而遭到反对；高额利润会吸引竞争者到本企业经营领域，而使竞争更为激烈等。

2．资金利润率

资金利润率是指零售商利用投入的资金所获得的利润的多少。零售商追求高资金利润率是追求利润目标的又一体现。

（1）销售利润率。销售利润率是利润与销售额之比，销售利润率公式为

$$销售利润率 = \frac{利润额}{销售额} \times 100\%$$

利润额越高，企业的销售利润率就越大。销售利润率直接受到单位商品价格的影响。商品单位价格高，在其正常销售的条件下，销售利润率则高；反之商品单位价格低，销售利润率则低。

（2）资金周转速度。资金周转速度用资金周转次数表示，公式为

$$周转次数 = \frac{商品销售额}{平均资金占用}$$

零售商获得的销售额越大，资金周转的速度越快。

（3）资金利润率。销售利润率与资金周转次数的乘积，即资金利润率，公式为

$$资金利润率 = \frac{利润额}{销售额} \times \frac{商品销售额}{平均资金占用} \times 100\%$$
$$= \frac{利润额}{平均资金占用} \times 100\%$$

零售商追求高资金利润率要考虑商品单位价格与扩大销售的关系。既要使商品价格不能过低，又要使价格促进商品销售、加快资金周转，从而使企业获得最大的利润。

（二）销售目标

零售商通常用一定时期的销售量或市场占有率表示销售目标。

1．销售量

这是零售商为实现未来销售增长或保持目前销售水平的目标。零售商如果按照这一目标制订价格，能够刺激销售的增长。但如果这一价格不能产生足够的营业收入，其结果会降低盈利水平。

2．市场占有率

零售商将市场占有率作为定价目标是要保持或增加企业在整体市场上的销售份额。市场占有率是零售商经营状况在市场上的体现，也是对企业销售规模的反映，更是与竞争者经营状况的比较，反映本企业在同行中的地位。价格对市场占有率的影响表现为：高价会形成企业占领和扩大市场的障碍；低价会招来竞争者的围攻，也会使本企业的利润受到损失，最后未必能扩大市场占有率。

（三）竞争目标

零售市场是竞争激烈的市场，零售商在制订价格时要能对竞争做出及时反应。零售商对

竞争在价格方面的反应有三个方面：

1. 适应竞争

一些零售商简单地跟随同一商品的市场领导者定价。因为这样做既可以与竞争者保持一致，被消费者接受；又可以避免竞争，使企业得到适度利润。

2. 防止竞争

一些零售商作为某些商品经营的价格领导者，他们把价格定得非常低，使新竞争者很难进入这一领域，从而防止竞争。

3. 躲避竞争

一些零售商不借助价格参与竞争，他们更愿意在提供较好的商品、优良的服务、舒适的环境、方便的地点以及在其他商品营销方面与竞争者分出高低。

（四）维护商店形象

良好的商店形象是零售商的无形资产，一经获得就需要珍惜和维护。价格是商店形象构成的重要因素。零售商在长期经营中会形成总体的价格水平，并传递给消费者，使消费者形成价格印象，如高价店、适中价格店、廉价店等。商店的价格水平形成后不轻易改变，不破坏商店在消费者心目中的印象。

二、竞争

一个企业能控制价格的程度，也依赖于它所处的竞争环境。竞争因素对于零售店定价的影响表现在两个方面：随市定价和控制定价。

在随市定价的形势下，存在众多竞争者，顾客希望找到最低价格。此时商场经营者们只能制订彼此差不多的价格，不能主动控制价格。在这种情况下，价格一旦提高，大量顾客就会转移到竞争对手那里去了。如超市常常采用随市定价的方法，因为其经营的食品和日用品是消费者经常购买并对价格较为敏感的商品，超市常常主动跟进竞争对手或市场价格。

在控制定价下，经营者们企图靠零售组合的特色来建立商场的信誉。如果能使商场差别显著，经营者就能操纵他所售商品的定价。这是由于消费者认为商店的形象、服务、花色品种等比价格更重要，而愿意付高价到有地位的商场买东西。假如哪家商场能提供与众不同的商品与服务，就能在某种程度上操纵它们的价格。

竞争环境对于价格的影响关键在于零售店经营者使自己同其他竞争者相区别的能力。弱差别只能随市定价，强差别方可控制定价。由于绝大多数价格策略能在短期内很容易地被模仿，所以如果领头企业获得成功，竞争者们会紧跟其后。正因如此，一个零售店经营者既要从短期观点又要从长期观点来看待价格策略。

三、消费需求

消费者对不同价格的接受与反应，直接影响销售的状况。有些消费者的购买行为直接地反映了需求定理，即在价格较低时购买较多的商品，而在价格较高时购买较少的商品。零售商在定价时需要考虑到不同商品的不同价格水平对消费者需求的影响，这个影响可以用需求价格弹性表示。

（一）需求价格弹性概念

需求价格弹性是对价格变动引起的消费者需求变动的结果的测量。需求弹性描述了价格变动比率与销售量变动比率的关系。

需求价格弹性公式：

$$需求价格弹性 = 需求量变动比率 / 价格变动比率$$
$$需求量变动比率 = 销售量变动 / 原销售量$$
$$价格变动比率 = 价格变动 / 原价格$$

（二）价格弹性类型

价格弹性类型主要有下列三种：

1．弹性＝1

需求量与价格等比例变化，称为单一价格。因此价格的变动对销售收入的影响不大，即价格的降低并不能带来销售收入的增加。这是极特殊的现象，多数的情况为下面两种。

2．弹性＞1

较小的价格变化就导致购买量的大幅度变化，称为价格富有弹性。弹性＞1 的商品，也叫"奢侈品"。如果价格高，人们就少买或不买，反之就多买一些。定价时，这类商品可运用薄利多销达到增加销售额的目的。

3．弹性＜1

价格的变化对于购买量影响微小，称为价格缺乏弹性。这类商品称为"必需品"。定价时，低价对于需求的刺激效果不强，薄利不能多销，只会降低商场的销售额。较高的价格会增加销售额。对于奢侈品而言，在价格达到一定程度时，奢侈品会变为必需品，随着商品价格的变化，价格弹性也发生变化。

零售商研究需求价格弹性，在于发现有弹性的商品，并对有弹性的商品在不增加成本的前提下，通过降低价格来刺激购买量、提高收入；对于缺乏弹性的商品，寻找出缺乏弹性的最末点，以使定价能够最合理，获得最大的收入。寻找缺乏弹性的最末点，可通过价格与销售量关系表找出。例如，某超市对某种苹果的价格制订，可通过表 5-1 来寻找。

表 5-1　苹果的需求价格弹性表

价格/元	销量/个	销售额/元	需求弹性
2	1 000	2 000	0.20
3	900	2 700	0.33
4	800	3 200	0.50
5	700	3 500	0.71
6	600	3 600	1.00
7	500	3 500	1.40
8	400	3 200	2.00
9	300	2 700	3.00
10	200	2 000	

从表 5-1 可以得到：

价格在 2～5 元时，苹果需求缺乏弹性。

价格在 6 元时，苹果需求呈单一弹性。

价格在 7~10 元时，苹果需求富有弹性。

当价格为 6 元，销售量为 600 个时，销售额最高，这时也是需求缺乏弹性的最末点。如果原价是 10 元的苹果，促销时价格可以定在 6 元。

在实践中也有例外的情况，比如高级时装、名贵珠宝、高档电器等商品，价格提高反而会增加销量。

对于任何一个商场经营者来说，知道某种商品的需求是富有弹性、无弹性还是单一弹性，以及在什么价格上需求从一种性质变为另一种性质，具有很重要的实际意义。

（三）需求价格弹性的影响因素

1．消费者对某种商品的需求程度

一般说来，消费者对生活必需品的需求强度大而稳定，所以生活必需品的需求弹性小；对奢侈品需求强度小而不稳定，所以奢侈品的需求弹性大。

2．商品的可替代程度

一种商品如果有许多替代品，而且消费者又熟悉这些商品，那么这种商品的需求就富有弹性。因为价格上升时，消费者会购买这种商品的替代品；价格下降时，消费者则购买这种商品。

3．商品用途的广泛程度

一种商品的用途广泛，它的需求弹性就大；相反一种商品的用途少，它的需求弹性就小。

4．商品的耐用程度

一般说来，耐用品的需求弹性大，而非耐用品的需求弹性小。

5．商品的独特程度

如果一种商品很独特，那么它的需求弹性就小。因为消费者被商品的独特性所吸引，降低了对价格的敏感。

6．商品质量的高低

一种商品的质量很高，它的需求弹性也小。因为消费者认为优质优价是理所当然的，因此对商品的价格不敏感。

7．商品在家庭支出中所占的比例

在家庭支出中占比例小的商品，需求价格弹性小；在家庭支出中占比例大的商品，需求价格弹性大。

8．消费者的认知程度

消费者对替代品的知晓程度、对商品质量的鉴别程度、对通货膨胀的态度等，都影响到需求弹性。

四、成本

零售商为商品支付的成本是影响定价的主要因素之一。

商品成本不仅包括商品的购进成本，也包括商品进入商店后和为销售准备所产生的全部成本。商品成本是零售商定价的起点，或者说是最低限度。

五、商品

零售商在定价时也需要考虑到商品本身的特点。不同的商品在不同的时间和地点支持不同的价格。

（一）商品的不经久性

不经久性的商品有较大的市场风险，因此要在其失去市场之前及时调整价格。通常不经久性商品要求有较高的最初价格，能够弥补降价的损失。不经久性有以下几种：

（1）物理的不经久性。由于商品的实体损伤或变质而形成的。
（2）时髦商品款式的不经久性。由于商品的款式、流行性等过时而形成的。
（3）季节的不经久性。由于商品过季而形成的。
（4）竞争的不经久性。由于敌不过竞争对手而失去这种商品的市场形成的。

在不经久性商品未失去市场能力之前制订较低的价格是没有意义的。

（二）商品的质量

消费者习惯将商品质量与价格联系起来，常持有"一分钱一分货"的思想。零售商在对商品质量进行检测、确认商品质量状况之后，根据商品质量状况确定商品的价格。零售商为了贯彻零售战略的要求，可以对不同质量的商品制订不同的价格。

六、政策与法律

零售商价格的制订既要受到国家有关法规的限制，也要受到当地政府制定的政策影响。为了保证居民生活的稳定，在通货膨胀时期，地方政府要对零售商提供的基本生活用品给予行政干预，限价出售，某些商品的零售价格不得高于规定的最高限价。

国家和地方政府对零售价格还有相关的法律和政策，如我国的《消费者权益法》《不正当竞争法》等与国家有关的物价政策等。

七、制造商、批发商和供货商

现在越来越多的商品品牌为了树立市场形象，制造商、批发商或其他供货人对供给零售商的货品实行售价控制，制订统一的市场价，要求零售商必须按此价销售商品，以保护商品商标的信誉和形象，因此零售商必须按供货者的价格出售商品。但是零售商也希望得到商品售价的控制权，按自己的意愿进行零售价格制订。零售商和供货人产生冲突，这种冲突的解决是相互实力的对比。供货人往往以拒绝提供商品威胁零售商，而零售商也以拒绝销售供货人的一切商品而威胁对方，从而争夺控制权。

第二节　门店价格的调整

零售市场价格竞争异常激烈，门店需要有一定的定价权限，并能及时地根据市场价格的变化调高或者调低商品销售价格，通过价格引导消费、刺激消费，适应市场的变化，实现零售企业的经营目标。

一、价格调整的原因

一般零售店碰到的最频繁的决定就是关于商品价格的决定。因为零售店不可能拥有有关供与求的完整、精确的信息,从而使其制订的价格容易发生相当多的不准确和不适应,所以有必要进行价格调整。零售商对商品售价的调整有许多原因,主要有下面几个方面:

(一) 采购的原因

由于在采购商品中出现错误,零售商需要通过对商品的降价来修正错误。在采购中的错误主要有:

(1) 采购的花色品种不符合目标消费者的要求。
(2) 采购过量。
(3) 商品过时。
(4) 商品质量不符合消费者的要求。
(5) 供货商的选择不当。

(二) 销售过程的原因

即使零售商在适当时间采购到适当数量或质量的商品,但由于销售过程的失误或市场的变化,也会引起商品调整价格出售。

(1) 定价失误或门店发现价格错误时进行变价。
(2) 门店因所在区域内与同类的商场、超市进行价格竞争时需要变价。
(3) 门店因对某些品项做促销销售而进行的变价。
(4) 门店需要对大宗购物进行价格优惠时对折扣、优惠的变价。

二、市场价格调查与分析

市场价格特别是竞争对手的价格是零售门店进行价格调整的重要依据,建立采集价格信息系统,进行市场价格的调查与分析是门店制订与调整价格的基础工作和前提,也是价格管理的重要组成部分。

(一) 价格信息采集

采集价格信息主要是采集竞争对手的价格信息,因为市场价格是经常波动的,因此采集价格信息的工作是要经常、持续地做。由于零售企业经营的品种非常多,这就需要建立一个长期稳定的价格采集系统。

1. 采集价格信息系统的建立

由于各零售企业都不希望其他零售企业了解自己的定价,再加上商品品种繁多,所以采价人员采集价格信息的难度相当大,这就需要零售商店建立稳定的价格信息收集体系。通常零售企业完成这项工作采用以下方法:

(1) 聘用专人进行采价工作。
(2) 聘用兼职采价员(主要由本店员工兼任)。
(3) 委托供应商或其派驻本店的促销员采价。

（4）请专业调研公司采价。

（5）请顾客提供价格信息。

2．采价实施

针对商品的类别和价格敏感性特点，将各类商品中价格变化频率大的定为重点采价商品，安排采价频率最高；而对于价格比较稳定的商品和价格敏感性低的商品，可安排的采价周期长一些。对于生鲜类、散装商品的采价，因其等级差异、特征不明显等难以比较，要安排对该类商品熟悉的专门人员采价。对于货架端头、堆头及其他明显位置的商品要提高采价频率。通常采用如下几种形式：

（1）日采。对敏感度高的商品如生鲜类商品要每天采价，甚至一天采价几次，发现竞争对手价格明显下调的要立即采取措施。

（2）周采。对价格变化频率大的商品要每周至少安排一次采价。

（3）月采或季采。对于价格敏感性低的商品可以安排每月或每季采一次。

（4）临时性采价。对于摆放位置明显，或准备在现场悬挂POP的特价促销商品要加大采价频率，定价前更要采价，一般要针对竞争对手定价。

（5）新引进商品的价格信息采集。作为一名超市定价人员，对于首次进入本店销售的商品，定价前一定要了解市场定价情况，尤其是竞争对手的定价。这通常是由供货商来提供价格信息。根据本店的定价策略，既要考虑公司的营利性，又要考虑其竞争性。

3．价格信息的记录和整理

采价员采价前要先把要采价的商品记录在纸片上，先到本店认识待采价商品的特征，然后再到指定对比店去采价。各采价员采价一定要记录商品的品名和条形码，系列商品多的要记录规格。所有记录的价格信息都要记录采价的时间和地点。为保证采价员对价格信息的记录规范化，企业需要印制一定格式的采价单。由企业价格主管部门收集这些采价单，并将这些价格信息输入到价格对比电脑系统中。

因为采价人员、输单人员的操作失误等因素，可能导致少数商品价格信息的错误，所以在将价格输入系统后，可以通过设定对比价格差异较大的范围，自动选出超出采价误差范围的商品信息，打印出来交由采价员进行核查。

（二）价格信息的分析

1．价格对比分析

价格对比是和竞争对手的商品定价进行比较，可以横向比较（即完全相同的商品与竞争对手的定价对比），也可以纵向比较（即同类但不同规格商品的定价对比）；可以一对一的单个比较，也可以整体比较。通过对比可以了解竞争对手的价格水平和价格策略，明确门店与竞争对手价格水平之间的优劣势，进而有针对性地调整本店价格，或者通过陈列的改变等方式（如突出本店具有价格优势的商品、减少比竞争对手价格高的商品的陈列面等）来改变顾客对价格的感受。

2．对竞争对手的定价分析

将采集到的竞争对手的价格信息输入电脑中后可以自动与本店对应排列，通过设定自动统计程序，电脑可自动统计本店与对比店（主要竞争对手）的价格差异比率，另外通过本次采价与上次采价的对比统计，也可以了解到对比店价格变化的升降比率，可以了解对比店哪些商品价格变化频率较大，哪些商品价格比较稳定。通过对这些信息的分析，及时调整本店的商品结构及改变定价来保持本店商品定价的竞争性。

3．价格信息的利用

通过价格对比发现竞争对手的价格出现了较大幅度的下调或相当于下调，如打折销售、大面积返利顾客等情况，超市有关管理人员应立即与供货商联系要求给予同样的折扣，本店价格要立即调整，若没有下调空间，则应立即将商品撤下柜台，或将商品从明显位置更换下来。对于供货商采取的短期特价优惠行动，本店应积极响应，争取抢先竞争对手推出特价。

4．对定价策略的有效性分析

定价策略是否成功，一方面在于策略的正确性，另一方面还在于其实施的有效性。定价策略实施是否有效，也是从三个方面来评价，即财务分析、消费者评价和竞争对手变化。分析盈利多少？市场占有率扩大了还是变小了？竞争对手的经营情况如何？

三、降价时机的选择

门店选择好降价的时机是非常重要的，直接影响商品是否能顺利销售出去。在保本期内，可以选择早降价、迟降价、交错降价和全店出清销售等方法。

（一）早降价

注重比较高的存货周转率的绝大多数零售店采用早降价策略。早降价一般适用于商品在销售上有明显的呆滞和商品的储存超过了一定的时间。当需求还相当活跃时就把商品降低价格出售。这种时机选择有许多优点：

（1）降价可以早些出售商品，为新商品腾出资本、储存和销售的空间；

（2）早降价的幅度小，因为商品的需求还保持着；

（3）销售费用低，早降价不必为商品再花费广告及人力推销的费用，只是正常的促销；

（4）增加顾客流量，早降价对顾客的吸引力大；

（5）降低销售风险，早降价可以在销售季节中进一步再降价，推动商品周转；

（6）提高市场占有率，有些消费者对流行性商品愿意早购买，也有一些消费者只要流行期未过，即使价格较高也愿意支付比原价略低的价格购买。

一般来说，大型百货商店和中等价格水平的专业商店通常采取早降价方式。

（二）迟降价

迟降价是保持最初的销售价格到期末，采取明显的降价销售。迟降价也有许多优点：

（1）迟降价保护商店高质量的形象；

（2）迟降价提供充足的时间按最初价格销售；

（3）迟降价也减少顾客等待降价购买；

（4）迟降价产生一次性的降价销售，通常降价幅度大，吸引力大。

可是以上列举的早降价策略的种种有利之处，正是迟降价策略的不利之处。

（三）交错降价

除了迟、早的选择，商家还可以运用交错降价的方式，就是在销路好的整个季节期间价格逐步下降。这种政策往往是和"自动降价计划"结合运用的。在自动降价计划中，降价的金额和时机选择是由商品库存时间的长短所制约的。

（四）全店出清销售

"全店出清销售"是指零售店定期全面降价的一种方式，通常一年有两三次。

这种策略可以避免频繁地降价对正常的商品销售的干扰，在下一个季节到来之前迅速将商品出清。顾客知道所有的或者绝大多数的存货是降价销售的，只是在很少一段时间内爱买便宜商品的顾客被吸引进来。比如，美国的零售店全年出清存货一般一年搞两次，常在圣诞节和美国独立纪念日（7月4日）等旺销期之后举行。香港的零售商也在暑期和春节出清存货、大减价。

小 资 料

在美国波士顿著名的法林百货公司，附设了一个法林自动降价商店。在法林商店出售的所有商品按此方法标价出售。例：某商品销售情况见表5-2，到了第31天至365天，商品如果卖不出去，也不再降价，而是全部送给慈善机构。

表5-2 商品自动降价时间表

时间	比例	价格/元
上架后第1天～第12天	100%	100（原价）
第13天～第18天	75%	75
第19天～第24天	50%	50
第25天～第30天	25%	25
第31天～第365天	25%	25（卖不掉捐慈善机构）

法林商店的创办人爱得毕·法林在刚刚创立与众不同标价方式的商店时，许多人对他的生意能否兴隆感到怀疑。而法林先生自己信心十足。他相信，美国人喜欢标新立异的性格特点和人人都希望价廉物美的心理会助他成功。事实确实如此，同法林先生的预料一样：每个人在这种自动降价的商品面前，都恨不得以最低的价钱换来自己想得到的东西，但同时却总是担心再等下去会坐失良机。

四、价格调整的幅度与控制

零售商降价还要解决降价幅度的问题，虽然对降价幅度多少没有什么规则，但是过度的降价却会影响到零售商应获得的利润，降价幅度过小又起不到促销的效果，降低幅度会受若干因素的影响。

（一）商品的实体

具有流行性、季节性、高度不经久性的商品，尤其是时髦性商品，在流行期末要求大幅度地降价，以清理存货。在美国，流行性或季节性的商品通常要求在最初的标价上降价25%～50%，常用品在最初价的基础上降低10%～15%，才会使顾客感兴趣。

（二）商品的最初售价

商品最初的售价高，降价的幅度小，就不能够使顾客产生兴趣。如原价是100元，降价

5元，人们不会感兴趣；但如果原价是20元，降价5元，就会刺激购买，有利于零售商清理存货。降价的幅度应该在原价的基础上最少降低15%的幅度。

（三）时间

降价的幅度也取决于销售季节的降价时间。早降价的商品降价幅度小，并且有时间继续降低价格；迟降价的商品降价的幅度大，这样才会刺激销售。

确定商品降价幅度，应以商品的需求弹性为依据。需求弹性大的商品，只要有较小的降价幅度，就可以使商品销量大增；相反，需求弹性小的商品，需要有较大的调价幅度，才会扩大销售量。但是由于需求弹性小的商品，降价可能会引起销售收入和销售利润减少，所以掌握调价幅度时要慎重。

商品的降价幅度，还受到存货水平、销售和储存空间、资金周转的要求等因素的影响。

小 资 料

被人们称为"价格最大破坏者"的美国"超级市场之父"迈克尔·卡伦在创新零售业态的同时在商品定价时采用了差别毛利率定价法，他的做法是：27%左右的品种按进价出售，18%左右的品种在进价上加5%毛利出售，27%左右的品种在进价上加成15%出售，剩下的28%的品种按进价加成20%出售，所有商品平均毛利率在9%左右。目前，外资零售企业均采用这种定价策略，如一般食品、杂货商品所加毛利率仅为5%～6%，生鲜食品的毛利率为15%～16%，百货商品毛利率为15%～25%，它们的零售价格大部分比其他商场低10%左右，一部分与其他商场持平，从而保证了商场的低价定位和盈利水平。

五、价格调整的策略

零售店应根据本企业所经营的商品种类的不同，目标市场顾客群体的不同，分别采取不同的价格调整策略，以达到最佳的效益。

（一）高档商品价格调整策略

零售店所经营的高档商品，其目标顾客群大多是高收入阶层或是礼品馈赠者。他们的消费心理一般是把价格作为自身社会地位或经济地位的象征，无论是自用或是赠送，都与其身份相联系。因此消费者对于高档商品的关注焦点在于质量保证与地位显示，而消费者对于这两种功能的判断几乎只是依据价格的高低这一标准，所以对于高档商品的价格调整（尤其是降价）要慎之又慎。因为降价会动摇消费者对于高档商品质量的信心，怀疑此商品原来的定价，进一步怀疑商家的信誉。

（二）中档商品价格调整策略

在零售店所经营的商品之中，中档商品一般是主力商品，因此商家对于经营的中档商品，是其价格体系进行调整的重点，以达到整体利润最大化。商家应借助于广告、宣传等手段把商品价格调整的信息（对于中档商品，主要是降价信息）传达到消费者，这样消费者在购物时就会优先考虑。只要企业的整体服务质量过关，在折扣期间购买的顾客，有很大的比例会成为忠实顾客。

（三）低档商品价格调整策略

低档商品的主要购买者是中低收入阶层，受外界影响的可能就比较大，很容易受群体的暗示而购买，他们对价格非常敏感，常常是微小的价格上调，就会引起他们的强烈不满而拒绝购买。同样，即使是价格微小的下跌，也会刺激他们的购买欲望。因此商家对于所经营的低档商品，要经常挑选一些日常生活用品打折，配合卖场的布置和气氛的营造，刺激他们的购买欲望，以最终达成交易。

总之，零售店应根据自己的长期战略目标，分析特定的目标市场，构造自己的价格结构体系，灵活地做出价格调整，以适应市场情况的变化，最终达到长期利润最大化的目标。

六、商品价格的调整流程

（一）门店变价程序

商品的价格一般由总部采购部统一定价，但各门店的经营状况不同，需要进行价格调整时，可由门店提出价格变更的申请。门店申请变价流程如图 5-1 所示。

确定价格 → 变价申请 → 变价审核 → 店经理批准 → 执行变价

图 5-1 门店变价程序图

门店主管提出变价申请——门店店长签字确认——采购签字确认——财务部签字确认——电脑部进行变价——门店执行变价——更换价签及 POP 价格。

（1）建议品项。各门店根据本店所处的实际市场情况，筛选出各部门、各大组的变价商品品项，如竞争商品、广告品项、售价错误的商品、大宗优惠的商品等。

（2）确定价格。确定商品价格和价格期限。

（3）价格更正申请。如果门店需要对商品的实际价格进行更改时，应填写相应的变价申请单，由主管、经理提出申请。

（4）申请审核。申请必须由楼面经理进行审核，重点审核变价后的毛利、损失的利润、预计的销售额等，审核是否需要变价和值得变价。

（5）店经理批准。所有的变价必须经过店经理的最后批准。

（6）执行变价。总部采购部在接到变价申请单后，核查批准的权限无误后，在相应的时间内，进行系统的变价：

1）电脑录入员要将新价格输入电脑，并通过电脑网络传输到前台，如果电脑录入人员离卖场距离很远，则打印价格单的工作也可由卖场完成。

2）安排人员打印标价牌，下发到各柜组。

3）放置或更换标价牌，商品价格调整最好在营业开始前做好。

（二）变价商品确定

（1）生鲜商品：生鲜商品中的蔬菜、水果、鲜活水产、鸡蛋等价格波动较大的商品及门店自制熟食类，经店长批准，可进行每日随机变价；电子秤的变价，必须先由电脑部变价，再传送至电子秤中。

（2）价格错误、形象商品、门店促销商品：门店发现价格错误的商品、经市场调查认为须变价的商品及门店开展促销活动须变价商品,可申请变价,填写《变价申请单》,经采购确认后,交由电脑部进行变价操作,促销结束应马上变回原价。

(3) 进入删除品项商品:经营采取双方讨论,进入删除品项商品,无法退货的,经采购同意,门店可申请变价。

(4) 破损、破包商品:门店可根据商品破损、破包的实际情况,与采购沟通退(换)货信息后,提出变价申请。

(5) 惊爆快讯商品:惊爆快讯商品,在销售档期内一律不准变价。

(6) 新商品:新商品的销售价格一律由采购确定,门店不允许进行变价动作。

(三) 其他

针对供货商或连锁超市开展特价促销活动的价格调整,因定价低于正常定价水平较大幅度,为达到促销目的,有关人员还要做好以下工作:

(1) 业务员或物价员要将价格调整清单交美工人员制作 POP,并指定悬挂地点。

(2) 业务部门或卖场须对超低价格商品的陈列位置做刻意安排,并充分利用广播等形式宣传特价商品。

(3) 现场标价要注意:赠品、打折等优惠要标示清楚;一货一签,货签对位;标价准确、清晰,如果商品上没有标价或价格签不对位,会直接影响商品的销售。

第三节 门店商品价格标识管理

商品价格标识是用来传达和表示商品销售价格的标识,是门店提供给顾客最直接的商品信息。如果商品价格标识管理不善,就会出现价格标识的内容不全或错误、价货不符、有货无价或有价无货等问题,这些问题直接影响商品的销售,甚至与顾客发生冲突,因此价格标识管理是卖场销售管理中的一项重要工作。

一、价格标识的种类

1. 货架价格标签

放置于陈列商品的货架上,一般是可以活动的,前有指示方向。基本用于表示在正常销售的货架上的商品的价格。门店对不同类型的价格通常以几种不同的颜色价格标签来分别表示不同的价格。

2. 价格牌

用于表示促销区域的商品价格的信息。比一般价格牌尺寸要大,规格标准,多用电脑打印好的数字翻牌组成。

3. POP 广告

一般是门店企划部用人工手写的 POP 广告,采用广告纸的规格标准、字体标准,信息也比较丰富,除必要的商品品名描述、规格和价格外,还包括其他内容,形式活泼幽默、极富吸引力。

4. 价格吊牌

用于服装、鞋类等商品,由于很难采用同一商品的标价方式,必须采用单品标价的方式,因此每一个商品上都必须有含有价格信息的价格吊牌。吊牌的价格可以印刷或用打价枪粘贴，但所有的价格要与系统里的扫描价格一致。

二、价格标识的管理

（一）货架价格标签

1. 内容

价格标签的内容应该包括商品名称、产地、等级、规格、含税价格、计价单位、售价、大组号/小组号、条形码、货号、供应商编号等。

2. 类型

所有的价格标签都是标准的，可用不同颜色来表示不同的价格类型：一般白色底或绿色代表正常商品的价格，黄色或红色代表快讯广告商品的价格，蓝色代表清仓商品的价格等。

3. 位置

价格标签只用于货架上所有陈列商品的价格表示。一般粘贴在货架的层板上或放置在价格轨道（或价格托牌）上，位置在该商品排面的最左端；标签的方向优先选择向上，只有在某些商品的价格标签无法向上或不方便顾客观看时，才使用向下的方向进行标示。

4. 管理

（1）价格标签必须是经过当地的物价管理政府机关批准的价格标签才可以使用。

（2）价格标签只能由 CSC 电脑中心办公室打印，不能用手写。

（3）商品的一个陈列位置只能有一个正确的价格标签。

（4）价格标签必须是正确的价格，规格与价格类型一致，数据与系统、广告的价格随时保持一致。

（5）价格标签必须是清楚的、干净的、完整的、可扫描的。

（6）价格标签在货架上的位置不许随意移动，必须遵照陈列图进行放置。

（7）价格标签的类型使用必须正确，价格标签的方向必须正确，当有两个方向时，必须将其中一个不正确的方向去掉。

（8）价格标签必须在系统新价格执行的非营业时间进行打印和更换。

（9）价格标签实行申请程序，在 CSC 电脑中心办公室打印。

（10）价格标签只能由正式职员进行更换，实习生、促销人员不得更换价格标签。

（11）过期作废的价格标签必须进行处理，门店的任何其他地方、任何时间不能有散落的价格标签。

（12）因楼面人员的工作失误导致价格错误和价格损失，将按相关的程序进行处理。

（二）价格牌

1. 内容

价格牌内容包括商品名称、商品的型号和规格、商品的原价、商品的现售价、商品的价格日期等。

2. 规格

标牌的尺寸是标准的，纸张和颜色以及印刷的字体均有明确的规定。如将标牌分为小、中、大三种，小标牌用于 1.2 米以下的货架的端架；中标牌用于 2.3 米以下的货架的端架和两个卡板面积以下（含两个）的堆头；大标牌用于 2.3 米以上的货架的端架和两个卡板面积以上的堆头。价格牌根据实际的营运要求，可以是单面的或双面的，按价格的不同，可以设计出不同的标牌抬头，如特价商品、惊爆商品、清仓商品等。

3．位置

放在端架的价格标牌的位置、吊挂或置于不锈钢的支架上，优先选择商品的上方 50 厘米处，如需要可以放置在商品的旁边或正中间等。

4．管理

（1）价格牌只能由 CSC 电脑中心办公室打印，不能用手写。

（2）价格牌必须是正确的价格，规格与陈列的位置一致，数据与系统、广告的价格随时保持一致。

（3）价格牌必须是清楚的、干净的、完整的。

（4）所有的价格牌放置的位置必须是符合陈列标准的或使用统一的道具放置价格牌。

（5）价格牌可以在新价格执行前三天申请打印，并在新价格执行的前一日的非营业时间进行更换。

（6）价格牌实行申请程序，在 CSC 电脑中心办公室打印。

（7）价格牌只能由正式职员进行更换，实习生、促销人员不能更换价格牌。

（8）过期作废的价格牌，必须及时进行处理。

（9）因楼面人员的工作失误导致价格错误和价格损失，将按相关的程序进行处理。

（三）POP 广告

1．内容

主要是商品的品名、简单的描述、原价格、现售价、限售时间、广告语、插图等。

2．规格

POP 广告的纸张规格、颜色是标准的，用来书写价格的数字是统一的美术字体，由企划人员进行制作，同时内容则符合楼面提出的特别要求。一般可将 POP 广告分为小、中、大三种型号。

3．位置

POP 广告不能放置在端架、货架上，只能陈列在规定的位置。

4．管理

（1）POP 广告价格牌实行申请程序，楼面经理批准，门店企划人员进行制作。

（2）非本超市自用的 POP 广告，实行付费制作，每种型号的费用按规定执行。

（3）POP 广告只能用于促销或特价的商品，或举办某种主题的促销活动的某商品（某类商品、某公司商品），不能用于表示正常销售商品的价格信息。

（4）POP 广告纸陈列的标准位置是优先选择商品的正上方，当正上方无法陈列时，选择在不锈钢的支架上陈列。

（5）POP 广告的价格必须同系统中的价格、广告快讯的价格一致，活动的内容必须与广告上的描述一致。

（6）POP 广告由门店企划人员负责检查是否干净、完整、张贴完好，是否过期等。

（7）POP 广告只能由正式职员进行张贴，实习生、促销人员不能张贴。

（8）因楼面人员的工作失误导致价格错误和价格损失，将按相关的程序进行处理。

5．POP 广告的申请程序

（1）使用部门申请。需要使用 POP 的部门提出书面申请，填写申请单。

（2）批准/缴费。由管理层进行批准，若属于为供应商制作的现场广告，需要缴费。

（3）提供制作信息。申请部门提供 POP 广告制作的相关信息，包括用途、规格、文字、价格、插图的基本要求等，广告制作人员审核是否符合公司的标准或可否达到要求的效果，与申请部门进行信息的综合、修改、添加等。

（4）广告制作。确定具体的制作主题后，进行 POP 广告的制作。

（5）广告审核。广告制作完毕后，申请部门使用前，核查以下内容：商品品名、规格的描述是否正确；价格、销售单位的描述是否正确；时间限制是否正确；字体是否适中，消费者是否能看清；字体是否容易辨认，消费者是否能读懂；是否有错别字、不规范字。

（四）价格吊牌

1．内容

价格吊牌的内容有商品品名、尺码、颜色、原料成分、条形码以及销售的价格等。

2．规格

价格吊牌的规格可以因店而异。有的店是使用供应商商品上自带的吊牌，只在吊牌上标注销售的价格，另一种是零售超市自行制作的吊牌，规格、式样统一。

3．位置

服装的吊牌多在主唛头上，鞋类则在鞋眼处。

4．管理

（1）吊牌的价格必须与系统中的价格随时保持一致。

（2）吊牌必须采用一次性使用的方式，破坏后不能与商品相连。

（3）吊牌必须与硬防盗标签在一起使用。

（4）吊牌上的价格不能将其他重要的内容，如成分、洗涤方法、供应商地址等遮盖。

（5）吊牌上的价格必须是同一方向，如全部向上。

（6）服装类（男装、女装、童装、婴儿装、睡衣、女士文胸）、鞋类、毛绒玩具等需要吊牌。

本 章 小 结

本章主要论述了影响价格制订的因素和价格制订的相关知识，介绍了零售企业价格制订的方法、卖场价格策略的类型和制订方法、连锁门店价格调整的基本方法和程序。

案 例 分 析

希尔斯—— 每日低价策略之后会是什么？

1989 年 3 月 1 日，在美国所有商店关闭的 42 小时期间，希尔斯对 50 000 种商品都重新标了价，出台了每日低价策略。这项策略希尔斯发布了三个星期，在 2 000 多家电台和电视台和大约 900 家报纸都做了广告。以前希尔斯应用的是百货店的传统的日常的价格策略，以频繁的降价和店内以价格为导向的销售促进活动为其特色。而每日低价策略不同于以往的价格策略，在每日低价策略下，希尔斯整年以折扣价销售商品，而且有些商品的降价率高达 50%。

每日低价策略旨在重新建立希尔斯价格领导者的地位，削弱其竞争者的折扣策略效应，增强消费者对希尔斯价格的信任感、鼓励消费者频繁购买（而不必等待折扣期间再买），使存货控制更容易。在价格策略转换期间，希尔斯公司的经理们相信新策略能给公司在广告和存货控制方面每年节约 20 亿美元。

尽管希尔斯公司的经理们热情高涨，但市场分析员和竞争对手很快对该策略提出了疑问，一些分析员认为这项新策略将使很多习惯于等待折扣期的顾客感到迷惑或转移到竞争对手那里购物。而另外一些分析员认为这种以价格为导向的策略对于像希尔斯这样的高运行成本的公司是不合适的。这时，希尔斯的销售和管理成本高达销售额的 30%，而卡·玛特的成本仅占 23%，沃尔玛还不到 20%。沃尔玛的一位经理说，希尔斯公司的规模和它的成本将会对其商品价格的降低形成壁垒。

希尔斯公司被这些分析员不幸言中，到 1990 年年初，希尔斯的职员也开始怀疑每日低价策略的效果。如一位高级经理所言："我想我们过分强调了价格，我们应该回归到原先的价值取向。价格是重要的，但顾客在希尔斯购物看重的是它的服务质量、商品、信誉，最重要的是信任。"

在起始的消费热情过后，希尔斯的销售收入并没有如公司高层所期望的那样上升。1990 年希尔斯的销售额和利润水平相当令人失望。单位销售额没有增加，同时由于价格低，单位边际利润也降低了。到 1991 年，希尔斯不再是美国零售业的领导者，它已落在了沃尔玛和卡·玛特之后。

1990 年各种消费调查进一步证实了希尔斯公司已不能使消费者相信它的每日低价策略优于其竞争对手的价格策略。

甚至，每日低价策略给希尔斯公司带来了更大的麻烦，有人状告希尔斯作了不真实的广告欺骗顾客。诉讼上声称，希尔斯的实际商品价格与宣传不符，很多商品的价格并没有多大变动。最后，希尔斯同意修改其广告。

1990 年年底，希尔斯承认，它不得不再削减 10 亿元日常开支以便有能力与其对手竞争，并且不得不冻结了 20 000 名雇员的工资，之后不久，宣布暂时解雇上千名员工。

同时，希尔斯公司决定把重点从每日低价策略转移开，开始通过店内陈列和标识来按传统的价值观念策略行事。由于它放弃了一段时间的促销广告，希尔斯明白它必须做一定努力以吸引老顾客回来。例如，在应用每日低价策略以前，几乎顾客在光顾商店之前就知道减价商品的信息；到 1990 年 11 月，仅仅 18%的顾客预先知道减价商品的信息，而且在这些顾客中做购买决定的还不足一半。

案例分析：

1．试分析希尔斯的每日低价的价格策略为什么没有获得成功。

2．你认为在这种状况下，希尔斯应该采取怎样的价格策略？通过什么方法重新吸引老顾客？

3．由案例总结出影响百货店定价的因素有哪些？

实训项目

项目一：商品价格分析

选择 2~4 家同业态的零售企业，对其同类商品价格进行比较分析，说明其各自的定价方法和价格策略，提出价格调整的建议。

项目二：门店价格标识管理巡查

以小组为单位，制定门店价格标识巡查表，选择一家门店，组织对门店价格标识进行巡查，总结问题，提出建议。

第六章 连锁门店促销管理

技能目标
- 能应用连锁门店促销步骤进行促销策划。
- 能应用评估方法分析促销活动的效果。

知识目标
- 了解连锁门店促销的定义,掌握促销活动策划的方法。
- 理解不同促销策略的特点、差异、适用范围。
- 掌握门店促销活动的组织实施步骤。
- 掌握促销活动的评估方法。

华沙的购物者免费得到大批沙宣"洗了就走"洗发水样品,仅仅为了首先使用新产品的特权,只要有商品摆到货架就有人来排队。有些人感动得竟然流下泪来。在捷克斯洛伐克的一个小镇上,当地邮政所所长被选入直销小组内,他非常高兴,便给宝洁的职员送去了玫瑰以示感谢。他告诉宝洁的职员:"这是这个邮局有史以来最激动人心的事情。能亲身体验即将到来的市场经济,真是件美妙的事情。"

资料来源:菲利普·科特勒,加里·阿姆斯特朗. 市场营销. 俞利军,译. 华夏出版社,2003.

第一节 连锁门店促销策划

连锁门店促销是指连锁企业通过在门店卖场中运用各种短期诱因,鼓励消费者购买或销售企业产品或服务的促销活动。它包括广泛的用以刺激更快、更强烈的市场反应的各种促销手段。随着市场竞争的加剧,针对消费者的促销活动随处可见,消费者在各种形式的促销活动面前越来越理性,零售商们也正在寻找新的方法企图更能吸引消费者,从而使行之有效的促销策划显得尤为重要。

连锁零售企业总部一般设有策划部,负责企业大型的、统一的促销活动的策划和组织,各分店则负责门店独立的、小型的、较频繁的促销策划活动,也有一些连锁企业的门店不进行独立的促销策划。一个有效的促销活动要求零售企业制订出好的促销策划方案。零售企业进行促销策划主要包括以下步骤:制订促销目标、选定合适的促销工具、把握促销时机、确定促销商品、确定促销主题、选择促销方式、进行促销预算。

一、制订促销目标

促销目标的范围极其广泛。一般说来，门店促销主要有以下几个目的：

1．增强消费者购买欲

新产品上市时，促销的主要目的是吸引消费者，增强其购买欲。新产品促销通常是各商家用来征服市场的最佳手段。新产品促销的主要目标是鼓励消费者试用，并使新产品迅速征服市场，从而提升品牌知名度，把消费者从竞争对手那里吸引过来。

2．提升销售额或销售利润

在竞争激烈的情况下，门店要利用各种时机策划促销活动，吸引一批稳定的忠诚消费群体，从而提升销售额或销售利润，稳定市场占有率。

3．加速商品周转

当在换季、一些商品的保质期不佳或者因进货量太大造成库存积压时，为了迅速清理库存、回收资金，门店应组织促销活动加快商品的销售。

对于零售业来讲，在某一时期不定期会有促销活动。根据促销目的的不同，其促销方式也不尽相同。在制订促销计划时，必须先要明确具体的促销目的。

二、选择促销工具

选择促销工具要充分考虑市场类型、促销目的、竞争情况及每种促销工具的成本效益等各种因素。选择适宜的促销工具，可有效地实现促销目的；反之则达不到预期的目的，甚至适得其反。

零售商促销形式灵活多样，目前较常见的主要有以下几种。

1．折扣促销

折扣促销是可以使消费者以低于正常水平的价格获得商品或利益的一种促销形式。它的关键是让消费者知道商品减价多少，以此来决定是否购买某种商品。折扣促销的常用形式有以下几种：

（1）利用商品包装标示折扣。即将商品的折扣数额直接表示在商品的包装上面，让消费者对折扣价格一目了然。商品标签应采用醒目的色彩或不同形状的设计，引起消费者注意，将折扣优惠告知消费者。折扣标示时一定不能将商标盖住，否则就有喧宾夺主之嫌。也可以将几个商品包在一起进行折扣促销，超市中的特价"组合包装"，就属于这种类型。

（2）利用折价券促销。折价券是一种古老而仍在风行的有效促销工具，它采用向潜在顾客发送一定面额的有价证券的方式，使持有人在购买某种商品时，可凭券享受折扣优惠。折价券可以在零售店或连锁店使用，由连锁总部或零售店策划。折价券可以直接向消费者发放，也可以随商品发放，或其他渠道，如媒体、宣传单等发放。利用折价券促销，必须注意误兑的问题。

（3）会员卡回扣促销。即向消费者发放会员卡，使消费者利用会员卡来购物，凭借会员卡中的积分享受一定的价格优惠或折扣。许多零售企业采用向消费者发放会员卡促销的方式，规定只要消费者一次消费达到一定金额就可得到一张会员卡，持卡者每次消费出示会员卡，可以不断提高积分,随着积分的增加可享受不同的折扣优惠待遇。

2. 退款促销

退款促销是指消费者提供了购买商品的证明后,就可退还其购买商品的全部或部分款额或得到代购券,以吸引顾客、促进销售。绝大多数商品适合采用退款促销,但不同的商品也存在差异。一般销售速度较慢、品质差异化小、冲动式购买的商品,消费者虽不经常购买,但只要一买,通常使用很快,再购率也较高,这类商品采用退款促销效果最好。对于高度个性化、耐用性质的商品,不宜采用此方法。退款促销有多种形式,根据促销商品的情况不同,可分为以下几种:

(1) 单一商品的退款促销。单一商品的退款促销适用于理性购买的个性化商品,或高价位的食品、药品、家用品以及健康和美容用品等。目前,许多家电专卖店为吸引顾客,实行顾客一旦购买某商品,会给顾客几百元不等的退款优惠的办法。

(2) 同一商品重复购买退款促销。通常用于购买率较高、使用较快的商品。消费者购买两次或两次以上的同一商品时,可以领取退款。比如,购买某饮料"买三退一"或"买十退三"等优惠。

(3) 同一厂商多种商品的退款促销。消费者购买同一厂商生产的多种不同商品时,可获取退款优惠。这种促销方式通常是由零售商与生产商联合举办。

(4) 相关性商品退款促销。将相关的商品放在一起销售,并为购买者提供退款优惠。

3. 赠奖促销

所谓赠奖促销就是以免费赠送商品、样品或奖金作为促销手段所进行的促销活动。这种活动以一般消费者为对象,以赠送品为诱因,用来刺激消费者的购买行为。

(1) 免费赠送商品。免费赠送商品的形式很多,主要有以下几种:

1) 酬谢包装:这是以标准包装的价格供给较大包装的商品,或以标准包装外附加商品来酬谢购买者的方式。常见的促销形式有:包装上贴上酬谢促销的说明,如"加量不加价""多送50克"等。

2) 包装赠品:主要包括包装内赠送、包装上赠送、包装外赠送及可利用包装等形式。大多数消费品都可选择此类促销方式。此方式在激励消费者尝试购买方面特别有效。

3) 邮寄赠品:通过向消费者邮寄免费赠品或礼物的方法,唤起消费者更多的注意。邮寄的赠品大多与所推广的商品密切配合,将赠品作为对品牌的提醒物。免费赠品如果吸引力不够、品质欠佳,会妨碍经常使用者的购买行为。

(2) 免费赠送样品。主要是针对潜在的顾客分发商品样品的促销活动。尤其对于新上市的商品,由于消费者在接受时有各种障碍,只有经过示范或试用,才能激发消费者的购买欲望,可采用免费赠送样品的促销方式。免费赠送样品的主要方法有:DM 法、个别家庭访问法、选择特定目标分送、媒体分送和凭折价券兑换等方法。

4. 兑换印花促销

兑换印花促销是向人们赠送积分券、标签或购物凭证,收集者按照所收集的积分数、标签或购物凭证的多少来兑换赠品或奖金。零售业利用兑换印花促销商品时,消费者方便得到印花;消费者可按照收集印花的数量获得一定的赠品,有一定的合理性;和其他促销方式相比,传递促销信息的费用低。但必须有充足的库存做支持;由于收集印花要花费相当长一段时间，对部分消费者不具备吸引力。

印花促销的方法主要有兑换印花、积分券和积分卡。

5．抽奖促销

抽奖促销是指零售商制订一定的活动规则，以高额的奖金或赠送品作为诱因，吸引消费者参加购物活动的一种促销方式。抽奖促销一般奖金额或赠品价值较高，对于消费者有一定的刺激性，同时可在消费者当中造成强烈的轰动效应，有利于提高企业的知名度。抽奖促销可分为购物抽奖和非购物抽奖两种形式。

（1）购物抽奖。这种形式以顾客购买促销商品为前提，然后参加抽奖活动。常见的兑奖形式有即买即兑奖、定期兑奖、游戏兑奖等。

（2）非购物抽奖。这种抽奖形式不要求消费者必须购买促销商品，他们可以从报纸、杂志广告上或门店得到抽奖券，填好后送到指定地点，由企业在预先公布的时间，随机抽出中奖者。这种形式可以提高广告宣传的效果。和购物抽奖相比，这种形式对消费者更有吸引力，因为他们不必购物就有机会获得意外收获。

6．有奖竞赛促销

有奖竞赛促销就是由企业举办某种竞赛活动，请消费者参与竞赛活动，并发挥自己的聪明才智，从参赛者中评选出优胜者，并给予奖品或奖金的促销活动。有奖竞赛能使消费者产生较大的兴趣，促销投入的费用相对较低，能加强和消费者之间的联系。虽然有奖竞赛促销一般短期对商品的销售没有直接促进作用，但对企业的发展有深远的影响。

7．现场展示促销

商品现场展示促销是指企业为了加大商品的销售力度，在特定的时间内，针对目标顾客，以销售商品为目的所进行的商品展示销售活动。举办一次现场展示活动需要做许多准备工作，如准备展示商品、布置促销场地、准备促销设施等。成功的展示促销能够扩大销售，提高促销效率，加深消费者对促销商品的印象。

小 资 料

很多人认为促销就是要降价销售来吸引消费者购买促销商品，其实这是一种误解。在促销过程中，商家可以对商品进行低价定位，吸引讲求经济实惠的消费者；商家也可以对商品进行高价定位，因为高价位可以树立品牌形象，吸引高收入阶层的消费者。

1974年，香港经济不景气，各大商场、企业竞争激烈，"大降价"的海报广告挂满街头，但是购买者寥寥无几。这时，开业不久的金利来领带有限公司也面临着激烈的竞争，如果跟其他同行一样采取降价促销方式，显然也会面临同样的结局。公司董事长曾宪梓先生反其道而行之，打出了"优质高价"的促销口号，提出高价销售金利来领带。这一提议遭到了公司其他董事的反对，同行业议论纷纷。出人意料的是，提高了价格销售的金利来领带，在当时不景气的市场上销路大开，并由此创立了自己的品牌，最终成为国际市场的名牌商品。

三、把握促销时机

促销时机选择是否得当，会直接影响到促销的效果。促销时机选择得当，不仅会促使促销目标的实现，还可以使促销活动有机地与企业的整体经营战略融合。促销时机包括两个方面的问题：

1. 促销活动的延续时间

一般延续时间在 1 个月以上的促销活动称为长期促销活动，其目的是希望塑造超市的差异优势，增强顾客对卖场的向心力，以确保顾客长期来店购物。另一类是短期促销活动，通常是 3~7 天，其目的是希望在有限的时间内通过特定的主题活动来提高来客数及客单价，以达成预期的营业目标。长期性促销活动应持之以恒，从开始到结束应始终如一以树立稳定的良好形象；而短期性促销活动则不宜将时间拉得太长，否则会使顾客缺乏新鲜感而影响促销效果。

2. 促销活动所处时机

不同的季节、气候、温度，顾客的行事习惯和需求都会有很大的差异，一个良好的促销计划应与季节、月份、日期、天气和重大事件等相互配合。

（1）季节。促销活动应根据季节不同来选择促销品项。如暖季应以清凉性商品为重点，同时要考虑季节性的色调配合。

（2）月份。商品销售有淡、旺季之分，一般而言，3、4、5、11 月份是经营淡季，如何在淡季做好促销工作是非常重要的。为使淡季不淡必须有创新的促销点子，不能一味地依靠特价来促销。如果不能激发消费者的需求动机，最便宜的东西也不一定能卖出去。

（3）日期。一般而言，由于发薪、购买习惯等因素，月初的购买力比月底强；而周末、周日的购买力又比工作日强；节假日特别是"黄金周"的购买力会激增，更是超市促销吸引消费者的重要时机。所以促销活动的实施也应与日期配合。

（4）天气。天气会影响"人潮"，而"人潮"就是"钱潮"，所以可以说超市也是看天吃饭的行业，一旦遇到天气差则来客就少，生意往往会减少 5%~10%。因此天气不好时，如何向顾客提供价格合理、鲜度良好的商品及舒适的购物环境（如伞套、伞架、外送服务、防滑垫、干爽的卖场等），也是促销计划中应考虑的因素。

（5）重大事件。重大事件是指各种社会性的活动或事件，如重大政策法令出台、学校旅行、放假、考试、运动会、停电、停水、停煤气等，这些活动或事件最好能事前掌握，以利安排促销活动，收到良好的促销效果。

四、确定促销商品

顾客的基本需求是能买到价格合适的商品，所以促销商品的品项、价格是否具有吸引力将影响促销活动的成败。无论选择何种商品作为促销品都应具有两个基本要点：一是选择消费者真正需要的商品；二是能给消费者增添实际的利益。

一般来说促销商品有以下四种选择：

1. 节令性商品

根据季节、节日不同，选择时令性的促销商品。

2. 敏感性商品

敏感性商品一般属必需品，市场价格变化大且消费者极易感受到价格的变化，如鸡蛋、大米。选择这类商品作为促销商品，在定价上不妨稍低于市面价格，就能很有效地吸引更多的顾客。

3．众知性商品

众知性商品一般是指品牌知名度高、市面上随处可见、容易取代的商品，选择此类商品作为促销商品往往可获得供应商的大力支持，门店的促销活动应与大众传播媒介的广泛宣传相结合，如化妆品、保健品、饮料、啤酒、儿童食品等。

4．特殊性商品

主要是指超市自行开发、使用自有品牌、市面上无可比较的商品，这类商品的促销活动主要应体现商品的特殊性，价格不宜定得太低但应注意价格与品质的一致性。

五、确定促销主题

一个良好的促销主题往往会产生较大的震撼效果，所以应针对整个促销内容拟订具有吸引力的促销主题。促销主题的选择应把握两个字：一是"新"，即促销内容、促销方式、促销口号要富有新意，这样才能吸引人；二是"实"，即简单明确，顾客能实实在在地得到更多的利益。按促销主题来划分，促销活动可分为以下4种：

1．开业促销活动

开业促销活动是促销活动中最重要的一种，因为它只有一次，而且与潜在顾客是第一次接触，顾客对超市的商品、价格、服务、气氛等印象，将会影响其日后是否再度光临超市的意愿。所以经营者对开业促销活动都十分重视，希望能通过促销活动给顾客留下一个好的印象。通常开业当日的业绩可达平日业绩的5倍左右。

2．年庆促销活动

年庆促销活动的重要性仅次于开业促销，因为每年只有一次。对此供应商一般都会给予较优惠的条件，以配合超市的促销活动。其促销业绩可达平日业绩的1.5~2倍。

3．例行性促销活动

例行性促销通常是为了配合国家法定节日、民俗节日及地方习俗、行事等而举办的促销活动。一般而言，超市每月均会举办2~3次例行性活动，以吸引新顾客光临并提高老顾客的购买品项及金额，促销期间的业绩可比非促销期间提高2~3成。

4．竞争性促销活动

竞争性促销活动往往发生在竞争店数量密集的地区。当竞争店采取特价促销活动或年庆促销活动时，经营者通常均会推出竞争性促销活动以免营业额衰退。

六、选择促销方式

门店促销方式大体有人员促销、广告促销、销售促进、公共关系促销、企业形象促销5种。

1．人员促销

人员促销是通过推销员口头宣传来说服顾客，实现商品销售的一种直接促销方式。人员促销的特点是推销员与顾客能进行双向沟通，其促销效果与促销人员的推销技巧密切相关。对于实施开架销售的超市来说，店员一般不必主动地进行人员促销，这样做反而会影响顾客的自主选购。然而店员也必须向顾客提供必要的帮助和指导，并适当地与顾客进行友好的交谈，即要求店员以服务与沟通为手段来达到促销的目的。

2. 广告促销

广告促销是运用各种广告媒体向消费者传递消费信息以促进销售的一种直接促销方式。广告促销属单向沟通，企业单方面向消费者传递信息。广告媒体有电视、电台、报纸、杂志、招牌、看板、路牌、招贴、交通工具、灯光、橱窗、包装、店内POP、口头宣传或店内广播、演示、可视幕墙、电脑网络、红布条、宣传单、海报、DM等。

规模较大的连锁超市可以考虑采用四大广告媒体（电视、电台、报纸、杂志），但对规模较小的连锁超市来说最常用的广告媒体是宣传单、招牌、看板、灯光、海报、红布条等。

3. 销售促进

销售促进也称营业推广，是一种直接用利益来刺激消费需求的辅助性、临时性的促销方式。这种方式见效快，但运用不当也会产生负效应，会使顾客怀疑商品质量、价格的真实性，贬低商品的身价。销售促进是超市最重要的促销方式，其具体的方法多种多样，但不管选择何种方法都应考虑刺激的规模、参加者的条件、促销信息的传播途径及促销时间。

4. 公共关系促销

公共关系促销是通过超市的公共关系活动使超市与社会各界建立良好的理解、友谊和支持关系，从而以其知名度、美誉度来带动商品销售的一种间接促销方式。超市与社会建立双向沟通，并注重卖场的长远利益。主要是利用各种传播媒体和传播方式（如人际传播和大众传播）来扩大其知名度，让社会了解超市；开展联谊、庆典及咨询活动，加强与社会各界的联系；积极参与社会公益事业及其他社会活动，为卖场创造良好的社会环境，获得社会的赞誉；培养教育员工塑造良好的自身形象，建立企业与职工之间的良好情感等。

5. 企业形象促销

企业形象促销是利用企业所确立的、经社会公众认识和评价的理念系统、视觉系统和行为系统来促进商品销售的一种间接促销方式。特点与公共关系促销相类似，这两种促销方式往往是融为一体的。通过企业形象促销可建立企业的差异优势，尤其体现文化价值优势。对连锁超市来说，企业形象的标准化更具有特殊的意义，如大大节省设计费用，让顾客享受标准化的服务，增强顾客对企业的信心等。

七、确定促销预算

确定促销预算的总的原则是：因促销而为卖场增加的贡献应当大于促销费用的支出。制订促销预算的常用方法有如下四种：

1. 营业额百分比法

根据年度营业目标的一定比例来确定促销预算，再按各月的营业目标分配至各月。其优点是简单、明确、易控制；缺点是缺乏弹性，未考虑促销活动的实际需求，可能影响促销效果。

2. 量入为出法

根据卖场的财力来确定促销预算。优点是能确保企业的最低利润水平，不至于因促销费用开支过大而影响利润的最低水平；缺点是由此确定的促销预算可能低于最优预算支出水平，也可能高于最优水平。

3. 竞争对等法

企业按竞争对手的大致费用来决定自己的促销预算。优点是能借助他人的预算经验并有助于维持本超市的市场份额；缺点是情报未必准确，且每家公司的情况不同，一味模仿不符合自身实际。

4. 目标任务法

根据促销目的和任务而确定促销预算。优点是注重促销效果，使预算较能满足实际需求；缺点是促销费用的确定仍带有主观性，且促销预算不易控制。

第二节 门店促销实施与控制

一、促销实施与控制程序

门店促销要明确门店实施及控制作业程序，明确各部门在促销活动中的职责，确保促销有效进行，达到公司既定的目标。

（一）促销活动中各部门的职责

（1）企划部促销组负责拟订促销计划。

（2）采购部负责提供或确认促销活动中所需的供应商名单及供应商支持，同时组织促销活动中的商品，并确保促销商品按时足量送到。

（3）企划部美工负责促销活动中宣传品、促销品的设计及制作。

（4）配送中心负责对促销商品优先收货、配货。

（5）各门店店长负责促销活动在该店的具体实施。

（6）电脑部负责对促销商品的变价。

（7）防损部负责整个促销活动的安全及防盗工作。

（8）人力资源部负责在促销活动中供应商促销员的派驻及考核。

（9）行政部库管/店务拓展部工程组负责促销活动中道具及设备的提供。

（10）质量控制部负责对促销活动中的商品价格及质量进行控制、监督和检查。

（11）企划部促销组负责对各店促销活动的实施情况进行监督、检查、控制。

（12）营运部负责每期促销活动完成后的评估用资料的收集。

（13）企划部负责企划促销活动的评估总结。

（二）促销实施的工作程序

1. 促销准备

（1）宣传准备

企划部促销策划人员负责宣传文案撰写，制作促销宣传品，制作的宣传品直接移交门店店长，填写《宣传品发放表》。

由供应商赞助的宣传品由配送中心收货后，统一配送给各门店，填写《供应商宣传品配送表》。

（2）促销商品准备

采购部负责根据每期主题促销计划组织相应的促销商品，具体责任包括：

1）采购部与供应商进行促销商品的谈判，获得在促销商品上的支持，包括买赠、折扣、特价等优惠条件。

2）采购部与供应商签署《促销商品（活动）协议书》。

3）采购部与供应商确定促销商品及相应的促销赞助费用。

4）采购部向供应商下促销商品订单，并确保在促销期前3天到货及在促销期内足够的库存。

配送中心负责对促销商品的优先收货及配货，具体责任包括：

1）采购部通知供应商提前3天送货到配送中心。

2）配送中心根据促销商品订单对促销商品优先收货。

3）配送中心确保最晚在促销前1天将促销商品配送到各门店。

直送商品及直供商品的促销商品由供应商直接送到门店，门店优先收货，并填写《门店促销商品验收单》。

（3）赠品的准备

1）由采购部与供应商谈判，由供应商根据主要促销活动计划提供。

2）配送中心在各个门店配货时，把赠品一起配送给门店，填写《门店赠品配送单》。

3）如果是由供应商直接送到门店的赠品，由门店验收并填写《门店赠品验收单》。

（4）促销人员的准备

1）由采购部与供应商谈判。由供应商根据主要促销主题、促销活动计划及供应商自身的情况配合活动，提出促销人员派驻申请。填写《促销人员申请表》交人力资源部。

2）人力资源部根据供应商的《促销人员申请表》招聘、面试促销人员，并进行相关的培训，经考核后录用。

3）供应商与促销人员到人力资源部办理促销员入场手续。

4）促销员到行政部领取促销员工牌、促销员工衣。

（5）促销商品变价的准备

1）采购部与供应商谈判。争取到促销商品优惠的价格。

2）采购部填写《促销商品变价申请单》，经部门经理审核后，递交电脑部。

3）电脑部根据确认后的《促销商品变价申请单》进行系统内的商品变价。

4）电脑部根据变价清单打印促销商品特价价签。

5）企划部美工制作促销商品特价的POP。

（6）促销活动道具及设备的准备

1）企划部促销组提交《主题促销活动道具及设备清单》。

2）行政部库管及店务拓展部工程组根据《主题促销活动道具及设备清单》，提前2天准备促销活动道具及设备。

（7）促销活动安防措施的准备

1）大型主题促销活动前，由防损部按照《主题促销活动计划》提前一周做出《主题促销活动安防措施》，并上报企划部促销组。

2）防损部按照经确认后的《主题促销活动安防措施》提前2天做好安防准备。

2．促销活动实施

企划部促销组制定促销活动程序，营运部负责制定同门店运作有关的业务程序；促销活动前 3 天，企划部将召集各门店店长及相关部门参加促销活动会议，落实具体促销计划及明确职责，并将纪要由各门店参会人员签字确认，企划部促销主管备案；各门店店长根据促销会议内容，负责促销活动在该店的具体实施：

（1）门店负责在促销活动前一晚关门后对促销商品的重点陈列，确保有足够的位置陈列，并突出促销的感觉。

（2）门店负责在促销活动前一晚关门后对促销商品价签的更换，POP 的悬挂。

（3）门店负责在促销活动前一晚关门后对商品悬挂、张贴促销海报及宣传品。

（4）门店收银员要注意促销商品的价格变更，保证正确收银。

（5）防损部防损员注意维护促销现场的秩序，做好现场的安全和防盗工作。

3．监控、协调

各店在促销活动期间，要随时检查促销活动进展情况，并对发现的问题填写促销活动检查表，促销活动检查表见表 6-1，对于存在的问题要迅速责成有关人员改进。

（1）各店店长在促销活动期间，要将发现的问题及时报与企划部及营运部。

（2）企划部促销组每日蹲店，了解促销活动的实施情况，对发现的问题要形成记录，并责成各店整改，对整改情况要进行跟踪检查，并将整改结果记录在"纠正措施验证"一栏中。

（3）营运部督导人员要每天跟进门店促销活动的进展，及时发现问题并进行纠正。

（4）质量控制部质量控制专员和价格控制专员每日巡店，负责对促销活动中的商品价格及质量进行控制、监督和检查，及时发现问题，及时纠正。电脑部人员每日上午提交上一天的促销商品销售报表，为促销活动的效果分析和及时调整提供充分的数据。

表 6-1 促销活动检查

类 别	检 查 标 准
促销前	1. 促销宣传单、POP 是否发放和准备妥当 2. 卖场所有人员是否均知道促销活动即将实施 3. 促销商品是否已经订货或进货 4. 促销商品是否已经通知电脑部门变价
促销中	1. 促销商品是否齐全、数量是否足够 2. 促销商品是否变价 3. 促销商品陈列表现是否具有吸引力 4. 促销商品是否张贴 POP 广告 5. 促销商品品质是否良好 6. 卖场所有人员是否均了解促销期限和做法 7. 卖场气氛是否具有活性化 8. 服务台人员是否定时广播促销信息
促销后	1. 过期海报、POP、宣传单是否均已拆下 2. 商品是否恢复原价 3. 商品陈列是否调整恢复原状

二、DM 广告管理

DM 简称邮报，是发放给潜在顾客或在门店内供顾客取用的刊载商品促销信息的快讯，是超市专门组织的特价商品目录，以彩色海报的形式发放给顾客，激发顾客的购买欲望，是一种有效的促销方式。

（一）各部门职责

（1）企划部促销组负责制定《DM 快讯》年度计划。
（2）采购部负责制订每期《DM 快讯》商品计划及快讯商品品项等内容。
（3）采购部负责提供《DM 快讯》商品信息并对商品信息进行校对确认。
（4）企划部美工组负责《DM 快讯》设计、制作、印刷。
（5）营运部负责《DM 快讯》的邮寄及店内发放工作的协调安排。
（6）企划部、采购部、营运部分别负责每期《DM 快讯》后的相关工作总结。

（二）执行工作程序

1．DM 执行前期准备工作

（1）行政部将《DM 快讯》提前 3 天发放给各门店店长、超市所在小区物业管理处及其他相关发放网络。
（2）采购部把《DM 快讯商品变价通知单》交电脑部，电脑部在快讯执行前一天进行系统变价。
（3）各门店在快讯执行前一天晚上完成快讯商品的特殊陈列和价签更换工作。
（4）采购部负责再次确认快讯商品到货情况，跟进快讯商品的补货工作。
（5）企划部负责快讯商品促销陈列中标识、标物的制作，指导门店悬挂，烘托卖场氛围。

2．DM 的执行

（1）发放单位（包括门店）提前三天发放 DM 快讯，让顾客清晰地收到快讯商品的信息。
（2）采购部负责每天跟进快讯商品的销售状况，及时补货，确保快讯商品不断货。
（3）配送中心对快讯商品优先收货、优先配货。
（4）门店每日做好快讯商品的促销、检查工作，确保快讯商品的优先陈列、优先补货和优先促销，发现缺货，及时与采购部沟通。
（5）营运督导部每日巡店，重点检查快讯商品的陈列、清洁、人员促销状况，发现问题，及时纠正。
（6）质量控制部价格控制员每日巡店，重点检查快讯商品的价格及价签执行情况，发现问题，及时纠正。

三、POP 广告管理

POP（Point of Purchase）广告，其英文原意为卖点广告，指在购买场所和零售店内部设置的展销专柜以及在商品周围悬挂、摆放与陈设的可以促进商品销售的广告媒体，其主要目的是将店家的销售意图准确地传递给顾客，在销售现场直接激发顾客即时购买的冲动。

（一）POP 的制作方式

传统的 POP 一般都是采用手工绘制，也就是我们所说的手绘式 POP 广告，这种采用麦克笔手工来标志商品的方式，最早应用于 20 世纪 60 年代的日本超级市场，随后迅速传向其他国家，成为最基本的 POP 制作方式。目前中小型零售企业常采用这种制作方式。

在欧美零售业发达的国家，POP 由专业软件设计完成，通过专业打印设备进行批量输出，这种方式制作的 POP 称为机制 POP。机制 POP 广告清晰美观、格式统一，充分发挥了 POP

广告"最佳销售员"的效用。机制 POP 的应用在我国已经普及，成为大中型零售企业 POP 的主要制作方式。

（二）POP 广告的作用

店内 POP 广告包括卖场引导 POP、特价 POP、气氛 POP、厂商通报、广告板等形式，POP 广告具有强烈的视觉传递效果，可以直接刺激消费者的购买欲望，因此，在促销活动中要充分发挥 POP 广告具有的需求引导与刺激、气氛渲染等无法比拟的优势。POP 广告的作用体现在以下几个方面：

1. 传达商品信息

在超市的货架上、墙壁上、天花板下、楼梯口处，都可将有关商品的信息及时地向顾客进行展示，其功能主要是告知顾客某种商品的陈列位置，告知顾客某种商品的促销形式及优惠幅度，提示商品的功能、价格、使用方法以及各种辅助服务等商品信息及厂商信息。

2. 吸引顾客注意，引发购买兴趣

POP 广告可以凭借其新颖的图案、绚丽的色彩、独特的构思形式引起顾客注意，使之驻足停留进而对广告中的商品产生兴趣，唤起消费者潜在购买意识。美国 DSB 商业研究机构对美国本土 100 家大型零售商店的研究显示：促销类 POP 的科学应用，可以使商店内单品销售成绩提高 50%～300%，使整体销售成绩提高 30%～100%。表 6-2 是日本一家超市对 POP 广告促销效果的实际调查。

表 6-2 日本一家超市对 POP 广告促销效果的实际调查

商　品	使用 POP 广告前一周销售量	使用 POP 广告后一周销售量	增　长　率	POP 广告短语
洗衣粉（500g）	22	40	82%	清爽一片，浓情无限
醋汁（300mg）	51	60	18%	调出生活好美味
洗发水（750mg）	30	42	40%	想拥有更自然的头发吗？
牛奶（250mg）	221	412	66%	健康您的人生
浓缩果汁（1000mg）	12	23	92%	营养丰富的果汁送您美丽生活
麦芽啤酒（250mg）	89	125	40%	让您的餐桌更营养更丰富
炒锅	8	13	63%	盛满全家人的幸福享受

3. 塑造企业形象

POP 广告是企业视觉识别中的一项重要内容，超市企业可将商店的标识、标准字、标准色、企业形象图案、宣传标语、口号等制成各种形式的 POP 广告，以塑造富有特色的企业形象。

4. 创造销售气氛

利用 POP 广告强烈的色彩、美丽的图案、突出的造型、准确而生动的广告语言，可以创造强烈的销售气氛，吸引消费者的视线，激发其购买冲动。此外，POP 广告还能用来配合季节、节假日进行促销，营造一种欢乐的气氛。

（三）各部门职责

（1）营销策划部向卖场提供宣传品、展示品、促销品等。

（2）采配部负责对供应商宣传品、展示品、促销品及店内广告的谈判。

(3）区域管理人员负责接收并组织宣传品、展示品、促销品的发放和现场管理。

(4）营运管理部负责相关费用的标准制定和收取，并对现场进行督导和处理。

（四）店内 POP 粘贴审批

(1）任何张贴物，在张贴前须经营运部经理审核、签字确认，才可张贴。

(2）由总部组织的各种促销宣传活动，需要在店内展示或发布宣传品的，由营运部制作，与各门店商议在店内具体张贴、展示的位置，并由各门店实施具体张贴、展示工作。

(3）供应商需在店内做的各种促销展示或张贴各种宣传广告、促销广告，由供应商自行制作或提供，经过营运部审批，财务部收取店内广告费后，供应商在张贴前与门店确定具体张贴位置。

（五）POP 的悬挂（张贴）标准

(1）该张贴物符合广告法要求。

(2）卖场所有价格类 POP 必须按规定的区域悬挂，高度（底边）离地面统一为 200cm（即 POP 悬挂的高度以人的视线为准）。

(3）"L" 架及悬挂性的 POP 必须双面书写，严禁使用双面胶、透明胶、胶水等粘贴类物品。

(4）地堆、货架、店内墙面、店外墙面、橱窗、通道、收银处等非 POP 陈列道具处严禁粘贴、悬挂 POP。

(5）生鲜区商品已有标价牌的一般不使用 POP。生鲜区作为相对特殊的卖场，要求特殊，且本身面积小，应避免使用大的 POP，以价签和小型价格道具 POP 为主，并须保持 POP 的整洁和统一。

(6）家电卖场作为相对特殊和品牌集中的卖场，POP 的格式和用色应区别于一般卖场所用的 POP，必须规范，并且在悬挂和安装上应该更加规范。

(7）POP 悬挂须保持页面朝向的统一，所有悬挂的 POP 必须为双面；同在一条通道的 POP 必须摆放整齐。

(8）POP 不得遮掩或遮挡卖场自身标识标物。

(9）张贴位置合理，不破坏店内整体风格。

（六）POP 广告使用的检查要点

及时地检查 POP 广告在超市中的使用情况，对发挥其广告效应起到很大的作用，其检查的要点如下：

(1）POP 广告的高度是否是顾客目视的高度。

(2）POP 是否遮掩或遮挡卖场自身标识标物。

(3）是否依商品的陈列来决定 POP 广告的大小尺寸。

(4）广告上是否有商品使用方法的说明。

(5）有没有脏乱和过期的 POP 广告。

(6）广告中关于商品的内容是否介绍清楚（如品名、规格、价格、期限）。

(7）顾客是否看得清和看得懂字体，禁止使用不常用的**繁体字和艺术化**的字体，POP 中是否有错别字。

（8）是否由于 POP 广告使用过多，而使通道视线不明。
（9）POP 广告是否有水湿而引起的卷边或破损。
（10）特价商品 POP 广告是否强调了与原价的跌幅和销售时限。

第三节 促销活动的评估

每期主题促销活动结束后要对促销成果进行分析，而不要在活动结束后就置之不理。根据促销期间的营业数据召集部门相关人员，就促销活动的实施效果与目标的差异进行分析，总结得失，作为下次促销活动策划、执行改进的参考。

每期促销活动结束，电脑部负责将销售额、促销商品销售量、客单价、来客数、发放赠品/礼券数等有关的促销数据信息反馈给企划部促销组和门店，各门店店长、企划部提交《本期促销活动评估报告》。

一、促销实施过程评估

对促销活动实施过程的质量评估采用的是促销活动检查法，对促销前、促销中和促销后的各项工作进行检查，通过检查来判断促销活动是否符合流程和作业标准。

二、促销业绩评估

（一）促销业绩评估方法

1. 观察法

观察法这种方法简便易行，而且十分直观，主要是观察消费者对超级市场促销活动的反应。一般情况下，企业所采用的典型评估方法是分析折价券的回收率、印花的回收兑现率、赠送品的偿付情况、竞赛和抽奖的参与人数等，对超级市场所进行的促销活动的效果做相应的了解。

2. 消费者调查法

消费者调查法是评估促销长期绩效最切合实际的方法。促销活动结束后，企业可以在目标市场上找一组样本消费者进行调查，了解促销活动的效果，并在促销后的一段时间进行跟踪评估。通过调查了解有多少消费者还记得促销，他们对促销活动的评价如何，有多少人从中获得利益，促销对他们以后的品牌选择行为有何影响等。

消费者调查法简单易行，但资料有限，得出的结论比较粗略，常用来有选择地研究某种促销方式对消费者的影响。

3. 前后比较法

前后比较法是选取开展促销活动之前、中间与促销后的销售量进行比较。一般会出现有效促销、无效促销、不良促销等几种情况。

（二）原因分析

运用一种或几种评估方法对超级市场的促销业绩进行评估之后，一件很重要的事情就是查找和分析促销业绩好或不好的原因。通常，前后比较法评价促销活动的结果有三种情况：

1. 有效促销

图 6-1 显示了企业促销活动实施后希望看到的结果。促销前，企业品牌的市场占有率为 6%；促销期间，则上升为 10%。这里增加的 4% 是由于吸引了有优惠偏好的消费者前来购买，以及品牌忠诚顾客因价格诱因而增加购买的结果；而促销一结束，消费者因存货过多，或正在积极消费，品牌占有率跌至 5%；等待存货调整期一过，品牌占有率又回升至 7%，表明增加了 1% 的忠诚顾客。

通常十分成功的主要原因是：在促销期间的活动使消费者对超级市场形成了良好的印象，对超级市场的知名度和美誉度均有所提高，故在促销活动结束后，仍会使该超市的销售量有所增长。

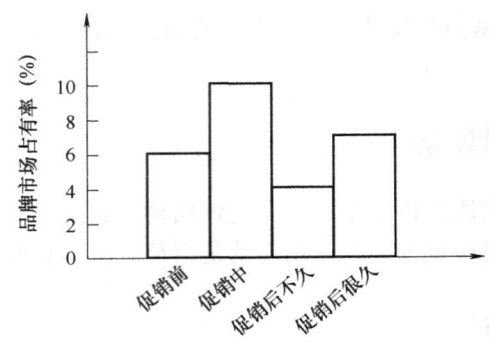

图 6-1 促销对品牌市场占有率的影响

2. 无效促销

在许多情况下，促销效果可能并不令人满意，如品牌占有率在促销期间上升到 10%，促销后立刻跌至 2%，经过一段时间又回升至 6%。这表明在促销期间，现有的顾客是主要购买者并且储存商品；促销期一过，他们便消费这些商品；最后又恢复到原来的正常购买率。所以促销的结果在很大程度上表现为购买时间模式的改变，而不是购买量的持续提高。但是企业在这种情况下的促销并不一定是浪费，特别是当存货过多、企业想尽早处理完存货时，更是如此。

3. 不良促销

品牌占有率在促销期间只上升很少或没有改变，促销期一过就回落，且停留在比原来更低的水平上。原因一是可能促销活动过程中管理混乱、设计不当、某些事情处理不当，或是出现了一些意外情况等原因，损伤了超级市场自身的美誉度，结果导致促销活动结束后，超级市场的销售额不升反降；原因二可能是该品牌基本上处于销售衰退趋势，促销只是使衰退缓慢下来，而无法使衰退停止或是情况好转。

三、促销效果评估

促销效果评估主要包括三个方面：促销主题配合度，创意与目标销售额之间的差距，以及促销商品选择得正确与否。

（一）促销主题配合度

（1）促销主题是否针对整个促销活动的内容。
（2）促销内容、方式、口号是否富有新意、吸引人，是否简单明确。
（3）促销主题是否抓住了顾客的需求和市场的卖点。

（二）促销商品选择得正确与否

（1）促销商品能否反映超级市场的经营特色。
（2）是否选择了消费者真正需要的商品。
（3）能否给消费者增添实际利益。
（4）能否帮助超级市场或供应商处理积压商品。
（5）促销商品的销售额与毛利额是否与预期目标相一致。

（三）预计目标与实际销售之间的差距

（1）实际销售额是否偏离预期目标销售额。
（2）实际促销费用是否高于预计促销费用。
（3）促销利润是否达到预期收益。
常用促销效果评估表见表6-3。

表6-3　促销效果评估表

商品名称	促销时间	促销方式	促销数量		促销费用		成本收益分析		促销意见
			预计	实际	预计	实际	成本	收益	

评估人：　　　　　　　审核人：　　　　　　　日期：

四、供应商的配合状况评估

（1）供应商对超级市场促销活动的配合是否恰当、及时。
（2）能否主动参与，积极支持，并为超级市场分担部分促销费用和降价损失。
（3）在促销期间，当超市请供应商直接将促销商品送到分店时，供应商能否及时供货，数量是否充足。
（4）在商品采购合同中，供应商，尤其是大供应商、大品牌商、主力商品供应商，是否做出促销承诺，而且切实落实促销期间供应商的义务及配合等相关事宜。

五、促销人员评估

评估可以帮助促销员全面并迅速地提高自己的促销水平，督促其在日常工作流程中严格遵守规范，保持工作的高度热情，并在促销员之间起到相互带动的作用。促销人员的具体评估项目包括如下几个方面：

（1）促销活动是否连续。
（2）是否达到公司目标。

(3) 是否达到门店目标。
(4) 是否在时间上具有弹性。
(5) 能否与其他人一起良好地工作。
(6) 是否愿意接受被安排的工作。
(7) 文书工作是否干净、整齐。
(8) 准备和结束的时间是否符合规定。
(9) 促销桌面是否整齐、干净。
(10) 是否与顾客保持密切关系。
(11) 是否让顾客感到受欢迎。

本章小结

本章主要论及了三个方面的问题：①零售业促销策划的主要步骤及各步骤策划时应涉及的主要内容；②促销活动的实施与控制运作要点；③促销活动的评估和原因分析。

案例分析

黄金周商家促销出新招：一张礼券只认一个柜台

黄金周到来之际，记者发现商家促销又出新招，限定返券使用柜台——代金券抽奖"馅饼"变"陷阱"。

上午9点半，记者到东直门东方银座购物广场，注意到很多消费者都在"4月购物有礼"的公告前驻足细读。

今天是"4月购物有礼"的最后一天，为了不让手中的购物券变成废纸，许多消费者赶搭最后一班兑券车。

商场内的"购物抽奖说明"明示："凡当日在银座购物广场单笔现金购物满68元的顾客即可参加抽奖活动，抽奖礼品为价值30～100元不等的礼券（一张小票只能抽奖一次）。"

记者在一层总服务台看到，不时有消费者在总台凭小票抽奖，其中一名抽中50元礼券的消费者正在询问具体的礼券兑奖方式。据服务台工作人员介绍，抽奖礼券包括30元、50元和100元三种，目前30元礼券已经全部被抽走，50元礼券只能在TATA鞋店消费时使用，而100元礼券则只能在女装品牌AZONA消费满400元使用，每次消费只能使用一张。

"礼券使用的限制太多了"，顾客陈小姐摇头表示，这样的抽奖没有太大诱惑力，"我总不能为了50元礼券又去买几百块的鞋子"。消协指出，商业智慧应建立在诚信、守法、遵守社会公德的基础上。返券促销则把简单的事情复杂化，把价格模糊化，易使消费者陷入商家设计的购物怪圈，消费者对此也十分反感。

中消协提醒：返券促销会直接增加购物者消费成本。

商务局表示：现金券涉嫌违反相关规定。

资料来源：法制晚报，2007-4-30

案例分析：
1．试对代金券抽奖促销活动形式的利弊进行分析评价。
2．该促销活动是否违反国家相关规定？试说明理由。
3．你认为一项成功的促销活动应该具有哪些特征？

实 训 项 目

项目：制订连锁门店促销方案

以小组为单位，选择一家连锁门店，考察门店的经营特点和经营状况，制订一份门店促销方案。

第七章 连锁门店防损管理

技能目标
- 能制订基本的防损方案。
- 能发现卖场中常见的防损问题，并提出改进意见。

知识目标
- 基本掌握连锁门店防损管理的作业流程。
- 了解防盗的卖场安装布局。
- 了解门店防损的岗位职责。
- 学会解决门店作业中常见的防损问题。

有关资料显示，在各类损耗中，88%是由作业错误、员工偷窃和意外损失导致的，7%是顾客偷窃，5%则属于厂商偷窃，其中尤以员工偷窃所遭受的损失为最大。以美国大卖场为例，全美全年由于员工偷窃造成的损失高达4 000万美元，比顾客偷窃高出5～6倍。这些资料表明，防止损耗应以加强内部员工管理及作业管理为主；其他的"损耗"因素也不是无足轻重的，应该同样引起高度重视。

第一节 损耗的含义及分类

一、区分"损耗"与"损失"

在分析损耗原因之前，首先要了解两个相关概念——"损耗"与"损失"。"损失"不同于"损耗"。

损失可以分为两种：

（1）实质损失。实质损失包括降价损失、废弃损失、偷窃损失、储运损耗等。

（2）机会损失。机会损失是指因缺货而丧失销售机会而带来的无形损失。

损耗通常仅指连锁企业经营过程中实物的损失，相当于实质损失中的废弃损失、偷窃损失和储运损耗。

由此可见,损失的范围更大,还包括降价损失和机会损失。因此一般不能笼统地将"损耗"等同于"损失"。

二、商品损耗的分类

(一)作业错误引起的损耗

作业错误引起的损耗主要有:

(1) 验收不当的损耗。验收不正确便会产生损耗,如品名、数量、重量、价格、有效期限、品质、包装规格、单位、发票金额与验收金额不符、未验收或未入库。

(2) 退货处理不当的损耗。未及时处理,以致过期;退货未与财务单位结合,以致退货后无货款可扣或退货款难以收回,导致坏账损失。

(3) 变价损耗。新旧标签同时存在;POP 或价格卡与标签的价格不一致;促销后未恢复原价;变价权限管制不严。

(4) 销售退回损耗。特价卖出,原售价退回;销售退回商品未办理进货退回,销售退回商品未妥善保管。

(5) 自用品领用损耗。领用未登记;使用不节制。

(6) 兑换券、赠品管理不当的损耗。兑换券、赠品未妥善保管。

(7) 自行采购商品损耗。用现金采购的自采商品未经过正常的验收手续。

(8) 外卖、外送损耗。未经检查而带出;未开发票;未先收现金。

(9) 坏品处理损耗。未登记;未核实数额;未及时办理退货。

(10) 收银作业损耗。收付错误,结账错误。

(11) 盘点损耗。货号、单位错误,数量少盘、品项漏盘。

(12) 商品有效期管理不当的损耗。进货验收期限未确定;有效期检查不及时;快过期商品未能及时做出处理。

(13) POS 系统使用不当的损耗。后台电脑主档价格与价格标签不一致;条码阅读有误;条码标签贴错。

(二)偷窃引起的损耗

偷窃引起的损耗主要有:

(1) 顾客偷窃。随身夹带、皮包夹带、购物袋夹带、换标签、换包装盒、偷吃。

(2) 厂商偷窃。随身夹带、随同退货夹带、与员工勾结实施偷窃。

(3) 员工偷窃。随身夹带、皮包夹带、购物袋夹带、废物箱(袋)夹带、高价标低、偷吃、将用于顾客兑换的奖品或赠品据为己有、与亲友串通购物结账时金额少打、利用顾客未取的账单作为废账单。

(三)意外事件引起的损耗

意外事件引起的损耗主要有:

(1) 自然意外事件。火灾、水灾、台风、停电等。

(2) 人为意外事件。抢劫、夜间盗窃、诈骗等。

(四)生鲜处理不当引起的损耗

生鲜处理不当引起的损耗主要有:

(1) 加工过程原材料浪费严重。

(2) 商品鲜度管理不佳，如温度管理不当、陈列方法不当、陈列设备不当、未做好加工处理。

(五) 其他损耗

其他损耗如厂商调整价格，商品不适当的报损与处理。

第二节　连锁门店的防损措施

一、商品管理过程中的防损

商品管理不当造成的损耗主要是因为商品的保管和陈列方法不当、商品标价错误、商品鲜度管理等原因造成的损耗，因此可以采取相应的措施。

(一) 商品陈列管理

在店面陈列过程中，应避免由于商品陈列的方法不当引起商品损耗。例如，商品摆放的位置不佳引起倒塌，或被过往顾客碰撞而引起的损坏等。在商品陈列过程中应注意以下几点：

(1) 货架上要标有货架号码和商品名称卡，以便做好商品管理。

(2) 商品一般不堆积在地上。

(3) 商品货架摆放应符合标准，商品不可堆积过高。

(二) 商品标价管理

商品标价的错误会导致商品高价低卖或销售不出，这些都会造成商品损耗的发生。采取的应对措施包括：

(1) 商品不得随意标价，标签字迹应清楚。

(2) 收银员在顾客结账时，要一边念出价格，一边注意显示屏幕的数字是否一致，若不一致，一定要停止其他作业，登记该项商品代号、品名和价格。

(3) 将价格差异表呈交负责人员进行核对，查明原因后进行更正。

(4) 商品标签价格标错时，应将原标签撕去，再贴上正确标签。

(5) 如果购物人员为本公司现场工作人员时，应当场通报店长，追究责任。

(6) 每天检查卖场 POP 的价格与标价是否一致，不一致时要立即更正。

(7) 特卖后，要将商品标签价格更改回原价。

(三) 生鲜食品的损耗防范

现在生鲜食品已成为超市一大卖点，除了有很好的利润外，更以保质、保量、保鲜吸引了大批顾客。生鲜食品的特性为保质期短、易腐烂而不易存放，生鲜食品降耗管理极为重要。生鲜损失管理常采取的措施主要有：

1. 明确标准、分类陈列

重点为制订生鲜食品的验收标准，可分肉类、水产、干货（土特产）、蔬菜、水果、烘焙品、熟食及原材料、耗材等分别制订，由收货组严格把关；规划好陈列区，做好分类陈列。

2. 调整商品产销平衡

生鲜食品要进行有效的采购控制，采购数量与销售量必须随时衔接，既保证必要的数量，又不能造成积压。

3．及时进行生态转换

生态转换在生鲜食品经营中非常重要，如快要死去的鱼类，可剖成生鲜配菜；蔬菜、水果可制成果汁、果盘或配菜；肉类可加工成肉丸、肉馅等。生鲜品——半成品配菜——熟食品的正常转化，是灵活经营、防止损耗的有效方法，但一定要控制鲜度、品质。

4．实行目标管理

大多数超市都有店内的损耗指标，而很多生鲜部门并没有将指标进行分解细化，大量经营生鲜食品成功的超市以目标为激励和约束，定期评估不失为一种行之有效的降损办法。

5．实行朝夕价格

根据不同销售时段，进行适时减价。如鱼片、绞肉、活虾等生鲜商品有些需当日售完，可在销售高峰期就开始打折出售，以免成为坏品。此外，还要保持鲜度，生鲜商品的管理人员应彻底执行翻堆工作，防止新旧生鲜商品混淆，使鲜度下降，不同鲜度的商品可考虑实行不同的价格策略。

二、门店运营作业过程中损耗的防范

（一）验收作业

商品在商店的物流过程一般可分为进货→验收→保管→标价→陈列→销售（→退回）这6个环节。如果店员在验收作业中，出现商品品名、数量、总量、价格、有效期限、质量、包装规格等项目与订货单不符，发票金额同验收单金额不符，货物未验收或未入库等现象，都可能造成商品损耗。商品验收作业的好坏直接影响到商店损耗管理的成效。在验收作业中应该注意以下几点：

1．认真核查送货单据和商品

（1）检查商品名称和规格、大小是否相符。

（2）检查商品数量。

（3）对于外表有破损或污垢的商品要打开检查。

（4）检查商品上的生产日期和进货日期。

（5）对于破损的商品，要在送货员在场时，确认破损的数目。

2．问题商品一律拒收

对于商品有效期限已逾1/3以上的，要予拒收；对于品名、数量、价格、标签、重量不符者一律拒收。商店对问题商品的具体处理方式一般是：

（1）验收商品不同或数量过多时，要当场点清，退还给送货员。

（2）当商品数量不够时，要在货品不足的账目里予以记录，并由送货员和验收人员同时签章和签名给予确认。

（3）日后补送不足的商品时，要加以确认。

（4）商品有破损时，按照破损数量全部退货。

3．特殊商品的验收

一些由厂商直接送货的商品，一般不用传票，而是附上送货单。验收人员必须仔细检查上面登载的品名、数量有无差错，并先将送货单保管起来，待进货传票送至时进行对照，然后在验收单上签收。

（二）收银作业

收银作业造成的损耗主要是发生在人工输入价格作业上。一般来说，商品价格都采用 POS 管理，设定在电脑内，收银员无法更改售价，但是如果不使用扫描方式，而采取人工输入方式，就可能出现弊端。另外，如果收银人员可以任意使用收银机删除键，也可能出现问题。

（三）盘点作业

商店盘点目的之一就是掌握门店经营的损益情况，盘点错误引起损耗的原因一般有两种情况。一是盘点商品货架记录不实。盘点时，盘点人员为图方便，将同价格但不同内容的商品品项，填写在同一货号内，造成某一类商品库存虚增，另一类商品库存虚减的情形，从而导致账目不正确，影响利润计算。二是存货盘点出现漏盘、错盘。如盘点人员不尽责，对数量较多的商品以估算的方式计算，造成误差；部门间相互产品陈列，未列入盘点；端架上吊挂的商品漏盘；货架旁、临时商品陈列区出现重盘或漏盘；商品已到，但进货单没有随货入账记入存货等。减少盘点损失可采取的应对措施如下：

（1）盘点作业一定要按照步骤严格实施。

（2）盘点时，要根据盘点作业规定，在盘点后的商品旁贴放写有数量的纸条，以便主管抽查，也可确认盘点正确与否。

（3）营业中盘点时，需先将销售情况记下，等盘点结束时再核对。

（4）部门主管要随时抽查盘点情形。

（四）员工日常作业

员工日常作业上的疏忽也是造成损耗的原因之一，通常采取的应对措施有：

（1）定期检查商品价格的标示有无错误或漏标现象。

（2）员工应认真详细填写班次分析表，以考核员工的工作情况，如发生异常应给予警告。

（3）定期检查货架上商品的有效期限，做好先进先出的商品管理；仓库中的库存品也应进行定期检查。因为一般便利商店的门市较小，仓库存储面积有限，除畅销品以外，其他商品不要有太多库存或最好无库存。

（4）对于提高售价的商品，应该立即给予更换标签。更换时要注意需先将旧标签撕下，才能贴上新标签。

（5）员工应认真填写账目查核表，表中应有应收账款、现金支付表、价格变动和损坏报告等项目，以供参考。

（6）对现金的管理应有详细的支付明细。

（7）定期检查仓库、门锁以及防盗设施。

三、商品盗窃损失的防范措施

（一）正确选择防盗设施

对于防盗设施的选择，不同类型的商店应有所不同。

（1）小型超市。对于小型超市，没有必要安装防盗系统，可以采用广泛使用的防盗镜，在超市的各个角落安装防盗镜，能让售货员方便地监视整个卖场的情况，再配合安全的商品陈列、售货员巡视，一般可以起到防盗的效果。

（2）大型卖场。对于大型超市、仓储店等面积较大的卖场，经营的商品品种多，每个理货员负责的区域广，且以理货作为主要职责。因此仅依靠理货员监管卖场商品不能解决问题，有必要安装电子商品防盗系统 EAS 和闭路电视监控系统 CCTV。

（3）大型百货。对于大型百货商场来说，对失窃率高、商品价值高的商品，如裘皮皮衣、高档西服、女性内衣等商品采取局部封闭的保护方式，安装电子防盗系统。

（二）入口处的保护措施

（1）入口处的门必须牢牢嵌入门框内，尤其门锁处，要做到严丝合缝，防止盗窃者利用专用的工具将门撬开。

（2）紧急出口和运送货物的大门使用钢制材料，门外有钢制护栏。除顾客出入的门外，门上的任何窗户不应能钻入人的身体，窗上的玻璃应有较强的抗碎性。

（3）入口处里面的一道门在关上时，上面的合页应该是隐蔽的，以防合页上的螺丝被人旋动，同时也要防止合页上的栓被人旋动，为防止意外应采取下面的措施：

1）将分页闩焊在合页内。

2）拧掉合页两侧相对应的两枚螺丝，将一个钢闩拧入门侧框，留半尺在外部，锯掉钢闩头，在门一侧的相应部门位钻一个孔。

另一个合页也如法炮制。这样，即使当门关上而合页栓被抽掉时，钢闩也可以起保护门的作用。

3）在合页和合页栓的内侧钻一个洞，用固定的螺丝将合页栓连接，这些螺丝可以防止门在关上时，合页栓被抽掉。

4）为了防止门被撬，最好是在门上或其侧面贴上金属层。

（三）选择门锁应考虑的安全因素

门锁在超市的安全中起着举足轻重的作用。然而却又是盗贼经常袭击的薄弱环节。因此在选择门锁时需考虑如下因素：

（1）长金属片门闩使用在双重旋转门或铝制门上，比短金属片门闩要安全可靠地多。

（2）紧急出口的门不宜使用针式柱状锁，使用在附门上尚可，因为该锁大约有 3~7 个栓，锁内的栓越多就越难以撬开，对防盗有益却不利于防火。

（3）坚固的盒式门闩应与高质量的针式柱状锁配套使用，以防盗窃者撬开门。

（4）超市主要出口处的门以及不作为紧急出口的门，应该使用双重柱状门闩锁最为安全可靠，因为在门的任一侧开门，都可以将门打开。但在紧急撤离地区，严禁使用该锁。

（5）单体柱状锁需要从外部开启。在里面转动螺母就可以不用钥匙将门从内部打开。如果门上没有窗户或门锁附近没有窗户，使用这类门锁是相当安全可靠的，该锁对保护超市内总部的办公室非常有效。当门外侧有空白金属片时，单体柱状锁只能从内部打开，向外侧打开的不作为紧急出口的遥控门，经常采用这种方式。

（6）挂锁通常用在储藏香烟、胶卷和其他小物品的仓库门，也可用于紧密的承重门、顶棚开口处及其他管理者希望限制有权进入的地点。

选择挂锁应考虑的因素：

1）选择和使用带坚固外壳的挂锁，以抵御盗贼使用专用工具破坏。
2）拿掉挂锁下方的"钥匙转换号码"，防止钥匙非法复制。
3）大量使用挂锁时，应要求锁匠把挂锁用连续的号码做记号，在档案中对挂锁的号码和位置进行记录。
4）门打开后一定要把锁锁在搭扣上，或购买安装在墙上或其他表面上带防盗链的挂锁。

（四）对钥匙的管理手段

（1）"不得复制"的字样贴在所有的钥匙上。
（2）将所有复制的钥匙保存在保险柜或带锁的柜中。
（3）不得在复制的钥匙上注明如"百货库房"的字样，尽量使用代码标注。
（4）隔年更换一次超市外部大门的钥匙。
（5）钥匙被持有者丢失，或持有者因各种原因离店或被解雇，必须重新配置钥匙。
（6）禁止钥匙持有者将钥匙借给其他员工。
（7）对发放钥匙人的姓名备案，并记录钥匙和种类（如前门、电脑中心等）及发放日期，并要求员工收到钥匙签名。
（8）防止用一把钥匙开所有的门。
（9）使用可转换锁芯即暗码的锁定系统。使用者用控制钥匙取出旧锁芯并插入带有不同密码的新锁芯即可完成换锁作业。对于拥有多个店铺的超市，使用该系统是一条既经济又方便、可靠的办法。

（五）超市屋顶或墙壁开口的防盗措施

超市的屋顶开口、空调口、通风口、天窗或墙壁上的打开部位，是盗贼较易袭击的目标。因此必须将这些开口用钢条或金属板加以覆盖，并与警报器连接。

保护屋顶或墙壁开口的措施：
（1）在开口处覆盖厚金属板，其外部必须无合页、门闩或锁等。
（2）在内部用高质量的挂锁将开口处锁闭。
（3）使用圆头可转动的螺栓和单向安全螺钉，以防窃贼从外部进入。

（六）外部窗户的防盗手段

超市的前窗所选用的玻璃材料不同，其抗拒一般性破坏的强度也不同，但是侧窗和后窗就不是玻璃材料的选用问题了。因为盗贼在通常情况下，是不可能狂妄至极地由前窗而入的，相比而言侧窗和后窗便成了首选目标。因此如果不是出于美学要求和必须开窗的情况下，就没有必要留有这个隐患。如果为了自然采光及其他原因而保留侧面和后面的窗户，则要用钢丝网或金属板加以防护。使用金属板保护时，应将其焊接在一个铁窗上，用牢固的螺钉或螺栓将钢框及金属板固定到外部墙壁上。如果采用钢条，则应拼凑并焊接成一个任意图案的钢框，也按上面的方法固定。

（七）加强内部员工防盗管理

员工偷窃与顾客偷窃是有区别的，顾客偷窃往往是直接拿取商品而不结账；而员工偷窃则有多种表现形态，如内部勾结、监守自盗、直接拿取货款、利用上下班或夜间工作直接拿取商品等，使人防不胜防。比如，某外资超市在上海的一家大卖场，家电部的几位资深员工利用他们对卖场环境的熟悉，内外勾结、监守自盗时间长达半年之久，给这家大卖场造成高达几十万元的经济损失。加强内部员工防盗管理主要从下面几个方面入手：

（1）要针对员工偷窃行为制订专门的处罚办法，并公布于众，严格执行。

（2）严格要求员工上下班时，从规定的通道出入，并自觉接受卖场保安人员的检查，员工所携带的皮包不得带入卖场或作业现场，应暂存指定地点。

（3）对员工在上下班期间的购物情况，要严格进行规定，禁止员工在上班时间去购物或预留商品；员工在休息时间所购商品应有发票和收银条，以备保安人员或验收人员检查。

（八）加强顾客偷窃防范

顾客随身夹带商品，顾客不当的退货，顾客在购物过程中将商品污损、将包装盒留下拿走里面的商品，还有将食物吃掉并扔掉包装盒等不当行为或偷窃已成为商场损耗的一大部分。针对这些情况，卖场的工作人员必须做到：

（1）禁止顾客携带大型背包或手提袋购物，请其把背包或手提袋放入服务台或寄包柜。

（2）顾客携带小型背包入内时，应留意其购买行为。

（3）定期对员工进行防盗教育和训练。

（4）要派专门人员加强对卖场的巡视，尤其留意死角和多人聚集处。

（5）对贵重物品或小商品要设柜销售。

（6）顾客边吃东西边购物时，应委婉提醒其至收银台结账。

尽管顾客偷窃是全球性的难题，但如果采用一定的措施还是会收到一定成效的。

（九）加强供应商防盗管理

供应商行为不当也会造成损耗，如供应商误交供货数量，以低价商品冒充高价商品，擅自夹带商品，随同退货商品夹带商品，与员工勾结实施偷窃等。针对这种情况，对供应商的管理必须做到：

（1）供应商进入退货区域时，必须先登记，领到出入证后方能进入；离开时经保安人员检查后，交回出入证方可放行。

（2）供应商在卖场或后场更换坏品时，需有退货单或先在后场取得提货单，且经部门和主管批准后方可退货。

（3）供应商送货后的空箱必须打开，纸袋则要折平，以免偷带商品出店。

（4）厂商的车辆离开时，需经门店保安检查后方可离开。

小 资 料

常见的偷窃行为

- 偷换条码：把价格贵的条码撕下，再把从别处抠下的价格低的条码贴上。
- 商品调包：把同一品牌价格贵的货品"调包"到价格低的包装盒里。比如，在中华牙膏包装盒里装佳洁士牙膏。
- 团伙作案，声东击西：一人做"饵"明目张胆地往衣服内塞东西，故意让保安发现，其他小偷则悄无声息地偷。保安以为逮住条大鱼，其实他的同伙早已将商品安全运出。

- 顺手牵羊、瞒天过海、蒙混过关。

目前，信用卡欺诈、内盗形式更趋于多样化，更具有隐蔽性，更显现出内外勾结、金额巨大的特点。

资料来源：超市防损面面观：关于超市损耗情况的调查．中华零售网。

第三节 门店防损作业管理

一、超市防损员的具体工作

超级市场是零售业的神话，其先进的经营理念、科学的管理模式使其在商业领域蓬勃发展。然而超市作为利润率较低的行业，内耗外盗带来的巨大损失又制约着企业的发展。因此对于每个超市来说，建立防损体系和防范措施，加强超市防损员队伍建设，以保护顾客、员工及企业利益都是非常必要的。

超市防损员就是超市防损体系的基本成员，是为防止超市商品的各种损失，负责超市内的商品安全、营业安全，与各种自然或人为的损耗现象做斗争的专职人员。

（一）超市防损员的具体工作

由于超市的防损系统是根据超市布局，按不同区域、连续值勤制度来设置防损员岗位的，所以有必要通过岗位来了解防损员们的具体工作。

1. 超市的收货、出货口

防损员要同收货部门主管共同负责收货、出货口的开、闭。当超市进货时，应该协助做好现场秩序的维护；对于收下的货物，特别是精品、家电、化妆品等贵重商品还应进行数量抽验、检查，以防缺漏；然后必须监督所有的商品运达收货区内。

为了确保大单商品货物离开超市时的安全和完整，出货时防损员必须按出货单的条目逐一核查，并目送货物离开收出货口。

此外，防损员还应对每一单商品的退换货、出货，以及每一单的物品离场查验放行手续。

2. 一般大型超市的精品区

按照超市的规定，顾客在精品区内购买的商品，必须在精品区内结账。

精品区的防损员主要负责检查顾客持有的结账小票是否与所携商品一致；同时应督察收银员对商品的包装是否符合精品区的包装要求。

3. 超市商品的高损耗区域

一般超市的日化用品、文具用品、内衣用品、鞋类区域、试衣间是超市商品的高损耗区域。在这些区域，防损员负责巡视、监管货架上陈列的商品。对个别顾客破坏商品包装、藏匿商品、夹带等不良行为，要及时发现制止，依法处理盗窃行为。

4. 超市的收银口

超市收银口既是购物结账处，也是商品的出货处，这里是防损员工作的重点区域。

在收银口，如遇防盗系统报警，防损员首先应确认是否因商品引起报警；如确认是因商品报警，应礼貌地请顾客自行检查是否有商品忘记结账，引导顾客主动结账。

值得一提的是，如遇顾客不配合或无理取闹，防损员在处理类似的问题时，应冷静、慎重，依法守法，充分尊重顾客的合法权益。

5．超市的提货处

顾客在超市选购了大件商品，需要在超市提货处提货。

在提货口，防损员既为超市也为顾客负责商品的安全，应该仔细核对提货人的收银小票是否与商品的品名、型号、货号和数量相一致。对已经提货的商品，防损员还要确认收银小票是否已加盖提货章，商品的包装是否封闭完好，把好超市商品出货的最后一关。

6．超市的垃圾出口

超市的垃圾出口也属防损员的工作范围。虽说这些是超市的废弃物，但是从这里流出的物品必须经过防损员的仔细检视，检查是否属于真正该丢弃范围的垃圾，这些垃圾是否经过处理。

防损员特别要对垃圾袋进行检查，这是为了保证垃圾袋中没有混入未执行报废手续的商品和可以回收的废品。

（二）超市防损员的要求

防损是超市保证商品安全、提高营业效率的管理要点，处于超市各个区域位置的防损员是企业忠实的守护者。因此，超市防损员的职业需求也会日益增长，前景十分看好。

要成为一名合格的超市防损员应具备这样一些基本素质与技能：

（1）具有与商业有关的法律知识和相关的民事法学、刑事法学知识。

（2）熟悉《中华人民共和国消费者权益保护法》《中华人民共和国治安管理处罚法》《中华人民共和国消防法》。

（3）掌握基本的防盗、防爆、消防技能，并有较强的防盗意识。

（4）熟悉超市岗位分布以及岗位职责。

（5）了解商品进出超市的相关规定。

（6）掌握安全知识，熟悉超市各种安全设备的性能及使用。

（7）遇到突发事件能够沉着冷静，并及时解决问题。

二、门店防损管理的相关规定

（一）货物出入门店规定

（1）商品送到门店由专人点收，"自购货"注意防止送货员把门店原有商品一并计算，"自购货"由两人签收。

（2）门店售出商品，由收银员逐一点数，入机收款。任何人不得以任何理由不入机，私自收取货款。

（3）有送货业务的门店，必须先由收银员点数，入机收款，再送出货品。

（4）清理的纸箱及垃圾，要由管理人员检查后才能拿出门店。

（5）门店之间的转货要办理转货手续。

（6）合作专柜的进货由专柜点收，退货须开出退货单，须防损员点数核实。

（二）货币现金管理规定

（1）收银员在商品入机及找赎款项时，应认真细致审核，做到不多收、不少收，并接受收银组长或经理的日常检查。

（2）各门店营业用人民币交易，不能收其他货币（应根据国家有关规定及各地企业情况而定）。

（3）收银员须注意识别伪钞，对大面额的纸币（人民币 50 元及以上）须经过验钞机鉴别。

（4）门店收银机不准存放超过 3 000 元的现金，收银组长须及时从收银机内收取大数，存入保险柜。

（5）门店每天关店时把当天营业款项结算一次。结数时，经手的收银员和负责结数的收银组长同时在场核计，并签名确认。

（6）收银组长负责保险柜日常的现金出纳工作，店长监督收银组长把工作做好，并要求每天盘点保险柜一次。

（7）营业款项如通过押钞公司押送银行或银行上门收款，则在款项交收时，先检查收款员职员证，所有交收款项必须认真细致清点，并经双方签名确认。

（8）营业款项自行交银行，必须由两人一同到银行交款，每次交款额不超过 5 万元，并须注意不使款项过分显眼。

（三）持匙及开关铺门规定

（1）每店配备门钥匙两套（包括铁闸匙、锁头匙等），分别由正副负责人各持一套，负责人放长假，则应把全套门钥匙交区域经理保管，至回来上班为止。

（2）早上不能早于开铺时间前 30 分钟开门进铺，且最少有两位员工一起才能开启铺门。

（3）晚上关铺后不得再次开门进入，如有紧急情况的确需要开门进铺，先请示区域经理或运营部经理，答复同意后才能开门。

（4）持匙者小心保管好钥匙，以免遗失；如有遗失立即通知运营部更换，不得自行配钥匙。

（5）门钥匙不得转交别人使用或保管，更不得私自配钥匙；如因工作调动，必须办好交接手续。

（6）门店后备钥匙的保管：公司存放一套完整的门店后备钥匙，运营部有需要时可利用后备钥匙，协助解决非营业时间的突发事故。

（四）其他规定

（1）门店正副负责人每天进入门店时必须检查门店、仓库的货品、保险柜的款项，以及门店周围环境是否正常。

（2）离开门店前注意关闭电闸（冷柜、电脑除外），锁好门窗，并检查好所有保安系统，证实有效后方可离去。

（3）烟酒、贵重商品要专柜保管并加设门锁，钥匙由指定人员保管，并设专用账记录进、销、存数量。

（4）门店员工均有责任防止卖场盗窃事件发生，如发现可疑情况，立即通知店长做出适当的处理。

（5）对顾客所携带的物品、手袋有怀疑时，收银员、防损员或门店店长要礼貌地要求对方配合检查。

（6）收银员的亲戚、朋友购物，由其他收银员入机收款，以示公正。

（7）员工在本店购物，须在下班时购买，付款后携带商品离去，如有特殊情况需要先购物付款，则保留货款收据，下班时把商品及收据交店长或防损员检查。

（8）门店员工如携带物品、手袋等离开门店，应自觉让门店店长或防损员检查，门店店长或防损员有责任做好该项检查工作。

三、零售门店的防损体系

（一）零售企业防损体系应具备的功能

现代零售企业防损体系和以往的保安体系有着显著的不同，"损耗控制"成为防损管理的核心内容，现阶段防损耗体系的核心内容是为了实现"损耗控制"。零售企业防损体系应具备下列功能：

（1）损耗监督功能。具有一定威慑力，即能够渗透到运营的各个环节，起到监督的作用，减少这些环节中可能产生的违规行为，起到优化环境的作用。

（2）损耗预警功能。构建符合运营现状的损耗预警体系，在信息网络中设立一套预警参数，超过正常参数范围的即成为损耗参数。进入预警程序，由防损部门进行控制。

1）根据销售数据确认安全库存数，实现采购订单量预警。

2）根据商品库存金额确认账期资金占用量，实现资金预警；根据新品、特价及竞争店情况，实现综合毛利率预警。

3）根据订货量、库存量、销售排行、周转数，综合分析实现财务付款预警。

4）根据盘点数据制订损耗异常参数，实现异常损耗预警。

（3）损耗分析功能（损耗审计）。能够从损耗现象中及时排列正常损耗、异常损耗，对异常损耗能进行分析，并找出原因及解决方法。

（4）损耗处理功能。损耗处理包括三个方面：

1）损耗物品的处理，如损耗商品处理程序。

2）损耗流程的处理，找出产生损耗流程的问题，进行纠正。

3）损耗人员的处理，对产生的损耗从人为因素去分析，并予以相应处理。

（二）防损体系必须具备的条件

（1）整体性。在职能设置上应实现整体性，各项防损的职能如审计、督察等应统一于防损部门，形成整体。

（2）独立性。在架构中表现为企业最高层直接领导实行垂直管理，门店防损员对公司防损专员负责，公司防损专员对总公司防损总监负责，公司防损总监对公司总经理负责。

（3）客观性。防损工作渗透到运营的各个部门，由于其独立的工作体系，使它能够从客观的角度去分析问题，在防损体系中设置独立的稽核审计体系，参与财务、采购、运营等部门的运作，对产生的异常情况进行分析并找出原因，及时堵住漏洞。

（4）服务性。在确认防损部职能时，应充分体现服务的宗旨，防损的目的是为了盈利。

1）防损为运营服务。防损部通过对损耗的分析，及时掌握损耗的重点，减少商品的损耗和偷窃行为，通过对防范设备及各项运营设备的选择，排除各种隐患，保障正常的运营，为顾客提供舒适的购物环境。

2）宣传为预防风险服务。通过对各种风险控制的宣传、培训，各种风险控制计划的执行，使员工掌握各种风险控制技能，预防各种风险，及时处理各类意外事件。

3）总部为店面服务。防损部为店面进行全员防损培训，对防损员进行业务培训和指导考核，并根据店面的阶段性，重点确认自己的工作目标。

4）业务为销售服务。防损部的审计、稽核工作，通过对销售数据、库存数据等各类运营信息的分析，建立起采购订单量预警、资金预警、供应链预警、销售目标预警、综合毛利率预警、促销费用预警、商品结构预警、财务付款预警，从而建立安全的运营预警系统，达到服务销售的目的。

> **小 资 料**
>
> ### EAS 力助零售企业"综合防损"
>
> 零售企业为了降低自身的"综合损失"，增强竞争力和抵御风险的能力，就必须将先进、适用的管理手段与技术手段相结合进行综合应用。而在技术手段中，对零售用户最为重要的技术手段之一，就是 EAS 商品防损系统（以下简称 EAS）。那么怎样才能正确选择和使用 EAS，有效地帮助企业降低"综合损失"呢？
>
> 从管理的角度出发，应当将各种人防与技防的手段结合起来，才能使商品防损的效果达到最好，而技防则包括 EAS、视频监控、防盗报警等多种手段。
>
> 零售企业在选择 EAS 商品防损系统时，应当关注五个方面的问题：选择何种技术的 EAS，选择何种形式的 EAS，选择何种品牌的 EAS，技术提升与服务能力以及在选定参照物时的性价比。
>
> 目前市场上主流的 EAS 技术有三种，分别是电磁（EM）技术、声磁（AM）技术与射频（RF）技术。对于超市、品牌专卖店等较多干扰源的卖场，不适合应用电磁（EM）技术的 EAS。而究竟是选择声磁（AM）技术还是选择射频（RF）技术的 EAS，则需要具体问题具体对待。而商业零售业最佳的选择还应当是射频（RF）技术的 EAS。
>
> 目前在中国（包括国外 EAS 供应商）的 EAS 供应商所提供的 EAS，基本上还只是天线系统，供应商所强调的也只是 EAS 识别标签的灵敏度如何之高。但是据了解，一些国际著名品牌开始在中国推广全新的商品防损理念和系统，这些系统不但能够实现很好的防盗报警性能，同时还具备丰富的联网管理功能和数据报表功能，甚至还有智能化的数据分析功能。这些功能包括：信息在线实时监控与视频监控联动报警功能、各种相关数据的采集与储存功能、各种数据的关联功能、数据报表功能、数据分析功能等。换句话说，系统不但采集各种报警事件、解码事件、硬标签使用情况、顾客流量、POS 交易、金属探测等数据，同时还为管理者提供各种数据的关联报表和智能化的分析。

本 章 小 结

本章主要介绍了门店商品损耗的种类、门店防损的岗位职责、门店防损管理的相关规定、连锁门店的防损措施,以及掌握如何提升门店防损效率,建立健全企业的防损机制。

案 例 分 析

普诺玛的LPMS安全与防损集成管理系统——
让企业防损管理工作插上信息化的翅膀

随着以连锁经营为主要形式的零售业快速发展,如何让安全与防损管理工作跟上企业快速扩展的发展步伐?如何将具有更大经营规模的企业安全与防损管理工作纳入规范化和高效率的管理轨道?如何在超市偷盗专业化程度逐渐提高和超市损耗日益严重的情况下,将企业损耗控制在最低水平?如何在外部治安环境复杂多变的情况下,将企业的各种公共安全风险得以有效控制?如何在商场经营利润日益下降的情况下,以最少的投入获取最大的安全与防损效益?这些都将对新形势下的企业安全与防损工作提出更新、更高的要求。

零售业安全与防损集成管理系统(LPMS)是近年来国际零售企业安全与防损技术行业的最新技术。它将适用于现代零售业特点的各种安全防范技术、信息技术与零售业防损管理思想相结合,通过硬件和软件的结合,实现系统之间的充分整合,降低设备采购、运营及维护成本,增强系统功能,提高商场安检或防损部门工作智能化和信息化程度,最终达到将损耗控制在最低水平,获得最佳的防损投资回报率,为提高企业经营效益做出贡献。

LPMS的主要功能及作用

(1)安全与防损系统集成。

(2)现在通常适合各类商场使用的安防设备主要有电视监控、EAS、报警器、出入口控制设备等。根据企业的连锁经营规模与管理的不同,还要求能在企业总部对各门店的各种安防设备进行远程操作、控制与管理。

普诺玛将以上各种安防系统,通过设备底层开发技术,将各种系统集成在一起,让各个单独的系统成为一个高效的集成系统。各子系统之间既可独立运行,又互相配合,实现及时、有效的现场安全管制、风险控制、事件记录和事后取证等。整个系统全部构建在计算机网络平台上,让管理者可以第一时间获取现场的资料信息,并且可以通过互联网实现总部对各门店的控制与管理等。

(3)防损数据采集与存储。根据超市现状与客户需求,可选择性设置多种数据采集方式,充分利用超市现有设施,如EAS、门禁设备、视频监控产品以及各种报警器等,提供不同的数据接口,达到综合采集超市数据的目的。不同的数据采集终端通过RS232/RS485/TCPIP等多种信道与服务器传输交互指令与数据。

根据系统规模与要求,数据库可设在分店、总部或者通过互联网直接上传到普诺玛总部网络服务器上,且分店总部可以同时保存。

(4)防损数据分析与决策系统。针对单店、连锁超市乃至整个零售行业的基础数据,进行深层次统计处理和挖掘,形成各种类型统计报表,真实客观地反映在防损事务中出现的真实但容易被忽略的情况,帮助用户进行决策。

用户采用系统授权的账号与密码,通过客户端或者浏览器访问应用服务器,获取授权统计决策信息,从而确定企业新的防损管理方案。系统提供的防损决策与分析功能,真正实现以最少的投入获得最大的回报,让零售企业防损工作真正迈上新的台阶。

普诺玛公司推出已经获得专利的 POS-DVR 数字收银监控管理系统，就是 LPMS 中的一个子系统，它将传统的 POS 收银系统与最新的数字视频监控应用相结合，对收银台钱款和商品的交易操作等进行实时监控、记录实物（商品）与数据是否相符，提供强大的数据查询功能，通过数据整合与分析，达到威慑、防止、处理商场内盗窃现象的作用，同时在很大程度上保障了正常消费者的合法权益。

资料来源：普诺玛集团. http://www.promatic.com.cn，2004-11-06.

案例分析
1. 试说明普诺玛的 LPMS 安全与防损集成管理系统的主要功能及作用。
2. 企业的防损管理工作如何实现信息化？

实 训 项 目

项目：卖场防损状况调查

组织学生以下面的调查表为基本内容进行防损调查，并撰写一份本市连锁超市、大卖场防损状况的调研报告。

连锁超市、大卖场防损状况调查

调查目的：
1. 调查中国零售行业超市、大卖场防损工作的状况。
2. 了解企业目前防损工作所面临的共性问题。

调查对象：
防损部管理人员、办公室管理人员、主管防损部的副总。

第一部分　企业基本情况调查（请在□内划✓）

1. 您所在企业拥有的业态（本次调查只涉及大卖场和超市状况）：
   □ 大卖场，指 3 000 平方米以上。如有，（　　）个门店
   □ 超市，指 500～3 000 平方米。如有，（　　）个门店
2. 贵公司门店的分布：
   □ 本省内发展
   □ 本省及周边两至三个省市发展
   □ 全国多省市发展（3 个以上）
3. 贵公司 2014 年度销售额（人民币）为：
   □ 5 亿元以下　　□ 5～20 亿元　　□ 20～50 亿元
   □ 50～100 亿元　□ 100 亿元以上
4. 贵公司成立的年限：
   □ 1 年以下　　　□ 1～3 年　　　　□ 4～6 年
   □ 7～9 年　　　 □ 10 年以上

第二部分　企业防损组织架构调查

1. 贵公司防损部的组织架构是：

☐ 企业总经理——总部防损部——基层防损部
☐ 企业总经理——兼管部门——总部防损部——基层防损部
☐ 门店店长——基层防损部
☐ 门店店长——兼管部门——基层防损部
☐ 其他方式，请注明_____

2．您如何评价贵公司防损部的独立性？
☐ 很强　　　　☐ 较强　　　　☐ 较弱
☐ 很弱　　　　☐ 没有

3．门店层面的防损架构是：
☐ 防损经理——防损主管——基层员工
☐ 防损主管——基层员工
☐ 门店没有防损部，由区域防损部管理
☐ 门店只有防损员，由区域防损部管理
☐ 其他方式，请注明_____

4．贵公司平均每个门店的防损员人数是（不包括外包保安公司）：
大卖场　☐ 0～10人　☐ 10～30人　☐ 30～50人　☐ 50人以上
超　市　☐ 0～10人　☐ 10～30人　☐ 30～50人　☐ 50人以上

5．贵公司防损部的职能有（可多选）：
☐ 抓外盗和内盗　　☐ 消防安全　　　　☐ 对损耗指标负责
☐ 总部人员诚信调查　☐ 成本控制　　　　☐ 流程监督
☐ 流程审计　　　　☐ 人身事故预防与控制
☐ 食品安全　　　　☐ 其他，请注明_____

第三部分　企业防损运作调查

1．贵公司门店每年大盘点的次数：
☐ 1次　　　　☐ 2次　　　　☐ 3～4次
☐ 4次以上

2．贵公司防损率计算依据是：
☐ 成本计算法

$$损耗金额=盘点库存金额-账面库存金额$$

其中：盘点库存金额是大盘点盘出的期末库存总金额（不包括生鲜）。

$$账面库存金额=期初库存+盘点期间收货金额-盘点期间销售额$$

以上金额均以成本价计算

$$损耗率=\frac{损耗金额}{销售额}\times 100\%\text{（均以成本价计算）}$$

☐ 零售价计算法

$$损耗金额=盘点库存金额-账面库存金额$$

其中：盘点库存金额是大盘点盘出的期末库存总金额（不包括生鲜）。

$$账面库存金额 = 期初库存 + 盘点期间收货金额$$
$$-盘点期间销售额 - 降价金额(+提价金额)$$

以上金额均以零售价计算

$$损耗率 = \frac{损耗金额}{销售额} \times 100\% \text{（均以零售价计算）}$$

  □ 其他方法，请注明_____
3. 贵公司规定的损耗率指标是：
  □ 1%~2%   □ 0.5%~1%
  □ 0.3%~0.5%   □ 0.3%以下
  □ 其他，请注明_____
4. 贵公司最近一次大盘点的损耗率是（从最近一次开始）：
全公司平均_____%；损耗率最小的门店为_____%；损耗率最大的门店为_____%。
5. 贵公司对损耗的处理原则是：
  □ 全部让员工或供应商补偿
  □ 超出规定部分让员工或供应商补偿
  □ 企业自己承担
  □ 超出规定部分让人员补偿，低于规定标准予以奖励
6. 贵公司使用了哪些防损技术和手段（可多选）？
  □ EAS 商品防盗系统   □ CCTV 闭路电视监控系统
  □ 红外或门磁报警系统   □ 防损警示标牌
  □ 反光镜   □ 针孔摄像头
  □ 运营报表分析   □ 收银监控系统
  □ 便衣   □ 防盗源标签
  □ 其他，请注明
7. 贵企业有以下哪些防损方面的教育和培训（可多选）？
  □ 新员工入职防损培训   □ 统一的投诉举报热线电话
  □ 门店防损部海报
  □ 员工行为准则或员工手册
  □ 高层人员入职背景调查
  □ 损耗奖励计划
8. 贵公司失盗概率最高的商品（请在□内按照 1、2、3…排序）：
  □ 保健美容品   □ 奶粉   □ 服装鞋帽   □ 烟酒
  □ 口香糖   □ 日化   □ 礼品   □ 巧克力
  □ 其他，请注明_____
9. 贵公司在人员开支/防损设备开支投入上的比例：
  □ 大于 1   □ 相当   □ 小于 1
10. 贵公司平均每间门店，每个月发现的偷盗案件是：

　　　　大卖场：合计约＿＿＿起，其中人防抓获＿＿＿起、设备抓获＿＿＿起。
　　　　超　市：合计约＿＿＿起，其中人防抓获＿＿＿起、设备抓获＿＿＿起。
11．贵公司抓获偷盗的高峰区域（请在□内按照1、2、3……排序）：
　　　　□ 收银区　　　　　□ 销售区　　　　　□ 服务台
　　　　□ 现金存放处　　　□ 门店后室　　　　□ 仓储区
12．贵公司每周抓获偷盗的时间排序（请在□内按照1、2、3……排序）：
　　　　□ 周一　　　　　　□ 周二　　　　　　□ 周三　　　　　　□ 周四
　　　　□ 周五　　　　　　□ 周六　　　　　　□ 周日
13．贵公司每天抓获偷盗的时间排序：
　　　　□ 上午　　　　　　□ 中午　　　　　　□ 下午
　　　　□ 晚间　　　　　　□ 打烊
14．贵公司抓获小偷性别的比例大致是：
　　　　□ 男＿＿％　　　　□ 女＿＿％
15．贵公司抓获小偷的年龄比例大致是：
　　　　□ 10岁以下＿＿％　　　　　　　　　□ 10～18岁＿＿％
　　　　□ 18～35岁＿＿％　　　　　　　　　□ 35岁以上＿＿％
16．贵公司损耗的分布情况：
　　　　□ 内盗＿＿％　　　　　　　　　　　□ 外盗＿＿％
　　　　□ 内外勾结＿＿％　　　　　　　　　□ 运营损耗＿＿％
　　　　□ 仓储损耗＿＿％　　　　　　　　　□ 供应商欺诈＿＿％
　　　　□ 流程错误＿＿％
　　　　□ 其他＿＿％，请注明＿＿＿＿＿＿＿＿＿
注：
运营损耗指缩水、破损、客户损坏等。
仓储损耗指供应商供货、退货、换货和库存管理中的损耗。
17．贵公司发生外盗最常见的手法是：
　　　　□ 团伙盗窃　　　　□ 个人偷窃　　　　□ 商品调包
　　　　□ 偷换条码
　　　　□ 其他，请注明＿＿＿＿＿＿＿＿＿
18．贵公司发现内盗最常见的手法是：
收银员（请选三项最主要的）：
　　　　□ 直接偷钱　　　　□ 虚假退货　　　　□ 偷换条码
　　　　□ 少输数量　　　　□ 主动打折　　　　□ 漏收款
　　　　□ 其他，请注明＿＿＿＿＿＿＿＿＿
理货员（请选三项最主要的）：
　　　　□ 偷窃商品　　　　□ 占有赠品　　　　□ 使用商品
　　　　□ 损坏商品
　　　　□ 其他，请注明＿＿＿＿＿＿＿＿＿
保安员（请选三项最主要的）：

☐ 偷窃商品　　☐ 受贿　　　　☐ 使用商品
☐ 损坏商品　　☐ 占有罚款　　☐ 合伙作案
☐ 其他，请注明_____

厂家代表、保洁员等其他人员：
盗窃方法请列举 _____

19. 贵公司考察员工诚信度的方式（可多选）：
　　☐ 家庭背景调查　☐ 求职信　　　　☐ 测试
　　☐ 行为描述面谈　☐ 调查以前工作过的公司表现
　　☐ 其他方式，请注明_____

20. 贵公司防损培训的次数：
　　☐ 内训_____次/季度　　☐ 外训_____次/季度

21. 贵公司最希望获得哪些方面的防损知识（最多可选五项）：
　　☐ 防损体系构建　☐ 损耗控制　　　☐ 分流管理
　　☐ 稽核理论　　　☐ 法律知识　　　☐ 采购中的防损
　　☐ 运营中的防损　☐ 生鲜损耗控制　☐ 收银中的防损
　　☐ 财务与防损　　☐ 信息系统与防损　☐ 其他，请注明_____

22. 贵公司在防损中遇到最棘手的问题是：
　　☐ 惯偷　　　　　☐ 缺乏相关法律保护　☐ 外部舆论环境差
　　☐ 内外勾结　　　☐ 其他，请注明_____

第八章 卖场安全管理

技能目标
- 能依据门店安全管理规范来检查卖场安全管理状况。
- 能针对卖场安全隐患问题提出解决措施。

知识目标
- 了解连锁门店安全管理的基本内容。
- 了解卖场安全管理的规范。
- 基本掌握卖场安全管理的相关知识和管理措施。

惨重教训提醒不容忽视安全问题

2006年12月15日上午,位于信宜市人民南路13号的兆康购物广场发生火灾,上午10时7分,信宜市公安消防中队官兵接警后迅速赶到现场展开扑救。由于火场涉及面积大,蔓延迅速,茂名市公安消防局接报后立即调动高州、化州、公馆、河东、红旗和茂石化共6个中队前来增援,经过6小时激战,消防官兵在15日下午16:10将地面火灾全部扑灭。该商场的地下仓库由于地形复杂,货存杂物较多,燃烧时间较长,烟气较大,扑救困难,后来采取灌水入仓的办法,直到16日下午5时多,地下仓库的火焰才被彻底扑灭。

这次火灾共烧毁了四层的购物广场,过火面积达6 000多平方米,初步估计直接经济损失达200多万元,所幸的是,由于各部门通力协作,抢救疏散及时,这次火灾没有造成人员伤亡。经省、市公安消防部门联合调查组初步认定,火灾是由于商场内部收费电脑的配件短路而引起。

"12·15"兆康商场火灾是信宜几十年来最大的一次火灾,烧毁了信宜最大的商场,损失比较惨重,教训十分深刻,暴露出一些不容忽视的问题:一是商场内部消防设施不齐全,无自动报警系统和自动喷淋系统,火灾防御能力低。二是消防部队车辆装备比较落后,目前信宜市消防大队仅有3辆普通的水罐消防车,防毒面具、防火隔热服等器材严重不足,制约了灭火战斗力的发挥。三是城市公共消防设施欠缺,火场附近仅有一个地上消火栓,水源严重缺乏。四是员工安全意识淡薄,报警不及时,发生火灾时商场没有及时报警,也未能组织员工及时扑救初起火灾,导致火灾的蔓延扩大。

资料来源:郭瑞翔,王国兴.茂名晚报,2006-12-20(2).

第一节　卖场安全管理内容

卖场是人流集聚的公共场合，现代卖场基本上采取开放式的经营方式，经营的商品品种繁多，每日人流量大，且有大量的现金流量，卖场经营管理者对卖场在安全上的防范和管理是管理工作的重要内容。安全的管理除了硬件设备的配置必须符合政府相关法令的要求和规范外，卖场必须制订安全事故处理规范和措施，进行例行的安全检查，增强突发事件处理的应变能力，以防范安全事故的发生。

一、安全事故发生的原因

1．设备陈旧

零售企业购买的一些安全设施和工作器械如消防设施、逃生设备等，平时不定期检查、多年不更新，一旦使用时，常会发现设备老化甚至不能正常使用，不仅会危害公共利益，也使得内部员工的工作安全性难以得到保证。

2．员工缺乏安全常识

由于企业对安全不重视，对员工的安全培训不到位，员工的安全意识缺乏，造成许多安全隐患。如在用电方面，用电量超过负荷、电源使用不当；在工作方面，工作习惯不良，卖场设计和陈设不规范；在意外伤害方面，医护处理不当；在消防设施方面，缺乏使用消防设施的必备常识、不重视消防设施的维护等，这些都成为安全事故的隐藏杀手。

3．缺乏警惕

许多意外事故在造成重大伤害之前已有事故苗头，常常是由于员工缺乏高度的警惕，没有及时改善，而导致最后一发不可收拾的局面。

二、安全管理的项目

零售企业的安全管理项目相当繁多，除了有关公共的范围外，也有连锁各门店本身的内部安全管理，包括人员及财物部分，主要有以下几方面内容：

（一）公共安全管理

1．消防安全管理

消防安全管理的范围包括：
（1）火灾预防及抢救。
（2）各项安全设备的定期检查和管理。
（3）消防水源的定期检查和管理。
（4）消防安全的教育及宣传。

2．卖场陈设安全管理

不安全的卖场陈设容易使顾客在购物区域活动时发生意外事故，因此需特别注意下列事项：
（1）货品陈列安全。货品陈列过高或摆放不整齐时，容易因人为碰撞而使商品倒塌或掉落，造成顾客或员工的意外伤害。

（2）卖场装潢安全。超市经营者为了吸引消费者，往往在装潢上作相当大的投资。但是美观之余，还必须注意其安全。例如，部分超市卖场喜欢利用玻璃做装饰，但因玻璃制品易碎，除了容易引起伤害之外，还不容易清理干净。

（3）货架装设安全。货架摆设的位置不当、不稳固或是有突角，都可能使顾客在购物时发生意外事故。

（4）地面安全。地面湿滑或有水迹出现时，若未能立即处理，也会造成顾客在行进过程中滑倒而受伤。

3．购物车安全管理

超市购物车/篮使用频繁，常会损坏，比如断裂、少轮子等，或有伤人的毛刺存在，造成对顾客安全的威胁，所以要进行常规检查。购物车零散地存放于卖场，也是不安全因素，被顾客推离停车场的范围时容易丢失，要加强管理。

4．电梯安全管理

无论是客梯还是货梯，要进行常规性的检修，保证电梯的正常运行；不要使用客梯大批量运送货物，避免造成顾客的不便和意外事故的发生；禁止儿童在电梯上玩耍；必要之处要有警示牌明示，提醒顾客注意。

5．员工作业管理

员工作业方式不当可能会造成对顾客或员工本身的伤害。例如，补货作业不当、大型推车使用不当、卸货作业不当，都可能造成商品掉落，砸伤或压伤顾客和员工。

（二）开（关）店的安全管理

大部分超市在非作业时间并未安排人员留守。但是为了防止窃贼夜间闯入窃取财物，通常会与保安公司合作、安装保安系统。因此有必要对开、关店的作业加以规范，以确保卖场的夜间安全。有关的管理内容如下：

（1）开店必须由特定人员（如店长、副店长，或其他管理人员）在规定的时间开（关）保安设施，并由本人在记录簿上加以记录并签名，还必须附有至少二位人员附属签名作为证明。

（2）开店后，值班主管应检查正门入口、后门、金库门及所有门窗有无异状，要确保一切正常，没有被破坏的迹象。

（3）关店前后应做好以下事项：

1）清点现金，检查收银机、金库、店长室并且上锁。

2）除必要的电源外，其他不必要的电源应关掉，所有插头也应拔起。

3）检查店内每一角落，包括仓库、作业场、机房、员工休息室、厕所等。防止有人藏匿于店内。

4）员工安全检查。例如，检查员工撤离公司的手提袋及物品。

5）开关门时应提高警觉，注意周围有无可疑状况。

（三）报警管理

（1）将报警电话、当地派出所电话、保安部及主管电话张贴于电话机旁。

（2）卖场发生任何安全事件，如偷窃、抢劫、防火、顾客财务损失以及其他意外事件时，店长应及时了解事件过程及原因，并及时向上级主管部门报告。保安人员要担负好保安的职责，并依法处理事件。

（四）钥匙管理

（1）对所有钥匙进行编号管理，像金库等重要钥匙，应规定分由两人各持一把，共同到场才能开启。

（2）店门、店长室、金库要有备用钥匙，分别由正、副经理或指定的专人保管。

（3）店长、副店长离职更换时，要及时更换金库保险密码。

（五）金库管理

（1）金库的保险箱密码由正、副经理掌管。

（2）除必要人员外，其他不相关人员禁止入内。

（3）金库门随手锁上。

（4）门店开关门时，店长重点检查金库，发现异常情况立即向上级主管报告。

（六）业务侵占的防范管理

（1）定期抽查员工的储物柜以及带出卖场的物品，以防范员工的侵占行为。

（2）定期抽检收银人员、商品检验人员、负责处理现金的相关人员的作业情况，防止工作人员利用工作之便侵占公司财物或为亲友谋取不正当利益。

（七）偷窃管理

偷窃问题是卖场安全管理相当重要的一部分，防范的对象主要有顾客、内部员工、盗贼。

（八）抢劫管理

由于卖场收银集中，现金流量相当大，特别是超市的收银台邻近出入口，难免会引起歹徒的注意，成为歹徒抢劫的对象。

（九）诈骗管理

由于零售店的现金多、商品多，加上员工普遍年轻，易成为歹徒诈骗的对象。常见的诈骗手段有要求兑换金钱、送货、以物抵物，或声称存放在寄存处/柜里的贵重物品遗失等，要有应急处理方案。

（十）停电应变处理管理

电力是零售企业营业的必备条件，一旦停电，不仅低温保存的商品会变质、整个卖场无法营业，而且会引发顾客或员工窃取卖场财物。因此卖场必须有针对停电的应变程序，以减少损失。

第二节　卖场消防管理规范

零售企业为了加强卖场的安全管理，保障商业企业和社会公众的安全，应根据《中华人民共和国安全生产法》《中华人民共和国消防法》《特种设备安全监察条例》及有关规定，结合企业的实际情况，制订消防规范。

一、明确安全管理人员和职责

（1）商场、超市的法定代表人或非法人单位主要负责人是本单位安全工作的第一责任人，对本单位的安全工作负全面责任，依法履行各项安全职责。

（2）商场、超市应逐级落实安全责任制和岗位安全责任制，明确逐级和岗位消防职责，确定各级和各岗位安全责任人。

（3）商场、超市应依法确定本单位安全工作管理的职责部门，并确定专职安全管理人员。

（4）安全工作管理人员应经本单位考核合格后，方可上岗。

二、安全培训

（1）商场、超市应制订并完善火灾扑救和应急疏散预案、处置突发事故等应急预案，并进行预案演练，预案的演练每半年必须进行一次。

（2）有关负责人和从业人员能够掌握预案内容，履行预案规定的岗位职责。

（3）商场、超市应当对从业人员进行安全教育和培训，未经安全培训和培训考核不合格的人员不得上岗。

（4）特殊工种要依法取得资质证书，持证上岗。

（5）商场、超市应至少每半年进行一次全员消防安全培训。培训的内容应包括：防火知识、扑救初期火灾以及逃生自救的基本知识和技能，组织、引导在场群众疏散的知识和技能等。

三、安全审核

（1）商场、超市的新建、改建、扩建和内部装修工程须经公安消防机构审核合格后，方可施工；工程竣工后，须经公安消防机构验收合格后方可投入使用或开业。未经验收或经验收不合格的，不得投入使用。

（2）内部装修面积在200平方米以下，不改动防火分区、火灾自动报警、自动喷水灭火、防排烟等消防设施，并且装修材料符合《建筑内部装修设计防火规范》要求的非高层建筑，可不报公安消防监督机构，由商场、超市负责安全的部门审核、备案。

四、安全器材、自动报警系统

（1）商场、超市应按照《建筑灭火器配置设计规范》的规定，结合经营品种的火灾类别，配置轻便灭火器材。营业区、库房等部位应配置ABC类灭火器材。

（2）每层建筑面积超过3 000平方米以上的商场、超市，应设置火灾自动报警系统。每层建筑面积超过3 000平方米或总建筑面积超过9 000平方米的商场、超市应设置自动喷水灭火系统；建筑面积超过500平方米的地下商场、超市以及高层建筑内的商场、超市均应设置火灾自动报警系统、自动喷水灭火系统和消防防烟、排烟设施。

（3）建筑总面积大于2 000平方米和建筑面积大于500平方米且在民用建筑内的商场、超市，应按照《简易自动喷水灭火系统设计规程》的规定，设置自动喷水灭火系统。

(4)设有自动消防设施的单位,每年至少应由取得检测资质的单位进行一次全面检测。

(5)商场营业区内灭火器材配置点的间距不应大于 20 米。

五、卖场安全标准

(1)商场、超市内柜台、货架应合理布置,主要疏散通道应直通疏散门或疏散出口,并保证主疏散通道宽度不小于 2.4 米,辅助通道宽度不小于 1.5 米。

(2)建筑面积大于 3 000 平方米的超市应在收银台两侧(建筑面积小于 3 000 平方米的超市可在收银台一侧)设置宽度不小于 1.5 米的无障碍疏散通道,且应保证两个无障碍通道的间距不大于 25 米,并设置明显标志。

(3)柜台的设置不应遮挡、圈占消火栓、灭火器材以及其他消防设施。

(4)超市应根据营业区疏散通道的面积限定购物车的数量。疏散通道的面积与购物车的数量应保证 100 平方米不超过 10 辆的比例,并及时清理停滞在营业区内的购物车。

商场、超市安全出口的疏散门应向疏散方向开启,并应保障疏散通道、安全出口畅通。严禁下列行为:

1)在疏散通道、疏散楼梯间及前室、消防电梯前室设置流动售货车、临时摊位或堆放货物等。

2)在安全出口或疏散通道上安装栅栏等影响疏散的障碍物。

3)在安全出口两侧 1 米范围内设置人体模特、广告牌等,或将安全出口、疏散通道变相当作库房。

4)将防火卷帘两侧设置的平开疏散门占用或堵塞。

(5)商场、超市的营业厅内,安全出口、疏散通道和其他疏散线路的顶部、地面或靠近地面 1 米以下的墙面,应设置符合国家规定的灯光疏散指示标志,并保证疏散指示标志明显、连续,指示标志的间距不应大于 20 米。在疏散走道的地面上设置蓄光型疏散指示标志,并保证疏散指示标志明显、连续。

(6)营业厅、疏散通道、封闭和防烟楼梯间及前室均应设置火灾事故照明,其地面最低照度不应低于 0.5 勒克斯,应急照明连续供电时间不应小于 30 分钟。

(7)商场、超市的装修、装饰及柜台、货架应采用不燃或难燃材料。疏散通道、疏散楼梯间的装修材料应使用不燃材料,并保证耐火极限不低于 1 小时;通风管道等保温材料必须采用不燃材料;其他部位的装修材料应严格执行《建筑内部装修设计防火规范》的规定。

六、商场、超市库房应符合下列防火标准

(1)库存物品应分垛码放,每垛占地面积不应大于 100 平方米。并保证"五距":垛与垛间距不应小于 1 米,垛与墙间距不应小于 0.5 米,垛与梁间距不应小于 0.3 米,垛与柱间距不应小于 0.3 米,垛与灯间距不应小于 0.5 米。

(2)库房内主要通道的宽度不应小于 2 米。

(3)库存物品码放不得挤占或影响消防设施、器材的使用。

(4)库房内不准使用碘钨灯和超过 60 瓦以上的白炽灯等高温照明灯具。使用日光灯等低温照明灯具时,应当对镇流器采取隔热、散热等防火措施。

（5）库房内不准设置移动式照明灯具。照明灯具下方不准堆放货物，照明灯具垂直下方与储存物品水平间距不应小于0.5米。

（6）库房内敷设的配电线路应穿金属管或非燃硬塑料管保护，并与可燃物保持20厘米以上的间距。

（7）每个库房应当在库房外安装电源开关装置，保管人员离库时，必须拉闸断电。

（8）商场、超市库房严禁存放化学危险物品。商场、超市经营的发胶、丁烷气等易燃商品应设置在专用的独立库房内，且储量不应超过2日的平均销售量；电气设施应符合防爆要求，并保持良好的通风。

（9）禁止在库房内设置办公室、休息室或留人住宿。

（10）商场、超市内的中转库与营业厅应采取防火分隔措施。货物码放不应影响自动喷水灭火系统喷头的使用，货物顶面与喷头溅水盘的垂直距离不应小于0.5米，溅水盘周围0.5米内不应堆放货物。

七、配电室安全要求

（1）建立健全电气运行操作规程、电气设备维护检修、电工岗位责任、交接班等各项基本管理制度。

（2）配电室应配备用电设备布置平面分布图、配电线路平面分布图、配电系统操作模拟图板等安全技术资料。

（3）电工应做到持证上岗。

（4）配电室绝缘工具应定期进行试验，试验合格后应加装标志，码放整齐。

（5）配电室内严禁存放杂物。

（6）配电室和值班室应当分开，值班室内不得放床。

八、电器设施、设备安全标准

（1）商场、超市应对火灾自动报警系统、自动喷水灭火系统、消火栓系统、防排烟系统、防火卷帘、消防安全疏散指示标志、应急照明、火灾事故广播等消防设施的完好有效情况进行定期检查和维修保养。防火卷帘应每月进行一次手动、自动、机械、中控室远程控制等功能测试。

（2）严禁擅自拆除、停用火灾自动报警、自动灭火等消防设施。

（3）商场、超市电气线路的敷设、电气设备的安装必须符合国家和当地有关电气安装技术的要求，并由专业人员实施安装敷设。配电线路须穿金属管线保护，不得采用塑料线；禁止拉临时电线；凡移动的电器设备，其电源线必须采用橡胶电缆；不得超负荷运载。电气设备每年至少由具备资格的专业部门进行一次安全检测。

（4）商场、超市内附设食品加工、餐饮部位应设立独立的防火分区。该部位使用的烤箱上方及周围、燃气灶具周围1.5米内，不准堆放可燃物品。

（5）商场、超市应加强对燃气管道、燃气管道自动切断阀、调压装置、燃气灶具、阀门的维护保养，使用燃气的部位、调压装置室等部位应设置可燃气体报警探测器。燃气灶具部位应配置灭火毯。每日下班后应认真进行检查，并有检查记录，严防燃气泄漏。

（6）高层建筑的燃气应采用管道供气，禁止使用瓶装液化石油气。设置在地下商场、超市内的食品加工、餐饮等部位禁止使用液化石油气作为燃料。

（7）商场、超市内食堂、餐饮等场所的抽油烟机、集烟罩以及排油烟管道，每季度应全面清洗一次。

（8）商场、超市在营业期间内禁止电、气焊等明火作业。设备维修等特殊情况确需动火作业的，应由单位的消防安全责任人或消防安全管理人批准，采取严密的防范措施，确保用火安全。

（9）商场、超市所用特种设备的使用应当符合《特种设备安全监察条例》和有关安全生产的法律、行政法规的规定，保证特种设备的安全运行。在用的特种设备应在安全检验合格有效期届满前 1 个月向特种设备检验检测机构提出定期检验要求。未经定期检验、超过检验周期或者检验不合格的特种设备不得继续使用。特种设备使用单位对在用特种设备应当至少每月进行一次自行检查，并做出记录。

九、安全管理

（1）消防控制室人员必须持证上岗，掌握消防设施的运行情况，熟练操作消防控制设备。消防控制室应设专人 24 小时值班，每班不得少于 2 人，并有值班工作记录。

（2）消防控制室人员在接到报警信号后，应立即携带应急包（对讲机、氧气面罩、破拆工具、手电、轻便灭火器材等）赶赴现场进行处置。

（3）商场、超市在营业期间应当安排专职人员至少每两小时进行一次消防安全巡视，巡视区域要有明确的划分，巡视内容要有明确的要求，及时发现和整改火灾隐患，并做好巡视、检查和整改记录。

（4）商场、超市值班领导应掌握当日值班警卫人员的配置情况以及值班警卫人员在岗在位情况，并填写值班记录。

第三节　卖场安全措施

一、消防安全

（一）事前措施

（1）编制应变处理小组，确定成员名单并送交给上级主管备查。

（2）定期保养及检查各种消防设施，如果灭火设施发生故障或已过期，应随时向上级相关主管及部门反映以便立即处理。

（3）由总指挥（店长）定期集合全体员工讲解灭火设备的功能、使用方法以及逃生的基本常识。

（4）经常检查所有疏散通道及安全门，要求不可阻塞、不可遮住逃生标示、不可在营业时间将安全门上锁。

（5）强化员工树立下列安全观念：

1）"星星之火可以燎原"，不要忽视任何小火苗。

2）绝对禁止乱丢烟蒂。
3）养成下班前随手关掉煤气、抽风机和各种电器设备的习惯。
4）注意电源插座及电线插头是否松动或损坏，如有情况应随时报告店长和主管处理。
（6）定期举行防火演习，并要求专柜人员一同参加。
（7）防火演习尽可能在营业时间内进行，以增加临场经验。

（二）事中措施

1．特大火灾处理程序

第一步：
（1）立即报告店长（视状况转报上级相关主管）。
（2）立即拨打 119 报警。
（3）广播通知店内所有员工，立即根据应变处理小组的编制执行任务。
（4）立即疏散店内顾客迅速离开现场。

第二步：
（1）听从总指挥（店长）或消防人员的指挥。
（2）保持镇定，按照平时的消防演习经验执行本职工作。
（3）迅速将现金及贵重财物放进保险柜并上锁。
（4）除电灯外，关掉所有的电器设备。
（5）在不危及自身安全的情况下，协助用灭火设备救火。
（6）将受伤的顾客或员工立即送往医院。

2．一般火警处理程序
（1）发现小火警，立即向店长报告。
（2）利用就近的消防设备迅速灭火。

3．注意事项
（1）安全第一，不要因为收集现金或救火而危及自身安全。
（2）有浓烟出现时应匍匐在地上爬行，迅速离开现场（因为离地面 20 厘米仍有氧气，不会妨碍呼吸）。
（3）尽量避开电器设备，不要用手或身体触摸。
（4）不要使用电梯，尽量由逃生门或楼梯疏散。

（三）事后措施

（1）重大火灾处理
1）离开卖场后到附近指定地点集合。
2）店长应在到达指定地点后迅速清点人数。
3）未经消防人员许可，不可再度进入火灾现场。

（2）一般火警处理
1）如果店长不在现场，而火已扑灭，仍需向店长报告经过。
2）店长了解情况后应向上级相关部门报告。
3）清点财物的损失并编列清单。
4）分析火灾原因、应变处理过程中的不足，作为日后改善的依据和培训内容。

二、营业期间内盗窃

（一）处理偷窃行为的重点原则

（1）对未满二十岁的成年人应通知法定代理人来处理。
（2）与未成年人签立和解书时须有法定代理人共同签立。
（3）不能限制偷窃者的自由亦不能扣留其证件、物品。
（4）只能要求其赔偿偷窃商品的门市价值。
（5）对于改（悔）过书、和解书上之姓名、电话、地址可以核对证件或电话查证。
（6）处理和解事件时应在办公室等公开场所。
（7）偷窃已成事实时，应请公司内部高阶主管或专责部门（如保安人员）处理；若事态严重，可报警处理。

（二）事前防范措施

1. 顾客偷窃事件的防范措施

（1）超市外设置存包柜，禁止顾客携带大型背包或手提袋入内，请其存放于服务台。
（2）顾客携带小型背包或店内的包装袋入内购物时，应留意其购买行为。
（3）亲切地向每位顾客问好、打招呼并且主动、适时地给予协助。
（4）加强卖场巡视，尤其要留意死角和人多聚集处；每隔一段时间环绕一下卖场，尽量避免旁若无人地打电话、聊天、补货，或是长时间待在后场仓库作业。
（5）经常整理并检查商品的排面，避免因为排面的凌乱让人有可乘之机。
（6）在卖场的死角地带增加辅助设备，如反光镜、有线电视或监控系统等，以威慑有投机心理的顾客。
（7）尽量将单价高或是体积较小的商品陈列在柜台附近，以便收银人员就近管理。
（8）注意由入口处出去的顾客。
（9）顾客边走边吃超市的食品时，应委婉口头提醒，请其至收银台结账。
（10）有客人结伴入店时，应随时注意；遇有可疑情况，应立即主动上前服务。
（11）妥善保管条码纸，以免给人可乘之机。

2. 员工偷窃事件的防范措施

（1）检查现金报表。主要有：现金日报表、现金损失报告表、现金投库表、营业状况统计表、换班报告表、营业销售日报表、营业销售月报表等。
（2）检查商品管理报表。主要有：商品订货簿、商品进货统计表、商品进货登记单、坏品及自用品统计表、商品调拨表、商品退货单、盘点统计表等。
（3）为防员工监守自盗，须制订处罚办法并公布通知、严格执行。
（4）员工购物应严格规定时间、方法及商品出入手续。
（5）严格要求员工上下班时从规定的出入口出入，并自觉接受检查。
（6）装置电子监视系统。

（三）顾客偷窃事件处理技巧

（1）发现可疑人物时，立即盯梢并注意其行踪，以确定可疑人物离开收银柜台后商品仍在其身上；如果不确定，绝不可将其拦下。

（2）在认定偷窃之前给予顾客有表示"购买"的机会。具体的办法是对隐藏商品的顾客说"你要××商品吗？""让我替你包装商品"等，提醒顾客"购买"。

（3）如果提醒之后，顾客仍无购买的意思，则要以平静的声音说："对不起，有些事情想请教您，请给我一点时间。"再将其带入办公室，并做适当的处理。

（4）只有在可疑人物离开超市营业范围以后才可实施抓捕，并应立刻通知店长；阻止可疑人物时，应由两位以上的人员执行；作为人证，其中一位应与窃贼同性别。

（5）除非阻止可疑人物逃跑，否则不可使用暴力，更不可对其进行搜身。

（6）如果可疑人物不止一人，必须逮捕实施盗窃的人，并确定赃物是在何处被转交他人。

（7）拦住他人并指控其未付货款时，必须经过查证之后才行动，千万不可轻举妄动。

（8）在处理偷窃事件时，不要把顾客当作"窃贼"，讲话要冷静自然，尽可能往顾客"弄错的"角度去引导其"购买"，不要以"调查"的态度对待顾客。

（9）如果误会了顾客，应向顾客郑重地表示道歉，并详细说明错误发生的经过，希望能获得顾客的谅解，必要时应亲自到顾客家中致歉。

（四）事后处理程序

（1）由店长（主管）负责在指定地点对可疑人物进行盘问，同时必须有两位以上的职员在现场作证，其中至少有一位员工与可疑人物同性别。

（2）要求可疑人物主动将未付款的商品交出来，不要对其搜身。

（3）联络派出所，要求对方前来协助。

（4）在警察尚未到达前，要求可疑人物填写声明书、提供个人资料，并签名表示一切陈述属实。

（5）警察到达后，将可疑人和物交给警察，由警察进一步进行调查。

（6）如果警察认为此事证据不足，不可与之争辩，警察有权决定证据确凿与否。

（7）特殊情况则必须向上级相关主管报告。

（8）所有可疑人物的声明书均应存档备案，定期整理。

三、夜间行窃

各部门依照关店安全管理规定，做好各项必要措施。

（一）事中措施

（1）保安部门接到异常情况的报告时，立即组织保安人员到达现场。

（2）员工到达现场时，应会同保安人员一起进入现场，并记住"保安人员在前，该岗位员工在后"。

（3）如果在现场碰到歹徒，切勿与歹徒扭打，应确保自身安全，并且记住歹徒的容貌及特征。

（二）事后措施

（1）如证实遭到偷窃，立即向警方报案，并迅速报告上级相关主管部门，要求前来处理。

（2）不要破坏现场，等警方和上级主管到达后，经许可方可清点财产。

(3)将案件发生的全部过程形成报告,呈上级相关主管部门存查。

四、抢劫

为保证现金的安全,应按照规定作业并做好现金的管理。

(一)事中处理

(1)不要任意惊叫和进行无谓的反抗,以确保自身安全为主要原则。
(2)沉着冷静,记住歹徒的容貌、穿着、身高和年龄等特征。
(3)尽量拖延时间、假装合作,但尽可能使现金损失降至最低限度。
(4)如无生命危险,可谎称不知道金库的密码。
(5)其他人员寻找时机拨打110电话报警。

(二)事后处理

(1)歹徒离去后立即向警方报案,并向上级相关主管部门报告。
(2)不要破坏现场,等警方和上级主管到达后,经许可方可清点财产。
(3)歹徒离去后,立即记录歹徒体貌特征。
(4)将案件发生的全部过程形成报告,呈上级相关主管部门存查。

五、顾客的意外伤害

(1)顾客购物时,如发生晕倒现象或遭受伤害,应派人将其扶到员工休息室休息,或用基本药物救治,并指派人员在一旁协助观察。
(2)顾客购物时,发生紧急状况,如心脏病突发和遭到严重伤害时,应迅速拨打120电话,请救护车支援,避免自行搬动受伤者。
(3)送顾客就医时,应派店内员工陪同。
(4)对顾客表示关心,了解顾客的康复情况。

六、停电

电力是门店正常经营和顾客顺利购物的基本保障,因此门店要事先准备应急灯、手电筒等临时照明设施以防备临时停电,有条件的可购置发电装置;了解电力部门的停电计划,及早做出安排和做好准备。

(一)事中措施

(1)停电时,店长应立即打电话询问电力公司停电原因、停电时间。
(2)若停电时间很长,需要小型发电机支援时,立即通知工程部门及上级主管部门。
(3)店长立即将金库、店长室锁好。
(4)收银人员迅速将收银机抽屉关好。
(5)安排员工疏散顾客。
(6)店长应迅速将人员分配至收银台附近及卖场里,防止顾客乘机偷拿商品。
(7)用委婉的语调安抚顾客,并请顾客谅解因停电所带来的不便。

（8）指派副店长或其他管理人员在后门把关，防止员工乘机盗窃超市财物。

（二）事后措施

（1）检查卖场内外是否有异常情况。
（2）清查店内的财物和商品。
（3）对店内的生鲜食品和冷藏（冻）食品进行质量检查，避免顾客买到因停电而品质受到影响的不良商品。
（4）待一切恢复正常之后再开始营业。

七、发现疑似爆炸物

（1）立即拨打 110 报警电话。
（2）不可碰触疑似爆炸物，并划出警戒区域，不准任何人接近。
（3）疏散店内顾客和员工，立即停止营业。
（4）以安全为最大原则，不可冲动行事，以免造成任何伤害。
（5）静待警方处理，直到危险解除后再恢复营业。

本 章 小 结

本章主要阐述了连锁门店安全管理的基本内容和卖场安全管理的相关知识；介绍了卖场各类安全管理的规范和管理措施；重点介绍了消防管理规范，包括消防管理人员职责、人员培训、设施设备要求和卖场安全标准。

案 例 分 析

北京大型商场安全服务体验

北京娱乐信报时尚休闲周刊记者按照《北京市商业零售经营单位安全生产规定》（以下简称《规定》），去京城的部分商场和超市进行了实地体验。

体验地点：东方新天地、新世界商场、当代商城、京客隆超市管庄店、中关村家乐福店、迪亚天天超市、屈臣氏。

一、商家安全出口

在东方新天地，记者走进了其中的一个疏散通道，注意到门是向疏散方向开启的，通道中没有存放任何物品、很畅通。

随后，记者又来到了当代商城，按照《规定》对这里进行了调查。当代商城整体布局比较简单，客流不是很多。记者进入商场一层后，按照指示的安全出口走了一回。这里的安全出口标志很好找，因为它们最终指向的就是一层的大门，标有"安全出口"的门就是那些紧挨旋转门的玻璃门。

在新世界商场，记者随意选择走到一条疏散通道，看到这里没有任何杂物堆放，记者试着按照安全出口的指示灯前行，顺利来到了安全出口。

中关村家乐福店面很大，但是这里的安全措施还是很细致。安全出口数量多，而且出口处畅通。安全门上都用明显的颜色标注"安全通道请勿阻挡""此门已设报警装置，非紧急情况请勿使用""安全疏散门，非紧急情况请勿使用"等标志。记者发现有少数的安全门是关闭的，这些关闭的安全门旁边的墙上都贴着一个红色的中英文示意图，标有"紧急情况按下玻璃推门逃生"的字样。

二、商家疏散指示标志

记者走进东方新天地，注意到商场的通道都整齐地排列了安全出口的标志，且非常醒目。在崇文门新世界商场，记者看到商场通道中，安全出口的标志醒目且连续。

同样，记者在京客隆超市管庄店发现，一进门就能看到这里的标志十分清楚，安全出口的标志在超市内及通道地面都有。

在中关村家乐福店，记者看到这里的疏散指示标志分为吊挂式、墙面式和地面式三种。标志采用统一的深绿色底、荧光图示和文字。在超市中，记者顺着地面箭头指示方向都可以很容易并且准确地找到辅助安全出口的位置。收银区的外面几乎间隔六七米就有一个辅助安全出口。另外，超市里面还有必备的消防栓，而且消防栓、配电间、空调机房门口也都有明确的标志。

走进中关村某商场，记者发现，墙面和地面并没有任何疏散指示标志。上了该商场的二楼，记者顺着安全出口的指示牌走，却走到了一处卖鞋的柜台里面。绕过一张巨幅的宣传画，安全出口楼梯才显现。在四楼，记者同样顺着安全出口指示牌走，直到一左一右两个指示箭头对上了，那本应该出现的安全出口却在一家服装店里面消失了，记者绕到后面才看到了这个安全出口，而这个出口距离这面装饰墙也就只有一米左右。

三、无购物出口

在京客隆管庄店收银区，记者注意到，虽然设置了无购物通道，但在另一出口处，如果不询问工作人员，则不容易看到出口。总体看来，情况还是不错的。

而在一家迪亚天天连锁折扣超市，记者发现这里的无购物结算通道虽然有两条，但是只开放了一条。一位没有在超市内购物的消费者看到开放的结算通道有五六位顾客在排队，只好走另一侧关闭的结算通道，还得把腿抬高迈过挡板。而一位带小孩的老人更是得把挡板抬起移开后才能离开超市。经常在这里购物的刘女士告诉记者："折扣超市不应该连设施也一起打折扣。家门口的超市就是为了给居民带来方便。先不说什么发生火灾，仅仅是对腿脚不方便的老人来说，这样的设施都保证不了起码的安全，何来方便？"

随后记者来到崇文门附近的一家快客超市，这家超市的营业面积较小，两三排货架一放，就很难保证符合疏散通道宽度的规定了。相比迪亚天天超市来说，快客的收银处为开放式设计，避免了无购物通道的麻烦。

在一家 7-11 便利店，记者看到安全出口通畅，疏散通道宽敞且没有任何货物堆放。来自韩国的崔先生告诉记者，7-11 确实要比大部分同等规模的连锁超市更加安全。

四、营业区内安全警示标志

在王府井某商场，记者注意到，虽然商场的落地玻璃门和玻璃墙都贴有安全标志，但营业区中的个别门店的玻璃门和玻璃墙并没有贴上安全标志。记者询问门店营业员，她表示门上有醒目的门把，顾客应该能很轻松地注意到，不会出现碰撞玻璃门的事故。而一些门店在店内设置了很大的落地试衣镜，镜面十分光亮，给人错觉可以走过去。在记者观察的时候，就有一名顾客错把镜子当作为可以前行的通道，一边斜着头挑选衣服一边向镜子迈步，全然不知面前是镜子，无法前行。

京客隆超市的落地式玻璃门设置了安全警示标志。在新世界，记者注意到营业区域内，商场中大部分的落地玻璃门、玻璃窗、玻璃墙设置了安全警示标志。

记者在家乐福的卖场里面看到这些店铺绝大多数都是采用玻璃门和玻璃墙，在这些玻璃挡板中绝大多数上面都贴有自己品牌的LOGO或者"小心玻璃"的字样，但是也有个别的玻璃上没有任何标志，留下了一些隐患。

资料来源：http://www.qianlong.com/，2007-01-12.

案例分析：

结合《北京市商业零售经营单位安全生产规定》分析上述商场在哪些方面不符合规定，应该如何改进。

实 训 项 目

项目：商场安全状况检查

以下列安全检查表的内容为基本调查内容，以小组为单位选择几家商场为调查对象进行调查，并对本地区商场的安全状况作综合评述。

商场安全检查表

序号	项目	内容	合格	不合格	整改情况
1	环境	01. 温度：有空调装置为16～28℃，无空调装置冬季不低于16℃			
		02. 相对湿度：有空调装置为40%～70%，无空调装置为30%～80%			
		03. 风量：营业面积大于800平方米时，应有机械通风设置。有空调装置，新风量不应小于20立方米/人·小时			
		04. 细菌总数不超过6 000个/平方米			
		05. 噪声：不超过60分贝（加权声），出售音响设备的柜台不超过85分贝（加权声）			
		06. 照度：柜台不低于100勒克斯			
2	通道	01. 现场走道的宽度为2～2.6米，靠墙设备与柜台过道的宽度为0.9米，营业厅中的走道宽度最低不少于3米，商店安全出口不应少于两个			
		02. 商店地下室应设独立的安全出口，疏散用的大门应向疏散方向打开			
3	布局	01. 食品、药品、化妆品等商品应陈放在有防护和空气清洁的地方			
		02. 出售生产资料的商店不得在同一区域内经营食品			
		03. 释放有毒、有害物质的商品，应有单独售货室，并采取防护措施			
4	营业员	01. 进行健康检查，领取健康合格证，并经卫生知识培训合格后方可上岗工作			
		02. 营业员两年一次健康检查，从事销售食品的营业员每年一次健康检查			
		03. 销售食品时，要求营业员穿戴白色衣帽工作服，不准戴戒指、涂指甲油			

(续)

商场安全检查表

序号	项目	内 容	合格	不合格	整改情况
5	卫生	01．采用湿式清扫，店内挂禁烟标志			
		02．每季度进行一次空气消毒，每年至少一次环境检测			
		03．柜台、楼梯扶栏、休息椅等应每天进行擦拭、消毒			
		04．禁止柜台外堆放商品，禁止柜台内存放私人物品			
		05．商场开门半小时后、关门半小时前不允许大批量现场送货，只能用小推车小批量补货			
		06．商场内厕所应有标示，由专人负责，定期清洗和消毒，做到无臭、无蚊蝇滋生			
		07．定期开展杀虫灭鼠活动，做到场内无病媒昆虫和老鼠			
6	电梯	01．使用的各类电梯必须有"生产许可证"、"出厂合格证"			
		02．电梯安装、维修保养和操作等作业人员必须经专业培训和考核，取得《特种设备作业人员操作证》			
		03．必须将电梯的安全检验合格标志固定在电梯的醒目位置			
		04．严禁用客梯和电动扶梯运货，严禁用货梯载客，儿童乘坐电梯必须有成年人陪同			
		05．电梯操作工不得擅自离开电梯，无客运货运任务时，电梯须停在底层待命			
		06．操作工离开电梯时，必须锁好电梯门			
		07．在用电梯实行定期安全检验制度，定期检验周期为1年			
		08．建立电梯维修、检查、保养档案，严格进行电梯年检、月检、日检			
7	防火管理	01．配电房、空调机房、锅炉房、电梯间、油料及煤气罐储存室、家电维修部、仓库、包装物回收库要明确防火责任人			
		02．制订防火规定，确立防火标志，配备灭火器材			
		03．易燃易爆危险品要专地存放、专人保管，不得与其他物品混装、混堆、混放，并远离火源			
		04．易燃易爆物品有严密的领用制度			
		05．营业现场及重点防火部位严禁吸烟及动用明火			
		06．动用电焊、气焊等明火切割施工的，事先提出书面申请，领取"动火证明"，并有专人现场监护			
		07．动火现场必须配备灭火器材，事后必须清理检查现场，确认无隐患方可离开			
		08．安全台账记录完整			
8	建筑	01．在商场建筑物内不准修建阁楼			
		02．在居住建筑物内设商店时，应将商品用非燃烧体墙和楼柜与住房隔开			
		03．一、二级耐火等级的建筑物中的地下室顶板，应为非燃烧体			
		04．4层及4层以上的商店必须安装室内消防管道，设室内消防栓，保证室内消防用水量			

（续）

商场安全检查表

序号	项目	内容	合格	不合格	整改情况
8	建筑	05．高层建筑之间的防火间距不得小于 13 米，当高层建筑与三、四级耐火等级的低层建筑相邻时，防火间距不得小于 15 米			
9	消防设施	01．商场必须有消防水源、自动灭火和报警系统			
		02．设施每月保洁一次，每季度检查保养一次，保证设施完好率百分之百			
		03．严禁圈占、埋压、堵塞消防设施			
		04．配备安全疏散指示标志，应急照明完好			
		05．常闭式防火门处于关闭状态			
		06．保持消防车通道、安全出口、疏散通道畅通			
10	配电房	01．门口悬挂警示牌"有电危险，禁止入内"；作业时，悬挂"有人作业、禁止合闸"			
		02．值班电工必须持证上岗，坚守岗位，不得从事与工作无关的活动			
		03．配电房内不得存放任何杂物			
		04．在送电、停电和双电源切换时，必须按规范操作，并有人在旁监护，严防倒送电			
11	安全用电	01．商场对供用电实行统一管理，由正式电工安装维修			
		02．不得私自乱拉乱接电线，不准超负荷用电，不准使用不合格的电料及保险装置			
		03．生产、营业性用电线路必须与照明用电线路分开，下班时必须切断生产、营业性用电电源			
		04．每年对商场电线、电器设备进行一次检查和绝缘检测			
		05．柜台内、附属仓库及堆货场所严禁使用电炉、电热杯等电热器具			
		06．商场内使用电熨斗、电烙铁，必须用绝缘体隔热，用后切断电源			
		07．柜台经营电器商品，每个配电板使用不超过两个样机，大功率电器只允许一个样机			
		08．严禁用样机烧水、热饭、取暖等			
		09．施工用电必须经职能部门审核后方可使用			
		10．用电线路、设备必须有可靠的漏电、触电等保护装置			
12	饮水	01．在水源的卫生防护距离内，不得堆放或修建污染水源的物品和设施			
		02．高低位水箱必须选用符合卫生要求的建筑材料，每年至少清洗一次，消毒两次，经卫生防疫机构检验合格后方可使用			
		03．水箱口要有防尘设备，储存在水箱内的水必须经消毒并符合生活饮用水卫生标准方可供作饮用			
		04．水质主要卫生要求：无色无臭无异味，无肉眼可见物，不含有病源微生物和寄生虫卵			
		05．公用饮水杯必须一人一用一消毒			

（续）

序号	项目	内容	合格	不合格	整改情况
13	食堂	01. 员工必须持《健康证》上岗			
		02. 生熟食品分开，仓库和操作间分开			
		03. 库存原料要离墙离地、无蛀，分类存放			
		04. 贮存食品应做到防尘、防蝇、防鼠、防潮、防霉、防腐			
		05. 严把进货关，从外地采购食品应索取食品检验合格证或化验单			
		06. 定期空气消毒，餐具一客一用一消毒			
		07. 做好冷荤（凉菜）"五专"：即专人加工、专室制作、专有工具、专用冷藏、专用消毒设备			
检查人员			监督检查（分）站（章）		
检查的意见和建议					
单 位			负责人签字 年 月 日		

商场安全检查表

第九章 连锁门店专柜管理

技能目标
- 能根据门店经营状况选择专柜。
- 能制订专柜管理的方案。

知识目标
- 了解专柜选择的条件和专柜合同的基本内容。
- 基本掌握专柜管理的基本内容。

专柜的配置与经营在零售企业整体运营中的比例越来越大,除超市经营中自营商品占主要比例外,其他商品的经营基本采取专柜经营的形式,如服装、电器、鞋、化妆品等品牌商品都采取专柜经营形式,对专柜的管理是连锁门店运营管理的重要工作之一。

第一节 专柜业种的选择

一、专柜经营类型

1. 自营

自营专柜的优点是管理集中、利润独享、服务品质有保证。如果设立专柜的项目不需要高深的专业知识或属于服务性不高的专柜,如礼品、烟酒等专柜,可采取自营方式经营。

2. 外包

由于专柜经营经常涉及专业技术、专业人才、店铺知名度、货源等因素,为降低风险,门店通常以外包方式设立专柜。

二、外包厂商的选择

1. 选择方式

可直接刊登专柜外包广告招募厂商,或直接与适合设立专柜的厂商接洽,以甄选出合适的专柜外包商。至于选定的厂商能否完成设柜目标,则取决于双方对合作条件的认同程度。

2．专柜组合

连锁门店在对商圈调查的基础上，根据目标顾客的消费特征和需求、商圈内商店结构和同行专柜经营状况确定商品的组合，根据产品组合、利润贡献、形象影响力、可持续性能力等参考指标对厂商进行评价，确定专柜组合。一般可将供应商分为 A、B、C 三级，相应比例为 20%、50%、30%。20%的称为主力重要供应商，是门店的市场和利润的主要贡献者，50%的称为较重要供应商，30%的称为可选择性供应商。

3．选择条件

专柜能否经营好、能否增加连锁门店的整体收益，取决于下面几项因素，而这些条件也正是选择专柜厂商时必须重视的条件：

（1）厂商品牌效益。产品组合中一部分商品是在市场上具有品牌影响力、销售业绩突出、产品销售毛利高或者富有当地特色的厂商品牌，能保证连锁门店的业绩和利润水平。

（2）厂商知名度。知名度高的厂商的商标和商品已深入人心，已经获得了消费者的肯定。如果能吸引此类厂商进驻门店设立专柜，自然能吸引顾客前来消费。

（3）厂商资源配合程度。大多数专柜均需配备具有专业技术的专业人才，以确保商品品质和服务水平。因此设立专柜的厂商能否派遣胜任人才、能否提供专业服务和具有吸引力的商品，将会影响专柜经营的成败。

（4）合作条件。门店与专柜厂商只有达成"共存共荣"的共识，才能长久合作。所以设立专柜的条件必须符合行情并被双方接受，否则将没有合作的可能。

三、专柜合约条件

（一）位置与面积

连锁门店经营者必须先与厂商协商确定专柜的位置、面积及装修要求，门店专柜由商场统一规划，其他专柜装修设计方案由厂商自行设计，但需商场审核通过方可进行装修。

（二）经营期限

经营期限要兼顾经营者和厂商两方面的利益，如果签约时间太短，厂商常会担心日后零售企业不续约而造成专柜投资成本无法回收的后果，而且合约期满之后抽成条件也有骤然提高的可能；如果签约时间太长，经营者就无法根据营业情况进行必要的调整或修正。因此一般专柜的签约期限多以 1~2 年为限，期满后再续约或换约。

（三）利润分成方式

1．抽成制

专柜经营者通常采用营业抽成制来支付场地租金，就是从每月的营业总额中抽取一定百分比的金额交给门店来作为租金。

2．包底制

不论营业额是多少，专柜经营者每月均交纳一定的金额作为租金，如同房租一样。

3．包底+营业抽成制

即不论营业额是多少，专柜经营者每月最少要交一定金额的租金；如果营业额超过一定金额，则按双方事先约定的比例，从超过部分的营业额中抽取一部分付给门店。此种方式使双方均能获利，而且专柜经营得越好，双方赚得越多，这种抽成方式还可进一步细分为以下3种形式：

（1）包底+固定营业额抽成制。除包底租金外，超过一定营业额的部分再按事先约定的固定比例抽成，付给门店。比如，包底基本租金为5万元，月营业额超过50万元的部分固定抽取10%作为租金，则当月营业额为60万元时，便应交纳6万元租金。

（2）包底+营业抽成递增制。除包底租金外，超过一定营业额的部分再按事先约定的递增比例抽成，付给门店。比如，包底营业额为50万元，抽成比例为10%；如果营业额超过50万元，则约定按下列比例抽成：50万～60万元，抽成比例为12%；60万～70万元，抽成比例为14%；70万元以上，抽成比例为16%。

（3）包底+营业抽成递减制。除包底租金外，超过一定营业额的部分再按事先约定的递减比例抽成，付给门店。比如，包底营业额为50万元，抽成比例为10%；如果营业额超过50万元，则约定按以下递减比例抽成：50万～60万元，抽成比例为12%；60万～70万元，抽成比例为10%；70万元以上，抽成比例为8%，例如，当月营业额达到80万元时，则应交纳11.4万元租金。

门店通常根据不同行业的获利水平，来设定包底营业额和抽成比例。

（四）营业项目

为避免专柜销售的商品与卖场所销售的商品发生重叠，影响双方的业绩，应事先规定未经门店同意，专柜不得任意增添商品品种，不得经营与本店品项重叠的商品。

（五）装潢设计

1．费用归属

通常专柜厂商会要求门店分担装潢设计费用或先行垫款，日后再分期从货款中扣除。一般运营良好的门店均会要求厂商自行负责专柜营业所必要的装潢设备，但水、电、煤气、包装袋等费用则同意由门店先垫付，以后再从货款中扣除。

2．装潢设计

通常专柜厂商均有自己专门的装潢设计公司，但门店经营者为确保卖场整体的美观和协调，均会要求装潢设计公司事先提供设计图样和设计说明，经审核后再交由专柜厂商进行施工；装潢前要明确双方费用的分担比例。

（六）变更撤柜

门店与专柜厂商约定，如果营业业绩在一定时间内未达到约定标准，则门店有权根据运营的需要调整专柜的位置，进行变更甚至撤柜。

（七）营业时间

对顾客和门店经营者而言，专柜是门店的一部分，所以其营业时间应与门店保持一致，而且不能擅自更改营业时间或自行休业。

（八）履约保证

为了防止专柜厂商签约后不履行设柜约定，通常门店均会要求专柜厂商先支付履约保证金，日后合约期满不续约时，由零售企业无息返还给专柜厂商。

（九）货款收受

为避免产生弊端，金钱的管理应该统一，专柜每天的货款必须由门店的收银机收款，并依法开具统一发票给消费者。专柜根据"日清日结"的规定，每天与门店的指定部门进行货款结算，并将销售收入送至门店指定的地点。

（十）商品管理

专柜除了只能销售经过门店同意的品种外，还应按照门店的规定，不得陈列销售任何过期或品质有瑕疵的商品，且应遵守门店商品进出货作业流程的规定。

（十一）人员管理

专柜厂商派驻门店的服务人员的薪水、伙食、制服等虽由专柜厂商负责，但厂商仍应遵守门店统一管理的规定，以维护门店整体的经营形象。

（十二）广告促销

门店卖场与专柜共为一体，因此当门店为了提升业绩而举办有关的促销活动时，专柜也应尽力配合，所需费用可经双方协议，按营业业绩的比例分担。当专柜厂商在其他的销售点（如在其他门店的专柜）有降价、促销等活动时，则本门店的专柜也应积极配合，同时举办，并告知门店管理人员，以免影响门店的整体业绩。

（十三）其他

除了上述各项主要内容外，如果门店和专柜厂商认为有必要加入额外的条款，也可协商添加，以进一步明确双方的权利和义务。

第二节 专柜管理

一、专柜管理常见的问题

门店与专柜厂商虽有合约在先，但因专柜人员的素质良莠不齐，专柜厂商督导不力，常有下列问题产生。

1. **人员管理不善**

如发生服务态度不佳、仪容不整、迟到、早退、擅自离开工作岗位等现象。

2. **商品品种不足**

如商品常缺货、送货太迟、销售品种太少、缺乏季节变化等。

3. **商品价格不合理**

设定的价格比卖场内或附近商店的同类商品贵，从而造成顾客抱怨或商品滞销。

4. **交易金额未输入收银机**

有时专柜人员会趁门店生意忙碌之机自行收银，不将交易额入账，偷漏货款并造成门店的营业损失。

5. **商品品质不符合规定**

如某些专柜商品的商品标示上没有制造日期、保存期限、中文说明等。

6．未配合门店的整体活动

当门店举办周年庆、春节、中秋节或其他节庆的促销活动时，专柜未积极配合，从而影响门店的整体促销效果。

7．清洁整理不佳

地板、设备、厨房、陈列架、仓库等未定时清理，造成清洁的死角。

8．擅自进入不应进入的地区

专柜人员因与门店人员熟悉后，有时会利用休息或空档时间，进入出纳室、作业场、仓库等不应随意进出的地方，妨碍门店的正常作业。

9．未使用规定的备品

专柜为突出自身特色，有时不按规定使用门店统一的包装纸、标价纸、海报等，破坏门店的整体形象。

二、专柜管理的具体内容

（一）人员管理

（1）将专柜人员纳入培训对象，使其了解门店的各种作业规定和作业流程，建立与门店员工相同的认知。

（2）编造专柜人员名册，要求上下班打卡，以便随时抽查、考核。

（3）门店的现场主管除在开店、关店时检查专柜的情况外，还应不定时地到专柜现场了解专柜人员的服务态度和营业情况，遇到异常现象应及时纠正。

（二）商品品类管理

运营部通过采取下列措施，确保专柜商品品类状况符合合同要求和公司要求，符合顾客对时尚的追求趋势：

（1）要求专柜厂商在开业前将销售品种造册并送交门店查核，了解是否有不应销售的商品、与卖场重叠的商品，防止出现品种不合理的现象。

（2）对商品种类、款式、花色和规格的丰富、齐备程度的监管和测量。

（3）对商品陈列形式、规范性要求的监管和测量。

（4）对销售过程中发生的商品短、缺货现象的监管和控制。

（5）促进新商品上市。

抽样检查结果证实供应商在商品陈列和短、缺货处理方面存在问题的，运营部通知采购部，要求和促成专柜予以纠正，并形成预防商品品类问题再次发生的对策。

（三）商品质量控制

要求供应商对专柜商品进行自检自查，运营部对专柜商品进行检查监督，以保证销售商品的质量，具体应采取的措施包括：

（1）确认联营合同条件和要求。

（2）制订商品质量管理的检查规范。

（3）指定专人依据检查规范定期检查。

运营部充分监控和预估可能在商品售前、售中和售后发生的质量问题，及时采取措施，解决质量问题，并形成预防商品质量问题再次发生的对策。

（四）商品价格控制

（1）要求专柜厂商在开业前将销售品种的价格造册并送交门店查核，了解是否有价格不合理的现象。

（2）采购部收集与供应商经营品类相同或相近商品的市场价格信息，进行变动趋势分析，通过对经营场所同类商品抽样检查结果的比较，确保供应商经营商品执行合同对商品价格的约定要求。

（3）抽样检查结果证实同类商品超过市场平均价格水平的，运营部应采取措施，要求和促成专柜予以纠正，并形成预防商品价格问题再次发生的对策。

（五）现金管理

（1）不定期抽查专柜的收银柜内的现金是否与账目金额相符。

（2）不定期巡视、检查是否有违反规定的售价交易、作废发票过多等情况。

（3）每天检查专柜在结账后收银柜里是否仍有现金。

（六）促销活动

（1）将门店每个月的促销活动的时间安排和具体做法事先告知专柜厂商，要求其配合媒体制作进度，提出促销品种并分担广告费用。

（2）促销期间，每天检查专柜的商品品种、价格、数量是否与促销媒体所登载的相符，供应量是否充足。

（七）商品投诉

顾客因商品质量或相关问题形成投诉时，受理人员应对投诉事宜进行确认，形成受理记录。运营部对商品投诉问题及时采取处理措施，合理处理顾客投诉。商品投诉解决方式包括：

（1）对商品销售条款的解释，得到投诉人谅解并接受解决方式。

（2）商品的退、换货。

（3）评审投诉事项，采取进一步预防措施。

（八）商品安全管理

（1）发现不合格商品的途径包括：

1）专柜商品上柜前自检。

2）运营部定期、定时和定量的抽样检查。

3）商品售后的顾客投诉。

（2）发现不合格商品时，运营部确认商品不合格状态；必要时，要求专柜对商品的相同进货批次进行检查。

（3）确认为不合格商品的，供应商应撤换同批次商品进行检查；对于售出不合格商品受到顾客投诉的，运营部要求专柜采取包括退换货在内的处理措施，消除不合格商品，并会同供应商制订必要措施，避免类似事件再次发生。

（九）业主沟通

门店应每月定期召集专柜业主开会，检讨分析下列事项：

（1）营业状况。包括营业额、来客数、客单价等数据以及本月与上月的差异比较和原因分析。

（2）商品状况。包括销售品种、季节性、品质、价格、出货时间和顾客意见等。

（3）人员状况。包括服务态度、出勤情况、专业知识水平和工作士气等。

（4）竞争店状况。列出同行做法的优缺点并加以分析，以供专柜业主参考。

（5）经营方针及规定传达。门店当月的经营目标、要求重点、促销活动及规定事项等，均应在会中与专柜业主充分沟通。

门店应要求专柜业主将会议所形成的决议传达给专柜员工，要求其配合遵守，达成共识，以避免专柜成为门店管理的死角。

本 章 小 结

本章介绍了门店专柜类型、专柜选择的条件和专柜合同的基本内容，重点介绍了卖场对专柜人员、商品种类、商品质量、商品价格、促销活动及投诉等方面的管理。

案 例 分 析

化妆品的销售策略

从策略角度上讲，世界名牌化妆品主要采用品牌专柜销售策略、自我销售策略和网络销售策略进行市场销售。这三种销售策略目的相同，即企业通过不同的方式、途径或技巧将产品送到消费者手中。

世界名牌化妆品多数采用在百货商店租赁专柜的方式进行销售。百货商店是都市化的象征，人口集中于都市，都市发展带动百货商店的发展，而化妆品又是百货商店的主要商品之一。另外消费者购买动机和购买地点有着密切关系，特别是化妆品类产品，消费者挑选的场所仍以百货商店的专柜为主。品牌专柜销售策略使日本资生堂等名牌企业在世界各地大获成功。以资生堂在中国的合资企业为例，1991年北京资生堂丽源化妆品有限公司成立，生产欧珀莱品牌化妆品，截止到1999年5月该企业在中国各地百货商场设立了230个欧珀莱品牌专柜，产品十分畅销。

又如世界染发品的领头羊欧莱雅公司在中国各大城市已设立了270多个品牌专柜，而其旗下的美宝莲在中国已设立了500个品牌专柜。目前欧莱雅染发品和美宝莲唇膏在中国市场上十分走俏。

自我销售有多种方法，如上门推销、邮购销售、电话销售、电视销售等。上门推销简称直销。美国雅芳公司就是靠直销创造世界名牌的。

雅芳于1886年创建于美国纽约，2000年年销售额为45亿美元，拥有员工3.2万人，在125个国家销售近16 000种不同的产品。从1886年以来，雅芳一直采用直销方法，使雅芳化妆品走入美国的千家万户，而后进入世界的各个角落。与其说雅芳化妆品有名，倒不如说雅芳直销小姐更有名。目前近200万人在全世界用直销方法推销雅芳产品。为了调动推销小姐的积极性，她们可从推销化妆品的收入中得到40%的报酬。同时公司定期组织推销竞赛，成绩优异者可以得到各种奖励。当今，直销在世界各国仍很风行，是化妆品生产企业的一种重要的自我销售方法。

此外在营销策略方面，世界名牌化妆品企业还施展不同的招数。如欧美品牌多采用让利、打折扣、赠送礼品等方式吸引顾客。与欧美品牌不同，日本资生堂实行产品统一价，任何时候都不打折扣。在奖励销售人员方面，美国玫琳·凯化妆品公司创下了世界之最。公司经理对有突出贡献的销售人员常常奖励粉红色的凯迪拉克高级轿车、粉红色的别克豪华轿车、貂皮大衣、珠宝首饰等奖品。

目前世界名牌化妆品公司有的已开始起用网络营销。网络营销是一种现代化高效率营销工程。化妆品网络营销是指利用因特网技术的低成本、高效率对企业营销过程中市场调查、客户分析、产品开发、生产流程安排、售后服务等环节进行管理的营销方式。化妆品企业网络营销工程内容包括培训工程和服务工程两部分。前者是通过对企业进行简单实用的网上化妆品营销知识的普及和操作技能的培训，提高企业对网络应用的认识和技巧；后者是组织化妆品网络服务商和平台服务商为企业提供上网发布信息和商机搜索服务、网上客户需求管理与分析等一系列的化妆品技术和咨询服务。化妆品网络营销对于引导企业积极上网，推动电子商务技术在中国和世界范围的推广普及，促进中国和世界网络服务业的发展，都具有十分重要的意义。

资料来源：http://www.zghzp.com，2007-5-29.

案例分析：

1．你认为化妆品品牌专柜销售策略与自我销售策略和网络销售策略相比较有什么优势？有什么不足？

2．零售商对专柜品牌的销售有什么作用？

实 训 项 目

项目：卖场专柜管理调查

以小组为单位，选择一家百货店或大型综合超市，调查卖场专柜品牌类型、品牌专柜数量、专柜利润分成的类型以及零售企业专柜管理的方法。

第十章 连锁门店人员管理

技能目标
- 能对连锁门店的基本岗位进行分析，并提出人员素质要求。
- 能制订门店员工培训计划。
- 能根据门店的岗位需要拟定招聘广告。

知识目标
- 了解门店人员管理的基本内容。
- 了解门店对人员素质的要求。
- 了解门店人员编制的基本方法。
- 基本掌握门店员工培训的内容和方法。
- 基本掌握员工考核的方法。

核心人才生存与发展的人力资源管理体系

人力资源管理的基本目的是建立一支宏大的高素质、高境界和高度团结的队伍价值创造体系、价值评定体系和价值分配体系，这构成了人力资源的核心。整个人力资源管理可能就是五个问题：选、育、用、留、裁。

关于裁员有一个小故事：有一天韦尔奇去买东西，被商场老板认了出来，就向他讨教企业成功的要素。韦尔奇问他，你的商场有多少员工？老板回答，有一百人。韦尔奇告诉他，每年裁掉10个人，你的店就会变得像通用一样伟大。按理说通用的人才流失是非常厉害的，美国500强中有173个企业的老板是从通用跳槽过去的，但是通用没有倒下，证明了不是少数人才支撑着通用的发展。通用有一套严格规范：时时刻刻都要把员工分成20%的优秀、70%的普通和10%的走人。只有解决裁员的机制，企业才能流水不腐，户枢不蠹。

在这儿把问题结合起来，就是要形成一个企业的价值体系，建立我们的价值创造体系、价值分配体系和价值评价体系。在价值创造上，我们要解决两个问题：外部的适应和内部的结合。在这种情况下，要解决谁创造价值的问题，给位置发工资，而不是给人发工资。

资料来源：http://www.11cn.net/article.asp.

第一节　连锁门店人员管理概述

门店人员管理是将员工整合到组织中而融为一体，保持和激励他们对组织的忠诚与积极性，控制他们的工作绩效并作相应的调整，尽量开发他们的潜能，以支持组织目标的实现。

一、门店人员管理内容

从门店人员的人事关系来看，门店中的人员有两大类：一类是属于连锁企业的自有人员，另一类则是由供应商派驻到门店的促销员。但在对人员的管理上，并不存在明显的差异，而且在目前的连锁企业管理实践中，将促销员视为门店自有人员进行管理的趋势也日益明显。门店的人员管理主要包括以下内容：

1．人员需求规划

一般而言，连锁企业总部人力资源部门会根据门店的规模设定门店的人员编制，同时也会统一负责人员的招聘以及前期培训。但是，作为门店管理者，必须结合门店的具体情况以及发展态势，预先对下一阶段人员的数量与质量需求做出规划，并与总部人力资源部门保持良好沟通，以随时确保门店人员的数量与质量。

2．人员培训与指导

人员的培训绝不能仅仅依靠总部进行的岗前培训，门店还需要根据对每位员工的工作要求，制定出有针对性的、系统化的培训计划，不断提升员工的素质与能力。需要特别指出的是，作为门店管理者，不能狭隘地理解培训，在员工的日常工作中，上级或资深员工对其进行的现场指导，也是一种非常有效的培训，尤其是对于那些从普通员工提升到基层管理岗位的主管，甚至需要明确指定辅导人，帮助其快速适应新的角色。

3．人员日常管理

日常管理主要指的是对员工的班次安排、劳动纪律、服务质量、仪表仪态、劳动安全等方面的管理。对于以标准化为基本特征的连锁企业而言，门店中人员日常管理的关键，就在于对总部统一制定的制度规范始终一丝不苟地执行与落实。

4．人员绩效考评

绩效考评，既关系到员工的工资收入，也关系到员工的优胜劣汰，还直接影响员工对工作的满足度、对企业的信任度，因此是需要管理者重点关注的事项之一。科学合理、公平公正的目标设置与任务分解，是进行人员考评的先决条件，同时，公平、公正、公开，也是决定整个绩效考评工作好坏的关键。

5．人员心理关怀

竞争的日趋激烈，使员工承受的压力也明显增加，尤其是作为服务行业的一线员工。门店员工必须视顾客为上帝，在承受正常的工作压力之外，遭受来自顾客的误解、委屈、冤枉在所难免，这势必导致员工的心理出现各种危机。作为一名优秀管理者，必须时刻关注员工的心理状况，及时给予关怀和疏导，使员工保持健康积极的心态，怀着轻松愉快的心情去开展工作。

二、门店人员管理的特点

（1）工作时间长，上班人数不均衡。一般零售企业的营业时间是从早上 9:00 到晚上 10:00，长达 13 小时，而工作量又不平均，各时段工作量差别很大，周末和法定假日正好业务繁忙，休假只能另行安排，因此人员的配备和安排不容易做好，管理工作有难度。

（2）员工层次较低，人员流动性较大。员工以年轻人为主，第一线岗位技术含量低，很多只是经过短期培训就上岗，缺乏工作经验；员工的流动率高，兼职人员和临时雇佣人员较多（特别是收银员和理货员等第一线人员），管理难度增加。

（3）岗位工作差异性大，要求较多。零售管理工作繁杂琐碎，一是经营的商品种类极其繁多；二是工作程序繁多；三是对商品的管理与服务要求高，如瓜果蔬菜、熟食、水产等对保鲜技术要求高，电器要求售后服务高，所以培训和管理工作繁杂。

三、连锁门店人力资源开发的方法

1. 岗位轮换

岗位轮换的目的是为了扩大职工的知识面和培养多方面的技能，使员工通过不同工作岗位的轮换，了解企业内不同岗位的职能和操作规范，为公司培养多面手和后备管理人才。

2. 设立"助理"职位

设立助理职位的目的在于开拓重点培养者的视野，让培养对象与企业有经验的职工在一起工作，而有经验的职工可以对培养对象的发展给予特别的注意。相关部门的主管领导既是主管又是辅导者，通过适当的指导和培养，使其能够独立承担一定的管理工作。

3. 有计划地提升

有计划地提升员工，使员工对自己的发展途径有一个明确的了解，让员工知道他们目前所处的位置，也明白将来可能达到的目标。比如，日配部理货员分级目标：理货员——理货小组主管——日配部杂货主管——日配部经理。

4. 临时性"代理"

经理或主管生病、外出休假、较长时间出差甚至出现职位空缺时，人力资源部主管通过与总经理或负责人事的副总商议指派储备干部"代理"其职务。它既是一种培训和考察员工的方法，同时也给企业解了燃眉之急。

5. 长期辅导

长期辅导是指主管领导明确重点培养对象（常常是下属），建立起一种相互信赖的关系，作为上级必须明智和有耐心、必须善于授权，对于被培养者出色的工作给予承认和赞赏，有效地调动下属员工的积极性和发挥他们的潜能，便于发现人才、培养管理梯队。

6. 个人自选教育

个人自选教育是由员工自行制订"个人发展计划"，经企业人事或培训部门批准，并纳入企业人才培训计划，由员工自选课程，由企业支付培训费用。

第二节　连锁门店人员配备与人员素质要求

连锁门店在组织结构中，需要设置哪些岗位，以及这些岗位的功能、职责如何，必须有明确的规定，才能针对性地进行人力规划，否则岗位设置目的不清楚，易造成人力设置不适当和人力难以控制。

一、岗位工作分析

岗位工作分析是能了解岗位设置必要性，制订岗位评价标准的基础，也是人员设置和人员考评的基础。岗位分析的主要参考点为：

（1）岗位设置的目的为何？对其他岗位的帮助与影响如何？
（2）岗位需要什么知识或技能？有哪些学历或体能要求？
（3）岗位要做什么工作？岗位职责为何？
（4）岗位担负的责任与影响度为何？在组织中的位置为何？
（5）岗位需要编制人员多少？如何衡量？

二、人员配备

连锁门店应该根据发展需要制订人力规划，作适当的人力编制安排，并进行人员的培养和储备，使人力成本降至最合理，而服务水准仍能维持或提高。

（一）人员结构

连锁门店的人员结构与组织结构对应，各门店人员结构由于规模和业态不同而有区别。以大型综合超市为例，可设店长/总经理一名，副店长/副总经理1~2名，楼面经理每楼层一名，各业务部主管一名，如收银部主管、商品部主管、验收部主管、电脑部主管、保安部主管、财务部主管各一名，各业务部根据业务量确定人员数。

（二）连锁门店人员编制

不同的连锁门店规模不同、经营管理水平不同、店址的位置不同，人员的需要量就不同。连锁企业可以根据自身的经营状况选择合理的编制方法。一般人力编制衡量标准可分为可量化人力编制、非量化人力编制和弹性编制三种方式。

1. 可量化人力编制

可量化人力编制是指可用营业额、来客数、平均客单价、店数、营业面积等量化数据，以数学方程式方式表示的人力编制衡量方法（此方法又称为生产力分析法），常用的公式如下：

（1）以每人目标营业额或每人目标服务顾客数为衡量标准

$$编制人数 = \frac{目标营业额}{每人目标营业额}$$

或

$$编制人数 = \frac{目标来客数}{每人目标服务顾客数}$$

适用于与营业额、来客数有关联的人力编制，每人目标营业额或每人目标服务顾客数须事先以工作分析法或经验法订出可衡量指标。

（2）以各项作业工时为衡量标准

$$编制工时 = 固定常数工时 + b \times 营业额 + c \times 来客数$$

b，c——回归方程系数。

将门店所有各项工作所需花费时间以作业研究方式计算出，再以回归分析方法得出方程式，此方法能较好地反映出节假日营业的特点对人力的需求。

其中，固定常数工时是指不论营业额高低均须使用的固定工时，如商场的清洁、机器设备的清洗等；变动工时是需要编制的工时，受营业额及来客数的影响，因为一般门市商场的需求工时会随着营业额及来客数增加而增加。

（3）以可用薪水费用额度为衡量标准

此方法从成本费用及预算控制考虑，在可用的薪水额度内进行人力编制。但是在门店运作中，即使营业额未达标准，也必须有最基本的人力编制。

$$编制人数 = \frac{目标营业额 \times 目标人事费用率}{平均个人薪水标准额}$$

（4）以门店数作为衡量标准

$$编制人数 = \frac{总目标店数}{每人目标店数}$$

适用于开店人员、设备维修人员、商品盘点人员、物流配送人员等以门店数作为生产力指数衡量标准的人力编制。

（5）以卖场面积作为衡量标准

$$编制人数 = \frac{卖场面积}{每人服务面积}$$

例如，某超市的卖场面积为 1 000 平方米，每人服务面积如定为 20 平方米，则人员数量为 50 人。总人数确定后还必须根据季节、日期、高峰时间等因素来决定每一班次的人数。

2．非量化人力编制

非量化人力编制适用于无法直接以营业额、店数等数量化标准衡量的人力编制（此方法又称为工作分析法），如企划人员只能以其职位说明书的工作内容进行工时分析，或是参考相关同行的标准。此方法具有主观性，容易受组织功能需求、作业流程资讯化程度等因素的影响，是最不易控制的人力编制方式。

3．弹性编制

弹性编制法是运用量化编制的方法来规划保持门店正常经营的基本人数，再根据经营的需要，通过雇用临时工的方式满足门店经营的弹性需要，即人力的总体规划是具有弹性的。门店经营每天的高峰期、节假日，门店对服务人员的需求增多，需要增加的人数因节假日不同而不同，把这部分人员称为弹性部分，可以按工时的需要来聘用临时工，如每日高峰期 2 小时的临时工，节假日 8 小时的临时工。

三、连锁门店人员素质要求

(一)人员素质结构

门店连锁化经营采用的是一种专业化、社会化程度较高的经营管理方式,技术含量高,发展速度快,对人员的素质要求较高。现代商业发展迅速,市场竞争日益激烈,高素质的人员是企业生存与发展的保证。人员素质的要求主要包括品德素质、身心素质、能力素质、效绩素质等四方面的内容。人员的素质结构如图 10-1 所示。

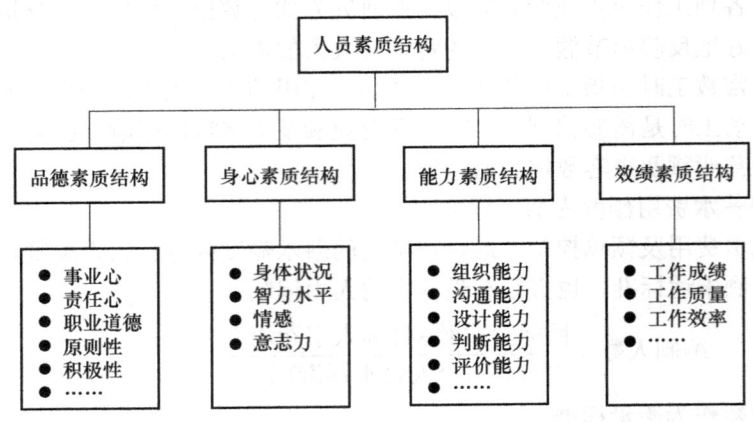

图 10-1 人员的素质结构图

(二)连锁门店员工素质要求

连锁门店采用的是一种专业化、社会化的经营方式,对不同岗位人员在知识、能力、技术、操作技能等方面的素质要求不同,如现场的服务人员的知识、能力要求不太高,但对服务态度、仪容仪表、服务技巧、操作技能、现场的各种处理技术等方面有较高要求。

连锁门店员工素质的具体要求有以下几个方面。

1. 思想品德素质

思想品德素质是连锁门店员工所必须具备的素质,它是保证企业经营方向的关键。从连锁企业的具体情况出发,思想品德素质应包括以下几个方面:

(1)要有强烈的事业心和责任感。作为连锁门店的员工应首先热爱自己的本职工作,刻苦钻研业务知识,摸索经营规律,只有具有乐业、敬业精神,才能有动力去勤业、创业。

(2)树立全心全意为消费者服务的思想。树立全心全意为消费者服务的思想是连锁门店员工必须具备的。只有这样才能处理好企业、员工与消费者三者之间的利益关系,才能最终以高质量的商品和高水准的服务来吸引消费者,树立良好的企业形象。

(3)要有良好的商业职业道德。商业职业道德是每个员工必须遵守的,也是每个员工必须具备的品质。如注重经商文明,公平竞争,礼貌待客,严守商业秘密,注重经商信誉,互惠互利等等。

2. 文化素质

为了提高经营管理的水平,连锁门店的员工必须具备较高的文化素质。包括:

(1)文化基础知识。对于普通员工来说,需要掌握一定的文化基础知识。对于企业的管理者来说，文化素质要求更高。一个管理者如果语言表达能力不强，文字水平不高，不能学习、运用现代管理方法、技术，就难以胜任管理工作。

(2) 经济理论知识。连锁门店管理属于微观管理。然而微观管理离不开宏观管理的制约和影响。掌握一定的宏观经济理论知识，对于搞好微观管理是有益的。

(3) 企业经营管理知识。连锁门店经营管理要运用多种学科的知识和现代科学新方法。这些学科内容庞大、应用性强，作为现代经营管理者掌握和精通这些经营管理理论是胜任工作的必要条件、是否称职的重要标准。因此管理者必须针对连锁门店经营管理的实际情况，系统掌握连锁门店经营管理的知识，熟悉企业的经营过程，掌握连锁门店管理的基本原理、原则、制度和方法，制订出连锁门店的发展战略。

(4) 政策和法律知识。政策和法律是连锁企业开展经营活动、处理各种经济关系的依据。连锁门店的员工必须认真学习、掌握有关的政策和法律，必须自觉地遵守和执行，并接受政策和法律的保护。

(5) 社会学和心理学的知识。有效地协调企业内部的社会关系离不开社会学的方法；企业内部的有效激励、外部的有效沟通离不开心理学的方法。连锁门店的管理者和员工都应很好地学习并掌握这两方面的知识，以提高工作的有效性。

3. 心理素质

员工的心理素质是指连锁门店员工在经营管理活动中应具有的意志品质。具体是指以下4个内容：

(1) 达标精神。对于门店树立的目标，员工要有不惜一切去实现的精神和毅力，并努力使个人目标与企业目标相协调。管理者应该善于确定目标，紧紧围绕目标开展工作，要具有比他人更加强烈的达标精神。

(2) 自信心。当员工明确了自己的职责、确定了奋斗目标后，必须具有自信心，相信自己的能力能够出色地完成本职工作。这种自信心不是盲目的，要以充分了解所要完成的工作、充分了解自己的能力为基础。

(3) 创新精神。在复杂多变的市场环境中，连锁门店有创新才有发展，连锁门店员工和管理者应不断更新观念，从实际出发探索解决经营管理问题的新方法。

(4) 弹性意识。作为现代企业的管理者，要善于对企业外部、内部环境的变化做出及时的反应，从管理观念到管理方法均保持一定的弹性。

4. 能力素质

能力素质是指管理者在从事连锁门店经营管理活动中的组织能力和从事管理活动的本领。作为连锁总部的管理者，能力素质是极为重要的，这些素质包括：

(1) 综合分析能力。综合分析是指管理者对大量原始资料、数据进行全面分析判断的过程，分析能力的高低直接影响企业经营决策的准确性。正确地分析第一手资料，是进行正确决策从而进行科学领导的基础。

(2) 预见决断能力。对未来事物做出精确的估计，对客观现象做出科学的决断，是成功地引导连锁企业不断发展的重要条件。管理者不必事必躬亲，但要有能及时发现问题、做出科学决策的能力。

(3) 选人用人能力。人是实现决策目标的决定性环节，选人用人是连锁门店管理者的基本职能。管理者要知人善任，认真考察、识别，选好人、用好人，树立"尊重知识、尊重人才"的观念，大胆起用开拓型人才、扬长避短、任人唯贤、人尽其才。建立科学的考评制度，将人才选拔与考核结合起来。

（4）组织协调能力。连锁企业组织结构复杂，人员数量多，如何协调好门店内部、总部与成员店之间、成员店与成员店之间的各种关系，保证经营管理统一协调，是对每一位管理者的要求。管理者要能对一些重要岗位、特殊岗位重点设计，出现问题、遇到困难要充分协商、合理调解，使各成员店之间相互配合，形成一种向心力，把各种"负效应"降低到最低程度。

（5）交际沟通能力。在连锁门店的经营管理活动中，每位员工都代表着公司的形象，所以，要注重提高自己的交往沟通能力，处理好一切直接或间接涉及企业形象的事宜，以别具特色的风格树立起企业的良好形象。

5. 身体素质

良好的身体素质是连锁门店对员工的基本要求，无论连锁门店的管理者，还是第一线的员工，工作中均需付出巨大的脑力和体力，都需要有健全的体魄来支撑，只有具有充沛的精力才能胜任工作。

第三节 连锁门店员工培训

零售企业能否迅速发展的关键是企业人员的数量和质量能否满足企业发展的需要，人员培训是提高企业经营管理水平，保证企业不断发展的基础工作。连锁门店应根据自身的经营特点，运用有限的培训资源，通过人员培训来获得整体的良好服务品质和一致的企业形象，提高员工的整体素质，培育优秀的连锁门店经营管理人才。

一、连锁门店培训的特点

1. 标准化设计

不管连锁门店是何种经营形态，学习者是何种背景，连锁门店培训都能通过标准化的教学设计，使学习者学习标准化的作业流程与培训，为顾客提供一致性的服务品质，使顾客在任何地点、任何时间、任何服务人员的连锁门店中都能获得一致性的服务，进而提高对企业的信任度与忠诚度。

2. 店内训练

由于连锁门店店数众多，分布区域分散；或因轮班调度的原因，全职人员、兼职人员上班时段和时数不一；或因加盟形态不一，经营者对经营成本考虑有所差异等原因，培训宜采用店内训练方式进行。店内训练对象以业务或营业人员为主。

3. 便利性

第一线人员对训练的期望是：现学现用、好学好用。因此教学过程应尽可能做到：

（1）时间便利。在任何时段都可以获取训练的机会，以适应轮班制的情况。

（2）地点便利。尽可能在接近营业场所的地点训练，减少人员移动的机会，因为减少不便就是增加学习机会。

（3）教学媒体便利。不论使用工作手册、学习查检表、教学录像带教学，还是使用电脑辅助教学，最好要操作简单、方便使用。

4．创造利润

培训规划必须能对连锁门店创造利润有所贡献。

5．专业性

连锁门店的服务特色具体表现在第一线服务人员与顾客的接触点上，专业化的服务才能创造服务性商品的特色差异。

6．能实际操作

提供给一线人员的训练必须能快速简易地转化于工作中，最适当的训练规划是通过实体演练、情景模拟来学习可立即运用于工作现场的技能与经验。

7．流程化

连锁门店总部通常以制作标准化作业手册来统一各店的作业流程与品质。因此在训练规划中应该结合标准化作业手册确定教学主题与内容，以利学习者的学习。

二、培训方法设计

在进行连锁门店内外环境分析、岗位分析、训练对象分析的基础上，依据训练对象背景、训练主题、成本、效果等考虑，可采用不同的训练方法，见表10-1。

表10-1　方法设计

培训形式	培训方法
工作岗位上训练	现场教导可以分为4个步骤： ● 讲授：解释作业方法、标准及重要性 ● 示范：示范正确动作 ● 实操：请他实际操作 ● 检查：修正错误之处并给予回馈
课堂教授法	适合学员人数众多、利用各种媒体辅助的集中上课法，师资质量对教育效果影响很大
讨论法	以开放式问题，引导学员进行讨论
个案研究	以实际发生的案例为素材，分析背景、原因、发生过程，做出诊断，找出理论依据或研究解决办法
角色扮演	以预先设计的剧本或主题交由学员扮演剧本角色，通过体验学习改变行为
模拟训练法	用模拟器模拟与现场相同的条件、状态，让参加者体验这些条件，练习在实际条件下运用学到的知识
行为示范法	通过表演者的示范，使其他参加者看到事态发展的多种可能的倾向，并根据各种倾向考虑对策

三、培训内容

连锁门店的教育培训应该根据教育培训的对象来确定内容，同时培训应该具有训练、教育、发展三个层次以满足不同的需求。

（一）新进人员培训

对新进人员的培训主要是让新进人员熟悉工作场所、工具设备所在位置，以降低初到陌生环境的焦虑；了解公司规章制度、经营理念、工作守则及应有的权利义务，以培养符合公司规范的工作习惯及态度；认识同事，融入工作场所人际关系网络，从而降低疏离感；学习新技能、发挥劳动效力、避免职业伤害，以降低工作挫折感。培训的主要内容包括：

（1）总公司的简介、公司文化与发展政策。

（2）总公司的组织设置和重要的管理人员。
（3）人事制度，包括工资、考勤、假期、福利、工作评估等。
（4）公司规章制度，行为道德规范。
（5）工作环境。
（6）人际关系技能。
（7）作业技能。

（二）运营管理人员培训内容

1．安全培训
（1）诚实的品质。
（2）损耗的产生与分析控制。
（3）安全操作与工伤事故。
（4）紧急报警与消防常识。

2．顾客服务培训
（1）顾客服务的原则。
（2）顾客服务的工作标准。
（3）如何处理好顾客投诉。

3．管理艺术培训
（1）管理者的角色和功能。
（2）计划、组织、领导、控制、授权的技巧。
（3）如何进行有效的沟通。
（4）如何进行员工评估。
（5）如何建立良好的团队。
（6）如何批评与表扬。

4．运营基本知识培训
（1）门店的布局、经营范围、组织设置和重要的管理人员等。
（2）楼面运营标准和程序的培训，包括价格标识系统、理货、补货、退货、系统订货、库存维护、促销竞争、损耗控制、盘点、安全消防、清洁卫生等。
（3）排班、巡店、部门文件的管理。
（4）门店各个部门的基本功能简介和与本部门的协作关系。

5．岗位基本知识的培训
（1）本部门的具体运营标准。
（2）本部门的经营品种、陈列布局、系统订货、损耗防止、报告处理、仓库管理等。
（3）本部门各个岗位的岗位责任制和排班、排岗等。
（4）原料订货、盘点、清洁卫生、质量检查、安全生产等。

6．电脑系统基本知识培训
（1）采用系统订单进行订货，包括紧急订单的处理。
（2）处理系统的各种报告和相关程序。
（3）系统的主要功能键和主要的查询功能运用。

（三）理货部员工培训内容

1．安全培训

（1）诚实的品质。

（2）损耗的产生与分析控制。

（3）安全操作与工伤事故。

（4）紧急报警与消防常识。

2．顾客服务培训

（1）顾客服务的原则。

（2）顾客服务的工作标准。

3．运营基本知识培训

（1）门店的布局、经营范围、组织设置和重要的管理人员等。

（2）楼面运营标准的培训、包括基本术语、价格标识、理货、补货、退货、陈列、促销、防止损耗、清洁卫生、安全消防的基本知识等。

4．部门基本知识的培训

（1）部门的布局、经营品种和管理人员等。

（2）部门的具体运营标准，如陈列的标准、仓库的标准、安全的标准等。

5．岗位基本知识的培训

（1）本岗位的岗位职责和工作清单。

（2）本岗位用具和设备的使用和保养。

（四）生鲜部员工培训内容

1．安全培训

（1）诚实的品质。

（2）损耗的产生与分析控制。

（3）安全操作与工伤事故。

（4）紧急报警与消防常识。

2．顾客服务培训

（1）顾客服务的原则。

（2）顾客服务的工作标准。

3．运营基本知识培训

（1）门店的布局、经营范围、组织设置和重要的管理人员等。

（2）楼面运营标准的培训，包括基本术语、价格标识、理货、补货、退货、陈列、促销、防止损耗、安全消防的基本知识等。

（3）食品储藏和清洁卫生标准的基本知识。

（4）生鲜清洁卫生的通用标准，如人员标准、环境标准、加工标准等。

（5）生鲜部通用设备的使用。

4．部门基本知识的培训

（1）本部门经营品种、陈列布局、管理人员、岗位类型等内容。

（2）部门的陈列标准、清洁卫生标准、安全标准、储存标准等具体内容。

（3）部门具体经营品种的成品质量检验的标准。
（4）本部门通用设施和设备的使用。

5．岗位基本知识的培训
（1）本岗位的岗位责任制和工作清单。
（2）本岗位使用原材料的质量检验。
（3）本岗位的生产配方、生产流程、设备使用、控制损耗等。
（4）本岗位的岗位培训。

（五）收银部员工培训内容

1．安全培训
（1）诚实的品质。
（2）收银差异与收银损耗的控制。
（3）安全操作。
（4）紧急报警与消防常识。
（5）安全防范与紧急事件处理。

2．顾客服务培训
（1）顾客服务的原则。
（2）顾客服务的工作标准。
（3）如何对待顾客的投诉和抱怨。

3．运营基本知识培训
（1）门店的布局、经营范围、组织设置和重要的管理人员等。
（2）门店各个部门经营的商品种类。
（3）商品的基本知识。

4．岗位基本知识的培训
（1）部门的区域和管理人员。
（2）部门的排班。
（3）收银部门通用的工作原则和顾客服务标准。
（4）收银部门通用设备的使用与保养。
（5）岗位基本知识的培训。

（六）客服部员工培训内容

1．安全培训
（1）诚实的品质。
（2）收银差异与收银损耗的控制。
（3）安全操作。
（4）紧急报警与消防常识。
（5）安全防范与紧急事件处理。

2．顾客服务培训
（1）顾客服务的原则。
（2）顾客服务的工作标准。

（3）如何对待顾客的投诉和抱怨。

3．运营基本知识培训

（1）门店的布局、经营范围、组织设置和重要的管理人员等。

（2）门店各个部门经营的商品种类。

4．部门基本知识的培训

（1）部门的区域和管理人员。

（2）部门的排班。

（3）客服部门通用的工作原则和顾客服务标准。

（4）岗位基本知识的培训。

（七）收货部员工培训内容

1．安全培训

（1）诚实的品质。

（2）收货损耗的控制。

（3）门禁的控制。

（4）安全操作与工伤事故。

（5）紧急报警与消防常识。

2．顾客服务培训

（1）顾客服务的原则。

（2）顾客服务的工作标准。

（3）如何与供应商保持良好的合作关系。

3．运营基本知识培训

（1）门店的布局、经营范围，组织设置和重要的管理人员等。

（2）各个部门的经营商品种类和陈列的货架通道或区域，各个部门与本部门的协作关系。

（3）商品的基本知识与系统库存的基本知识。

（4）收货确认的重要性。

4．部门基本知识的培训

（1）部门区域的布局和管理人员。

（2）部门的排班。

（3）食品的质量检查标准，特别是生鲜食品的质量检查标准。

（4）周转仓的运营标准、标识、货物存放、安全消防、清洁卫生等。

（5）收货部门通用设备的使用和维护。

5．岗位基本知识的培训

（1）本岗位的岗位责任制和工作清单。

（2）本岗位的工作流程、设备使用、安全操作、清洁卫生等。

（3）本岗位的人员培训。

（八）安全部员工培训内容

1．运营培训

（1）门店的商品布局、消防布局、组织设置和重要的管理人员等。

（2）各个部门的经营商品种类和陈列的货架通道或区域。
（3）生鲜部的清洁卫生标准和安全操作标准。
（4）商品、系统库存的基本知识。
（5）涉及的收货程序、提货程序、收银程序、退换货程序、自用品程序、员工购物程序、赠品管理程序等。

2．安全培训
（1）本部门与门店的管理关系和工作关系。
（2）本部门的工作区域、岗位和管理人员。
（3）部门的排班。
（4）关于门店所有安全的标准、消防制度、防盗、安全教育等方面的内容。
（5）本岗位的岗位责任制、工作清单、工作重点。
（6）会使用灭火器材和扑救初级火警。
（7）会解除防盗门警报等。
（8）意外事故的处理。
（9）了解紧急事例的处理程序。
（10）本岗位的培训。

第四节　连锁门店员工考核

员工考核是连锁门店人员管理的重要环节，是发现、选拔优秀人才和开发人才的重要手段。以考核为基础的薪资制度、晋升制度与奖励制度可以激励员工努力上进，充分发挥自己的专长和才智，形成良好的组织气氛，最终有利于提高工作效率和企业整体经济效益。

一、门店员工考核的种类

人员考核按不同角度可分为不同的类型。

1．按考核主体划分的考核类型
（1）主管考核。就是上级对下属的考核，这是一种常见的考核方式。考核主体是主管领导，考核结果往往受领导主观因素的影响，会产生考核偏差。
（2）自我考核。就是被考核者本人对自己的工作表现进行反省和评估。这种方式的考核主体是被考核者本人，这就等于公开了考核所注重的范围，增加了透明度，对员工产生较强的激励作用。
（3）相互考核。就是同事之间互相考核。这种考核方法体现了考核中的群众性和民主作风，但考评效果与组织内部实事求是和民主的氛围有关。

2．按考核的时间划分的考核类型
（1）平时考核。即考核者对考核对象所进行的日常考核。包括有形考核和无形考核两种方式。有形考核如根据缺勤记录考核出勤情况，根据工作日表现考核工作表现等；无形考核主要是通过观察而得到一种印象，如对责任心、处事能力、积极性、工作态度等的考核。
（2）定期考核。是指按照一定的固定周期所进行的考核。如月考核、季考核、年终考核等。由于定期考核是隔期进行的，因而要注意考核结果的真实性。

（3）专案考核。是指对平时考核中发现的偶发性重大事件进行的特别考核，如对平时表现特别突出，做出重大贡献的个人进行的特别考核等。

二、连锁门店的考核方法

连锁门店对员工进行考核时，可采用多种方法：

1．个人判断法

这是凭领导者个人的判断来评定下属员工的一种考核方法。该方法虽然简便易行，但考核缺乏客观性，很难达到公平合理。

2．因素评价法

在考核前将需考核的内容分解为若干因素并形成评价体系，对被考人逐项评定，最后决定优劣。

3．考试评议法

将考试和评议结合在一起进行人事考核的方法。考试主要用于检查人员文化、专业理论和技术知识水平。评议就是采用多种形式征求有关人员对被考核者的看法，经有关领导的分析、讨论，最后做出公平正确的评价。

4．自我鉴定法

由被考核人对工作进行自我总结，对自己的业务水平、思想品质及工作实际做出评估。

5．人员素质测评

人员素质测评是指对连锁门店各类人员的德、能、智、绩、体等素质采用定性和定量相结合的方法，进行测量与评定。企业人员素质测评是一种较科学的人员考核方式，它对于合理地考核、使用、培养和选拔连锁门店人才有重要的作用。

连锁门店员工考核的最后一项工作就是将考核结果制成书面的形式，并填写考核鉴定表，以便对被考核者进行激励鞭策，并将考核结果与奖励挂钩，使考核成为奖勤罚懒、奖优罚劣，调动员工工作积极性、主动性和创造性的有力手段。

三、连锁门店员工的薪资制度

薪资包括员工的工资、奖金及各项津贴。

（一）制订薪资制度的原则

1．保障生活

确定的薪资要能使员工的基本生活需要得到满足，以安定人心。

2．公平的原则

薪资制度应考虑到各种工作繁简难易、责任轻重程度，体现按劳分配、多劳多得的原则。对责任较重、贡献度较大的员工给予更高的工资或津贴。

3．符合相关劳动法规

薪资项目及数额大小应至少达到政府有关法规的规定标准。

4. 简便易行

薪资制度的结构应尽量简单易懂，使员工能明了其内容，不致引起误会。

5. 有竞争力

与同行相比不处于劣势，能引导员工的努力方向，员工不会因为待遇低而跳槽。

6. 有激励作用

薪资制度应有积极的激励作用，能充分调动员工工作的积极性，竭尽全力为企业的目标努力。

7. 灵活有度

薪资制度应有适当的弹性，对经验不同、技巧不同或能力不同的员工提供不同的薪资标准。

（二）薪资的确定方法

1. 计时制

这是一种以工作时间作为计算薪资的标准，对其工作的效率不予考虑的方法。时间上大多以小时为单位，按每小时多少报酬来计算，适用于临时员工和兼职人员。

2. 计件制

该方法以工作量作为支付工资的标准，适用于那些可以量化、又难于监督、数量重于质量的工作。

3. 任务制

即在一定时间内完成一定的工作数量或任务，支付一定数额报酬的制度。

4. 考评绩效制

该方法以绩效为标准。对绩效优异者加薪，适用于正式员工。

5. 分红制

即让员工分享营业盈余的一定成数，即从盈余中提取一定比例作为红利分配给员工，以示鼓励。

6. 奖励制

即当员工的工作量或工作效率超过一定的标准，则给予额外奖励，以激励员工提高工作效率。比如，设置品质奖金、全勤奖金、提案奖金等。

7. 加班制

当各部门因业务需要必须加班时，由部门主管申报加班，薪资按既定标准支付。其中：（1）安排劳动者延长工作时间的，支付不低于工资的150%的工资报酬；（2）休息日安排劳动者工作又不能安排补休的，支付不低于工资的200%的工资报酬；（3）法定休假日安排劳动者工作的，支付不低于工资的300%的工资报酬。

四、考勤管理

（一）作息时间

（1）上班时间：如营业时间9:00—22:00。

（2）门店出勤由门店安排，但交接班须有30分钟，同时遇节假日或店庆应安排大班。

（3）店长、副店长、处长、经理上行政班，执行值班经理带班制，每月有4天公休，异地人员可以累积到三个月享受但最长不超过 8 天，其余 4 天在门店公休。

（4）理货员实行早晚倒班制，每月享受 2 天公休。特殊情况下，经主管同意，可以相互代班。

（5）周六、周日原则上不公休、不请假，特殊情况需请假的，店长经营运部经理同意，其他人员经店长同意。

（6）门店在国家法定节日，如元旦、春节、五一、国庆等期间依法安排员工休假或换休。

（二）考勤管理

（1）门店考勤由人事助理（或门店指定人员）负责，各处、部（区域）逐日认真记录员工各类假别，按月报人事助理（门店指定人员）汇总经店长签字确认，次月 1 日至 3 日期间传营运部审核后报财务部计算、发放工资。

（2）门店实行打卡制（签到制或点名制），严禁代打卡、代签到、虚报等考勤舞弊行为。

（3）考勤符号：事假×，病假△，旷工〇，迟到※，早退☉，补休☆，婚假+，丧假±，产假□，计划生育假∧。

（4）员工考勤是工资考核的重要依据之一，考勤员必须及时、准确记录出勤、缺勤情况，严格按照权限执行各类假别的审批和管理，如实反映考勤中存在的问题，妥善保管各种考勤凭证。

（三）考勤考核

（1）出勤：门店每天执行早会制度，根据门店上班时间规定，按时到达门店工作岗位为到岗；工作时间内，在门店以外处理公务，为在岗。

（2）迟到：在规定的上班时间超过 5 分钟之后到达工作岗位者为迟到。规定迟到时间的处罚，如每次迟到 30 分钟以内，店长负激励 20 元，处长、经理负激励 15 元，主管、助理、系统员、会计、出纳负激励 10 元，其他人员负激励 5 元。

（3）早退：未按下班时间规定，提前 1 小时内离开工作岗位者为早退。规定早退的处罚条款，如每次早退 30 分钟以内，店长负激励 20 元，处长、经理负激励 15 元，主管、助理、系统员、会计、出纳负激励 10 元，其他人员负激励 5 元。

（4）旷工：规定旷工或视同旷工事件的条件，制订处罚条款，如半天旷工：店长负激励 100 元，处长、经理负激励 80 元；主管、助理、系统员、财务人员负激励 60 元，其他人员负激励 40 元。一天旷工：店长负激励 300 元，处长、经理负激励 200 元，主管、助理、系统员、财务人员负激励 150 元，其他人员负激励 120 元。连续旷工 3 天或全月累计旷工 5 天或全年累计旷工 8 天，作解聘处理。有下列情况之一者，按旷工处理：

1）迟到、早退 61 分钟～180 分钟，按半天旷工处理；181 分钟以上按一天旷工处理；一个月内累计迟到、早退三次按旷工半天处理（以此累加）。

2）无正当理由拒不上班或在规定时间内拒不到新工作岗位者，按实际未上班时间计算。

3）特殊情况下不能事先办理请假手续，应通过电话或口信方式请假，假后回岗 24 小时之内未补办请假手续，按半天旷工处理。

4）未经请假或请假未批准擅离岗位者，擅离岗位时间为旷工。

5）未经批准续假或超假，无特殊理由者，未上班时间为旷工。

6）事后请假无法证明是因急病、急事者，未上班时间为旷工。

7）伪造疾病证明或用不正当手段骗取、涂改、伪造请假、休假证明者，按不诚实行为处理。

8）因打架斗殴或酗酒等原因导致不能上班的，按实际未上班时间计算。

9）无故不打卡的，发现一次按旷工半天处理。

10）请人打卡或代人打卡者，每发现一次按旷工一天处理，并在门店通报批评。

11）员工如利用各种假别在外从事其他工作，未上班时间为旷工。

（四）休假规范

员工无论请何种假别，都必须事先办理请假手续，填写《超市请假申请单》，经批准后方为有效。事假期间不予计发工资（包括奖金、津贴及补助）。

1．病假

（1）员工因病或非因工负伤请病假，应于生病当日上班前后20分钟内向批假权限负责人提出口头申请（电话或口信），病愈后次日持县级以上国家医院的疾病证明书、病历收费单据办理病假手续。

（2）无疾病证明书、病历及收费单据者不予办理病假手续，一律作为事假处理。

（3）病假10天以内（含10天）发给基础工资，超过10天不再发放。

2．工伤假

（1）员工上班期间，因在所属工作区域发生工伤可以请工伤假。工伤假以见证人证明、部门书面报告、县级以上医院医疗证明、药费收据、疾病证明书为依据。

（2）经劳动部门鉴定为工伤的员工，根据医院出具的休假证明，每天发给基础工资。

3．婚假

（1）员工为本公司服务半年以上才能享受婚假，达到《婚姻法》规定年龄结婚给婚假5天，达到晚婚年龄给婚假10天。为本公司服务不满半年要求结婚的，按事假处理。

（2）婚假期间每天给基础工资。

4．计划生育假

（1）员工做绝育、节育、引产、人流等手续，根据国家正规医院出具的休假证明给予10天计划生育假。计划生育假只能享受一次，其余按事假处理。

（2）计划生育假每天发给基础工资。

5．产假

（1）符合国家计划生育规定的已婚女员工生育，享受产假90天；妊娠3个月以上流产或死产的给假15天，但须出具医院有关证明；男员工配偶分娩，给照顾假3天。

（2）产假、流产死产及男员工照顾假每天按12元发给基础工资。为公司服务满2年的产假之日起，每月加发300元生活补贴。

（3）产假工资待员工上班后逐月领取。上班后必须为公司服务6个月以上，在此期间自动离职或辞职的视同违约，本人所享受的产假工资及生活补贴全额返还公司。

6．丧假

员工因亲属死亡，凭死亡证明或信函，按下列规定给予丧假：

（1）因父母（含配偶父母）、配偶、继（养）父母、子女死亡，给予丧假5天。

（2）因祖（外祖）父母、兄弟姐妹死亡，给予丧假3天。

（3）员工亲属死亡因特殊情况，经批准同意超假的，所超时间按事假处理。
（4）丧假期间每天按 12 元发给基础工资。

7．公益事业假

员工自觉履行社会义务（如义务献血，救灾、抢险、舍己救人等）需要休养的，根据有关政府、部门、医院提供相应证明为依据，经门店研究给予相应假期。假期中每天按 12 元发给基础工资。

（五）请假手续及审批权限

1．请假手续

员工请假应提前一天填写《超市请假申请单》，按下列审批权限报请批准后方能离岗，否则以旷工论处。如因突发事件或急病来不及办理请假手续的，应于当天用电话迅速向权限负责人报告，说明事由，取得口头同意方能请假。

2．审批权限

（1）店长请假：2 天及以内由营运部审批，3 天及以上由营运副总或总经理审批。
（2）处长、经理请假：2 天及以内由店长审批，3 天及以上由营运部审批，5 天及以上由总经理审批。
（3）主管、助理、系统员、财务人员请假：3 天及以内由店长审批，3 天及以上由营运部审批，7 天及以上由总经理审批。
（4）其他人员请假：5 天及以内由店长审批，5 天及以上由营运部审批，10 天及以上由总经理审批。

员工如 2 天之内未按请假程序及权限办理请假手续的，批假权限负责人应做出处理建议报营运部。以上人员经批准后的请假单据，一律交门店人事助理（或门店指定人员）作为考勤依据，按月汇总报财务部核查、核资。

五、绩效管理

制定效绩管理规范，由门店建立员工绩效及评估档案，作为绩效考核的依据。

（一）奖励

1．激励条件

凡符合下列条件的员工，公司及门店给予表扬、表彰、授予荣誉称号、颁发荣誉证书等精神奖励及给予奖品、奖金、培训、晋职等物质奖励：
（1）对门店及公司的经营发展做出较大贡献。
（2）努力完成工作任务，在提高工作（服务）质量，勤俭节约等方面成绩突出。
（3）在突发事件中，敢于挺身而出并采取有效措施，保护门店财产和员工生命不受损害。
（4）领导本门店员工整体素质明显提高，工作成绩突出。
（5）在经营服务中受到顾客、新闻单位表扬，事迹突出。
（6）拾金不昧，见义勇为事迹突出。
（7）维护门店利益和形象，敢于检举他人不良、违规行为。
（8）积极提出合理化建议，敢于改革创新，并在实践中取得成绩的。

(9) 为维护门店利益和形象,顾全大局,忍受顾客刁难、侮辱及其他不公正对待的。
(10) 见义勇为保护门店、员工、顾客的生命财产安全。
(11) 参加培训,成绩优异的。
(12) 忠诚企业,严守企业机密。
(13) 献计献策,创新工作,为门店或公司带来明显的经济效益。
(14) 发现重大隐患和险情并及时消除,避免门店或公司遭受损失的。
(15) 利用个人关系,开发团购客户,提高门店销售。

2．奖励程序

(1) 个人奖励:由员工所在门店组织材料报营运部调查核实后,提出书面意见报营运副总审核,经公司总经理办公会议批准,由营运部组织奖励。

(2) 集体奖励:根据先进事迹,由营运部对具备奖励条件的门店进行调查,核实后提出书面意见报营运副总审核,经公司总经理办公会议批准,由营运部组织奖励。

(二) 处罚

公司对每一位员工的违规行为都会立足于帮助和教育,以帮助其认识和改正错误,但经过三次以上帮助和教育均未有改进的,将行使以下处罚:

1．A类过失

有下列情形者为A类过失,口头批评并罚款5元,造成损失的进行赔偿,同时责令立即改正,不改正者罚款10元:

(1) 工作时间吃零食、嚼口香糖、吹口哨。
(2) 仪容不整上岗,包括:不穿工装,穿拖鞋、非西装短裤,两颗以上纽扣未扣,披头散发,男员工留过耳、过眉、过后颈衣领长发。
(3) 浓妆艳抹,佩带怪异饰品,留长指甲或涂抹非肉色指甲油。
(4) 在工作场所梳妆打扮,高声喧哗,尖叫,打瞌睡,扔烟蒂、纸屑、果皮及吐口痰。
(5) 说不文明语言或禁语的。
(6) 正式文件、资料出现错字、别字或其他错误。
(7) 未按采购部要求期限退货,每一单品每延迟一天罚款。
(8) 未在当天对缺货商品进行要货,每一单品每延迟一天罚款。
(9) 不补货或缺货不要货而造成货架出现"空洞",每一单品每延迟一天罚款。
(10) 未执行商品先进先出原则,每一单品罚款。
(11) 单据的数据、内容填漏、填错或录入错误,每处错误罚款。
(12) 不执行POP书写、张挂规定的。
(13) 不按商品保质期规定收进商品,每一单品罚款。
(14) 未建立商品保质期台账、预警台账或不在规定时间进行商品保质期预警的,每一单品罚款。
(15) 违反保质期管理规定导致商品损失的,每一单品罚款。
(16) 工作时间购物的。
(17) 商品无价签、货签不符、价签内容错误或非特殊原因使用手工价签,每一单品罚款。

2. B 类过失

有下列情形者，为 B 类过失，对责任人进行口头批评并罚款 10 元，造成损失的还要进行赔偿，同时责令立即改正，不改正者罚款 30 元：

（1）未按规定时间向总部有关部门报送资料、报表、单据，每超一天罚款 10 元。
（2）不传达或错误传达总部政策、意图。
（3）遗失一份有效档案、有效单据的。
（4）不按规定进行设备设施维护保养或重点设备无维护保养记录的。
（5）利用门店设备处理私人事务或未经批准外借门店设备。
（6）不按规定时间及时进行存款的，每超过一天罚款 10 元。
（7）营业场所广告位有明显污迹的。
（8）购置办公用品、营业耗材、低耗品等未办理入库手续的。
（9）未能按时完成营业用品采购任务，每超过一天罚款 10 元。
（10）商品验收错误的，每一单品罚款 10 元。
（11）工衣柜里存放商品、食物、饮料或将工衣柜钥匙丢失私自调换工衣柜的。
（12）私留 DM 商品或促销品，每一单品罚款 10 元。
（13）上班时间在工作场所、工作区域内争吵或骚扰他人正常工作的。
（14）工作时间饮酒或带有醉态的（业务招待除外）。
（15）严重违反服务规范遭到客人口头投诉的。
（16）管理人员发现违纪违规现象视而不见或不敢制止、纠正、处罚的。
（17）私自改换班次。
（18）发现放行条填写错误、不规范并放行或不按规定对放行条进行审查签字的。
（19）销售过期商品导致顾客投诉的。
（20）交接班对现金不进行交接的。
（21）发现安全隐患不及时报告。

3. C 类过失

有下列情形者，为 C 类过失，对责任人进行书面警告并罚款 50 元，造成损失的还要进行赔偿，同时责令立即改正，不改正者罚款 100 元并作下岗处理：

（1）清场后未关闭、锁好门窗。
（2）传播或散布谣言、小道消息对他人造成人身伤害的，影响员工之间正常关系或扰乱正常工作秩序。
（3）不服从正常工作调动和安排或侮辱、漫骂、顶撞上级。
（4）隐瞒、协助、包庇他人偷盗门店商品、物资或侵害门店利益。
（5）拾到顾客财物占为己有。
（6）因管理不善、指挥失误，导致门店工作混乱。
（7）利用职权、职位、岗位便利打击报复他人。
（8）上班时间在工作场所、工作区域打架斗殴。
（9）在办公区域、仓库、经营场所存放易燃易爆物品。
（10）无故停止录像监控或泄露、外借、清洗监控录像资料的。
（11）私配钥匙或加锁的。

（12）上班时间与顾客吵架的。
（13）上班时间赌博的。

4. D 类过失

有下列情形者，为 D 类过失，对责任人进行罚款 200 元，管理人员还要降职、撤职，造成损失的进行赔偿，同时责令立即改正，不改正者罚款 200 元并作解聘处理：

（1）泄露门店或公司商业机密的。
（2）组织员工闹事的。
（3）私存爆炸物品或非法宣传品的。
（4）因管理不善、指挥失误造成人身伤亡的。
（5）被发现或被举报有不道德行为或猥亵行为属实的。
（6）"坐支"现金或白条抵库的。
（7）上班时间在工作区域与顾客打架的。
（8）打击报复他人造成人身伤害的。

5. 不诚实行为

诚实是公司每位员工应具备的品德，任何的不诚实行为都将被导致解聘，例如：

（1）偷盗、挪用、私拿、私分、截流货款的。
（2）利用职权、职位、岗位便利谋取私利或索贿、受贿的。
（3）未经批准用银行账户代他人（单位）存入或支取现金的。
（4）伪造、私自涂改数据的(如盘点数据、财务数据等)。
（5）为了隐瞒事实真相而说谎的。
（6）超越权限查阅、偷看公司文件、资料、数据。
（7）弄虚作假多报费用。
（8）私自出售门店废旧物资并占为己有。
（9）滥用职权、玩忽职守、欺上瞒下的。
（10）偷吃商品、偷拿商品或私分促销赠品的。

对违反以上规定 2 条及以上的，除作解聘处理之外，扣除当事人当月工资及岗位责任金并不给予任何补偿，造成犯罪的，将移交司法机关处理。

6. A 类过失、B 类过失处罚的程序及权限：

（1）主管、助理有权对发生在本区域内的 A 类过失、B 类过失出具《处罚通知单》，给予处罚。
（2）处长、经理有权对发生在本部门、本处的 A 类过失、B 类过失出具《处罚通知单》，给予处罚。
（3）防损部经理、店长有权对发生在门店任何部、处的 A 类过失、B 类过失出具《处罚通知单》，给予处罚。
（4）店长有权对发生在店内所有区域的 A、B 类过失出具《处罚通知单》，给予处罚。
（5）营运部有权对发生在门店的 A 类过失、B 类过失出具《处罚通知单》，给予处罚。

7. C 类过失、D 类过失处罚的程序及权限：

（1）处长、经理、主管有权对发生在本部、本处、本区域的 C 类过失、D 类过失进行调查并提出处理建议,经防损部经理(防损主管)、人事助理核实后,报店长审批执行。

(2)人事助理(或门店指定人员)、防损部经理(防损主管)有权对发生在门店的 C 类过失、D 类过失进行调查并提出处理建议,报店长审批执行。

(3)店长有权责成人事助理(或门店指定的人员)、防损部经理(防损主管)对发生在门店的 C 类过失、D 类过失进行调查并提出处理建议,报店长审批执行。

(4)各类过失造成的赔偿,由处罚部门书面提出处理意见报营运部、财务部核查后,报公司审批执行。

8. 罚款

罚款由门店出纳收取、建账。《处罚通知单》一式三联,一联给个人,一联交门店出纳作收款依据,一联交门店存档、备查。A 类过失、B 类过失罚款必须当场交纳,其他过失罚款可以从工资中扣除。因过失被解聘的当事人的经济处罚,由财务部直接从当事人工资中扣除,工资不足部分从当事人"培训金"中扣除。

9. 员工申诉

(1)员工对奖惩有意见时应以书面形式逐级向上申诉(特殊情况也可越级申诉)。

(2)员工申诉应注明所在部门、申诉内容、申诉要求。涉及他人的门店均予保密,任何人不准挟嫌报复。

(3)门店店长(或人事助理)及营运部是员工申诉受理主管部门,督察部对员工申诉予以调查,并予以答复。

(4)员工申诉属实及申诉要求合理的,通报批评、延期转正、A 类过失、B 类过失等处罚由人事助理(或门店指定人员)、防损部经理(或防损主管)予以核实后店长批准予以纠正;降职、撤职、辞退、除名、C 类过失、D 类过失等处罚由人事助理(或门店指定人员)、防损部经理(或防损主管)予以核实后报店长批准予以纠正。

本 章 小 结

本章论述了门店人员管理、门店人员素质要求、门店员工培训、门店人员的考核指标体系等内容;介绍了门店岗位分析、门店员工培训计划制订、门店人员编制、员工考核等方面的基本方法。

案 例 分 析

培训让员工都知道我们很重视他们

人才是零售企业的根本。因为零售业的竞争归根到底是人才的竞争。山姆·沃尔顿在不断的探索过程中,领悟到人才对于企业成功的重要性,而对员工的后续教育与终身培训,则是提高员工素质、确保企业人才基因常青的重要保证。

在培训内容上,沃尔玛采取的是全面培训。入职培训、技术培训、岗位培训、海外培训等都是员工的必要培训内容,而且所有管理人员还会接受领导艺术培训。为了让员工的知识与技能不断更新,公司提供了内容丰富的培训课程,给他们实现自我价值的机会。

在培训方式上，沃尔玛采用的是体验式培训，以生动活泼的游戏和表演为主，训练公司管理人员"跳到框外思考"。在培训课上，老师讲讲故事、做做游戏，再让学员自己搞点小表演，让他们在培训中展现真实的行为，协助参与者分析；通过在活动中的行为分析和进行课下辅导，使得这种既有趣又有效的方法获得了不俗的成绩。

在培训创新上，沃尔玛开创了交叉培训方案。所谓交叉培训就是一个部门的员工到其他部门学习、培训上岗，使得该员工在对自己从事的职务操作熟练的基础上，又获得了另外一种职业技能。交叉培训使该员工在整个卖场的其他系统、其他角落都能够提供同事或者顾客希望给予的帮助，能够完美、快速地解决他们所面临的问题，从而避免了他们浪费宝贵的时间，提高工作效率和缓解顾客的购物心理压力，让其轻松愉快地度过购物时间。实践证明，交叉培训不仅有助于员工掌握新的职业技能，提高终身就业能力，以及可以消除以往只从事一种完全没有创新和变革的职务的一种不利心理因素；而且还有利于不同部门的员工从不同角度考虑其他部门的实际情况，减少了公司的内耗，必要时还可以抽调到其他卖场中及时增援。

在员工培训计划上，沃尔玛实行员工培训与发展计划，让员工更好地理解他们的工作职责，并鼓励他们勇于迎接工作中的挑战。沃尔玛公司对合乎条件的员工进行横向培训和实习管理培训。横向培训是一个长期的计划，在工作态度及办事能力上有突出表现的员工，会被挑选去参加横向培训。例如，收银员会有机会参加收银主管的培训。为了让具有领导潜力的员工有机会加入沃尔玛管理层，公司领导岗位还设立了管理人员培训课程，符合条件的员工还会被派往其他部门接受业务及管理上的培训。

在美国，沃尔玛被管理界公认为是最具文化特色的公司之一，《财富》杂志一语道破了天机："通过培训方面花大钱和提升内部员工而赢得雇员的忠诚和热情，管理人员中有60%的人是从小时工做起的"，这是培训力量的最好佐证。

面对《福布斯》记者的采访，山姆•沃尔顿道出了公司为何注重培训的缘由，"我们想让员工知道：我们很重视公司的员工，对我们来说，他们非常重要，因为事实确实如此。"

资料来源：马瑞光．复制连锁帝国．联商网，2007-1-16．

案例分析：
1. 你认为沃尔玛的培训方法对企业的成功有什么作用？
2. 沃尔玛的人才理念和培训方法对人力资源的开发有什么启示？

实 训 项 目

项目一：门店人员配置调查

以小组为单位，选择一家连锁门店，对门店的组织结构、岗位结构和人员配置情况进行调查，并就人员配置的状况进行分析和评价。

项目二：员工考核巡查

以小组为单位，选择一家连锁门店，以主管或店长的角色，设计员工考核巡查表，并组织小组进行一次巡查。

第十一章 连锁门店经营绩效评价

技能目标
- 能进行顾客满意度调查问卷的设计。
- 能进行顾客满意度调查,并对顾客满意度进行分析、评价。

知识目标
- 了解连锁门店效绩评估体系的基本构成。
- 基本掌握顾客满意度指标体系。
- 了解门店经营绩效财务评价指标和评价方法。

对于连锁零售企业来说,定期对各门店进行绩效评估,可以迅速分辨出所属店铺的绩效高低,减低开店失败率,为组织的业绩改进提供信息,减少成本、增加销售、提高利润,并确保相当的服务水准。

第一节 连锁门店绩效评估体系的构成

对连锁门店绩效的评估应该是全面、动态地反映门店经营的过程和结果,把服务质量、顾客满意程度、市场份额、创新能力等和财务数据结合起来,全面反映连锁门店经营现状与发展前景。通过门店绩效评估体系的建立,使评估项目及程序规格化、标准化。

一、建立门店绩效标准的要求

(一)具有挑战性而且可以达成

具有挑战性的绩效标准,一方面可以配合营业竞赛激励员工达成;另一方面可激发员工的潜力,增加绩效。绩效标准必须是员工的能力所能达到的,因为达不到的标准除了没有意义外,还会削弱员工的士气,产生反效果。

（二）管理者及执行者双方达成共识

绩效标准必须经过总部管理者、绩效审核者及门店店长的共同调整，没有经过双方同意的绩效标准会减低它的效果，因为由门店所提议的绩效标准不一定能顾及整体的需求，而高阶主管的意见则容易忽略执行细节与实施的困难，所以一定要综合两方的意见，寻求兼顾双方的平衡点。

（三）具体而且可以评估衡量

绩效标准必须能加以数量化，无法数量化的标准在审核时会引起不必要的困扰及争端。如果衡量的标准是以个人意见或以经验来衡量，结果一定会因为不容易计算而使员工产生不满或困扰的情绪。

（四）备有明确的期间限制

绩效标准应该附带明确的记录期间，以便评估审核。比如以每个月的销售额作为绩效评估的标准，一方面可以对以前同时间的数字进行比较，另一方面也可以对未来的同时期预估进行调整。

（五）可以调整

绩效标准必须能配合企业的改变进行适当的调整，例如，针对新通路的扩展，原有的绩效标准必须能配合新通路的特性，不能采用不能调整的绩效标准。

（六）有助于持续性改善

必须能对下一次的评估有对比的功能，这样才有意义。如果没有持续比较的功能，只能适用于专案类的特殊事件，并不适合一般的运营绩效标准。

二、连锁门店绩效评价体系的构成

国际标准化组织在其发布的 ISO/FDIS9004:2000（《质量管理体系——指南》）中对组织的业绩测量要求包括：产品的测量和评价；过程的能力；项目目标的实现；顾客和其他相关方的满意程度。一般连锁门店绩效评价体系的构成如图 11-1 所示。

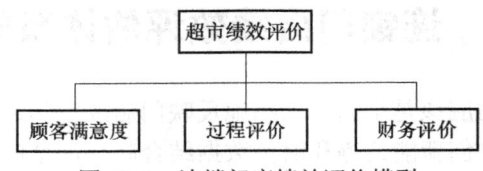

图 11-1　连锁门店绩效评价模型

（一）顾客满意度

顾客满意是顾客在消费了相应的产品之后感到满足的一种心理体验，简称 CS，即顾客满意（Customer Satisfaction）的英文缩写形式。将这种心理体验分化和具体化，得出的引起顾客满意或不满意的产品或服务的属性，就是顾客满意度指数（Customer Satisfaction Index，简称 CSI）。顾客满意度指数是对满意度进行界定的指数。顾客对所消费的产品或服务的满意状态和程度称为顾客满意度（Customer Satisfaction Measurement，简称 CSM）。顾客满意度是对顾客满意的量化界定方法，表示顾客在每一个满意属性上的深度。

顾客包括内部顾客（内部员工）和外部顾客。内部员工满意度反映了企业的士气、向心力和团队精神，是外部顾客满意的动力。外部顾客满意度是顾客对企业满意的程度，是企业经营追求的目标。

（二）过程评价

指总部对分店的经营过程的监督检查，包括对服务质量、商品质量及环境质量等的监督检查，并对检查结果进行分析、评价。

（三）财务评价

从财务的角度反映了分店的经营业绩。

第二节　连锁门店顾客满意度调查

零售企业必须首先满足顾客的需求、愿望和利益，才能获得企业自身所需的利润，所以企业在生产经营活动的每一个环节，都必须着眼于顾客，全心全意地为顾客服务，最大限度地让顾客满意。

一、外部顾客满意度（下称顾客满意度）体系

（一）顾客满意表征（Customer Satisfaction Representation，简称 CSR）

顾客满意是顾客的一种心理体验，看不见也摸不着，因此需要采取间接的方法来反映。顾客满意表征即通过对满意程度重要特征的描述，用直观的手段将顾客的满意程度表达出来。顾客满意表征的具体描述见表 11-1。

表 11-1　顾客满意表征的描述

状态	表征	具体描述
很不满意	愤慨、恼怒、投诉、反面宣传	指顾客在消费了某种商品或服务之后感到愤慨、恼羞成怒、难以形容，不仅企图找机会投诉，而且还会利用一切机会进行反宣传以发泄心中的不快
不满意	气愤、烦恼	指顾客在购买和消费某种商品或服务后所产生的气愤、烦恼状态。在这种状态下，顾客尚可勉强忍受，希望通过一定方式进行弥补，在适当的时候，也会对此进行反宣传，提醒自己的亲朋不要去购买或消费同样的商品或服务
一般	无明显正、负情绪	指顾客在消费某种商品或服务过程中所形成的没有明显情绪的状态；也就是对此既说不上好，也说不上差，还算过得去
满意	称心、赞扬、愉快	指顾客在消费了某种商品或服务之后所产生的称心和愉快的状态 在这种状态下，顾客不仅对自己的选择予以肯定，还会乐于向亲朋推荐；自己的期望与现实基本相符，找不出大的遗憾所在
很满意	激动、满足、感谢	指顾客在消费某种商品或服务之后所形成的激动、满足、感谢状态 在这种状态下，顾客的期望不仅完全达到，没有任何遗憾，而且可能还大大超出了期望。这时顾客不仅为自己的选择而自豪，还会利用一切机会向亲朋宣传、介绍推荐，希望他们都来消费

（二）顾客满意度体系

顾客满意度体系由顾客对门店的商品、服务和信誉三个方面的评价构成，具体构建如图 11-2 所示。

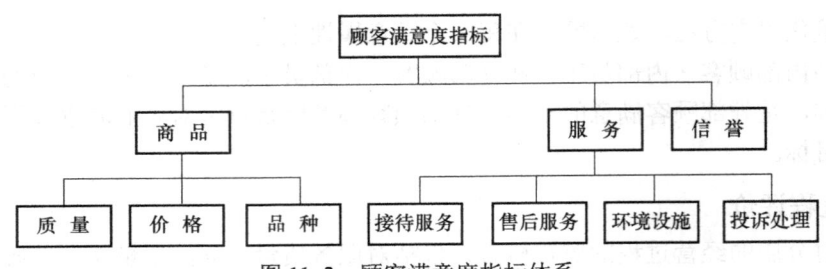

图 11-2 顾客满意度指标体系

(三) 问卷调查与指标计算

(1) 每半年或一年对分店进行一次满意度调查。

(2) 顾客满意度问卷设计。为使调查更有效，问卷设计应注意下面几个问题：

1) 使被调查者容易得到答案。
2) 使被调查者容易回答。
3) 便于统计处理。
4) 问卷不应太长、问题不应重复，一个问卷最适合的长度是 20~30 个问题。

(3) 根据分店规模确定问卷发放量。

(4) 指标计算。对调查问卷进行统计，以重要性为权重计算出该分店的满意度综合得分，计算公式为

$$满意度综合得分 = \frac{\sum(满意度 \times 重要性)}{\sum 重要性}$$

小 资 料

某超市顾客满意度调查问卷

下列诸多因素中，哪些对你来说是最重要、最满意的，哪些影响程度一般，请按强弱程度打分。

	5分	4分	3分	2分	1分
	至关重要	重要	一般	不重要	一点儿也不重要
	非常满意	满意	一般	不满意	很不满意

影响因素	重要性					满意度				
价格合理	5	4	3	2	1	5	4	3	2	1
进出方便	5	4	3	2	1	5	4	3	2	1
商品有特色、新鲜	5	4	3	2	1	5	4	3	2	1
信誉好	5	4	3	2	1	5	4	3	2	1
内外环境卫生、清洁	5	4	3	2	1	5	4	3	2	1
空气流通、光线充足	5	4	3	2	1	5	4	3	2	1
标识清楚	5	4	3	2	1	5	4	3	2	1
能轻易找到目标商品	5	4	3	2	1	5	4	3	2	1
卫生间清洁	5	4	3	2	1	5	4	3	2	1

（续）

影响因素	重要性					满意度				
服务员有亲切感	5	4	3	2	1	5	4	3	2	1
服务员专业知识丰富	5	4	3	2	1	5	4	3	2	1
服务员耐心细致解答顾客疑问	5	4	3	2	1	5	4	3	2	1
退换货有保障	5	4	3	2	1	5	4	3	2	1
售后服务好（送货、维修、安装）	5	4	3	2	1	5	4	3	2	1
付款等候时间短	5	4	3	2	1	5	4	3	2	1
投诉方便	5	4	3	2	1	5	4	3	2	1
优惠活动多	5	4	3	2	1	5	4	3	2	1

- 您的性别：1. 男　　2. 女
- 您的年龄最符合下列（　　）。1. 15～20岁　2. 21～30岁　3. 31～40岁　4. 41岁以上
- 您的职业：1. 职员　2. 个体劳动者　3. 工人　4. 学生　5. 离退休人员　6. 其他
- 您个人平均月收入是（　　）元，您家庭人均月收入是（　　）元。
- 您家住在哪个区_____，您的工作单位在哪个区_____。
- 您对本超市最不满意的是：_____
  _____
- 您的建议：_____
  _____

您的意见会对我们的工作有很大帮助，多谢您的配合！

二、内部员工满意度体系

（一）内部员工满意度体系

有研究发现：员工满意度提高 5%，会连带提升 1.3%的顾客满意度，同时也会提高 0.5%的企业业绩。也就是说，重视提高员工满意度，最终可以给企业带来收益。根据马斯洛的需求层次理论，连锁门店可以建立内部员工满意度指标体系，如图 11-3 所示。

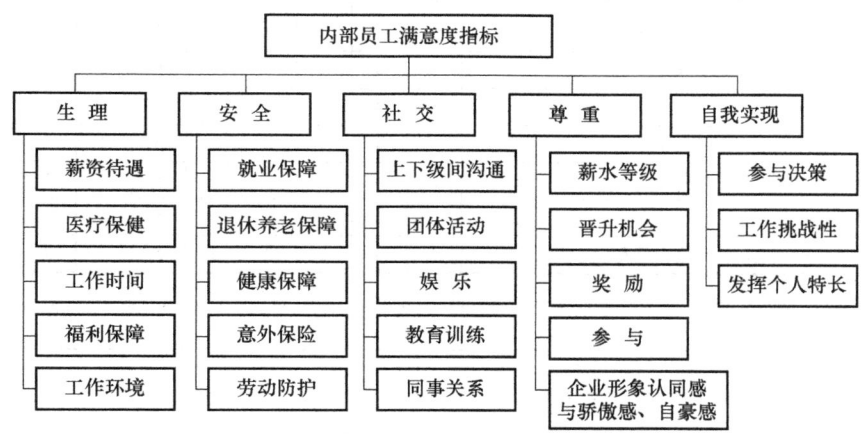

图 11-3　内部员工满意度指标体系

（二）员工满意度问卷

在选择问卷涵盖的议题前，应确定调查的目的，并与员工沟通，深入了解他们所关心的

话题，然后有针对性地设计问卷。员工满意度调查至少应一年进行一次。定期做调查可以对比出改进效果，从而提高工作业绩。

小 资 料

某连锁超市内部员工满意度调查问卷

下列诸多因素中，哪些对你来说是最重要、最满意的，哪些影响程度一般，请按强弱程度打分。

5分	4分	3分	2分	1分
至关重要 非常满意	重要 满意	一般 一般	不重要 不满意	一点儿也不重要 很不满意

满意度指标	重 要 性					满 意 度				
1. 公司在行业中的竞争力	5	4	3	2	1	5	4	3	2	1
2. 公司在消费者中的形象	5	4	3	2	1	5	4	3	2	1
3. 公司在社会上的知名度	5	4	3	2	1	5	4	3	2	1
4. 公司发展前景	5	4	3	2	1	5	4	3	2	1
5. 能够增加管理经验或提高业务技能	5	4	3	2	1	5	4	3	2	1
6. 您所从事的工作能发挥自己所长	5	4	3	2	1	5	4	3	2	1
7. 工作场所舒适	5	4	3	2	1	5	4	3	2	1
8. 工作压力适当	5	4	3	2	1	5	4	3	2	1
9. 同事之间关系融洽	5	4	3	2	1	5	4	3	2	1
10. 与主管（上级）的关系良好	5	4	3	2	1	5	4	3	2	1
11. 有不满时可以向主管（上级）倾诉	5	4	3	2	1	5	4	3	2	1
12. 及时知晓公司的政策	5	4	3	2	1	5	4	3	2	1
13. 您的上级或同事经常给予您帮助	5	4	3	2	1	5	4	3	2	1
14. 您的努力得到上级及时的肯定和鼓励	5	4	3	2	1	5	4	3	2	1
15. 公司提供适当的教育训练	5	4	3	2	1	5	4	3	2	1
16. 在未来能得到较好的工作机会	5	4	3	2	1	5	4	3	2	1
17. 工资收入居同行之先	5	4	3	2	1	5	4	3	2	1
18. 适当的年终奖金、节日津贴等	5	4	3	2	1	5	4	3	2	1
19. 有退休养老保险及医疗保障	5	4	3	2	1	5	4	3	2	1
20. 经常组织集体活动	5	4	3	2	1	5	4	3	2	1
21. 您的工作很出色，因而感到满足	5	4	3	2	1	5	4	3	2	1

● 您对公司最满意的是：_____

● 您对公司最不满意的是：_____

● 您还有哪些建议或意见：_____

感谢您的参与！

第三节　连锁门店经营绩效过程评价

总部应每季度或每半年对分店进行监督检查。由于这种内部的检查带有规律性，容易受到分店的防备，故检查结果的真实性低；连锁店聘请神秘顾客为分店的环境、服务、商品质量进行检查，效果甚佳。

神秘顾客评价的主要内容如下：

（一）评价方法

神秘顾客通过购买与退换某件商品的亲身感受，评价接待人员的接待服务、业务技能和其他相关服务（如售后服务、相关商品推介、法律法规知识等）。

（二）评价标准

根据零售企业的销售与服务特征，制订服务的评价标准，见表11-2。

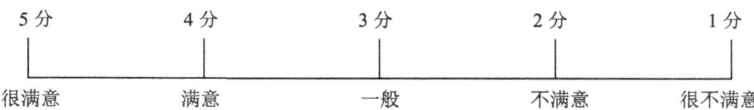

表11-2　神秘顾客评价标准

满意程度	评分	评价标准	
		接待服务	业务技能
很满意	5	形象得体，积极推销；令顾客宾至如归，对产品有新的了解从而产生购买欲，可能会对亲朋好友称赞门店或该服务员	熟练掌握产品本身及相关的知识，推销积极主动，推销用语简洁、明了，善于与顾客沟通，善于掌握顾客的消费心理，并根据顾客心理进行推销 在推销过程中，善于运用各种适当的推销技巧，并且善于把顾客可能需要的商品尽可能多地展示给顾客，又不使顾客感到厌烦 在推销过程中始终保持客观、公正
满意	4	形象得体，态度积极又不过火；令顾客感觉舒服，对门店留下好印象	对商品知识有足够的了解，在推销中能掌握主动，善于引导消费者
一般	3	只机械进行服务；令顾客没有什么或好或差的特别感觉，对门店没有留下什么印象	商品知识了解不多，或未掌握顾客心理
不满意	2	服务较差、态度不积极；开小差，形象一般；顾客产生反感，有被怠慢的感觉	商品知识一知半解，无推介服务
很不满意	1	给顾客留下极差印象，服务态度恶劣；没有尽一个服务员应尽的责任；形象很差	不了解商品，且（或）消极推销或硬性推销商品，以致误导顾客或影响顾客购买，引起顾客极大反感

（三）实施调查

神秘顾客根据设计的调查项目抽查各门店，填写《神秘顾客检查评分表（一）》，注意要将工牌号、检查时间记录清楚，以便查证，见表11-3。

表 11-3　神秘顾客检查评分表（一）

分店名称			
检查时间	年　　月　　日　　时	工牌号	
过程描述		建议或意见	
接待服务得分	业务技能得分	总　分	

检查人：

（四）总体综合评价

对各店进行总体综合评价，填写《神秘顾客检查表（二）——综合评价》见表 11-4。

表 11-4　神秘顾客检查表（二）——综合评价

检查时间：	年　　月　　日　　时	评价得分				
外部环境	1. 商场的位置容易找到吗	5	4	3	2	1
	2. 商场外围是否有多余的事物有碍观瞻	5	4	3	2	1
	3. 橱窗设计是否美观	5	4	3	2	1
	4. 商场夜间建筑物照明如何	5	4	3	2	1
	5. 进出商场是否方便	5	4	3	2	1
	6. 其他	5	4	3	2	1
内部环境	1. 照明有无坏损	5	4	3	2	1
	2. 地面、天花板、货架、电梯等是否清洁	5	4	3	2	1
	3. 收银台周围是否清洁	5	4	3	2	1
	4. 洗手间是否清洁无异味	5	4	3	2	1
	5. 空调设备是否运作良好（空气流通、温度适宜）	5	4	3	2	1
	6. 各类标识牌是否醒目	5	4	3	2	1
	7. 购物车、购物篮是否方便取用	5	4	3	2	1
	8. 通道是否宽松	5	4	3	2	1
	9. 上下电梯是否方便	5	4	3	2	1
	10. 其他	5	4	3	2	1
商品及陈列	1. 生鲜商品是否新鲜	5	4	3	2	1
	2. 品种是否丰富	5	4	3	2	1
	3. 促销商品是否有诱惑力	5	4	3	2	1
	4. 堆头陈列是否有美感	5	4	3	2	1
	5. 货架商品是否干净	5	4	3	2	1
	6. 顾客拿取商品是否方便	5	4	3	2	1
	7. 陈列是否丰满	5	4	3	2	1
	8. 陈列是否安全	5	4	3	2	1
	9. 其他	5	4	3	2	1

第十一章 连锁门店经营绩效评价

（续）

检查时间： 年 月 日 时		评 价 得 分				
行为规范	1. 仪表是否整洁	5	4	3	2	1
	2. 站立姿势是否适当	5	4	3	2	1
	3. 是否精神饱满，充满活力	5	4	3	2	1
	4. 有无统一着装、佩挂工牌	5	4	3	2	1
	5. 顾客临柜有无招呼	5	4	3	2	1
	6. 在顾客选购期间是否站立在适当的位置	5	4	3	2	1
	7. 是否在顾客有需要时主动帮忙	5	4	3	2	1
	8. 有无冷淡或过分热情造成顾客不满	5	4	3	2	1
	9. 能否做到细致周到、诚实服务	5	4	3	2	1
	10. 顾客离开有无道别	5	4	3	2	1
	11. 销售服务是否迅速	5	4	3	2	1
	12. 商场保安的工作是否使顾客感到不安	5	4	3	2	1
	13. 有无让顾客长时间等待	5	4	3	2	1
	14. 有否见到商场人员吸烟、随地吐痰	5	4	3	2	1
	15. 有无擅自离岗现象	5	4	3	2	1
	16. 有无成群交谈现象	5	4	3	2	1
	17. 有无看书报、吃零食等现象	5	4	3	2	1
	18. 是否使用常用服务用语？如您好、是的、抱歉、欢迎光临、请稍等、谢谢、让你久等了、欢迎再来等	5	4	3	2	1
	19. 其他	5	4	3	2	1
收银服务	1. 有无唱收唱付	5	4	3	2	1
	2. 是否按客人先后顺序处理	5	4	3	2	1
	3. 收银员正确找付零钱情况如何	5	4	3	2	1
	4. 收银员是否熟练收取信用卡、购物券或外币	5	4	3	2	1
	5. 整个交款过程，你满意交款时间吗	5	4	3	2	1
	6. 当排队交款人数超过 4 或 5 人时，有无迅速开通新收银台	5	4	3	2	1
	7. 收银台停止工作时有无摆放"暂停使用"标识牌	5	4	3	2	1
	8. 其他	5	4	3	2	1
接待服务	1. 能否判断顾客的来意，提供适当的服务（如购物态度明确，选购，浏览）	5	4	3	2	1
	2. 能否设法明了顾客的购物动机，并据此推销（如送礼，自用）	5	4	3	2	1
	3. 是否熟悉商品的存放位置及存货情况	5	4	3	2	1
	4. 顾客购物期间，营业员是否注意力集中，并保持同顾客沟通	5	4	3	2	1
	5. 能否同顾客融洽沟通，引起顾客好感	5	4	3	2	1
	6. 能否准确清晰地回答顾客提出的相关问题	5	4	3	2	1
	7. 用语是否专业，规范	5	4	3	2	1
	8. 是否主动鼓励顾客试用或触摸商品	5	4	3	2	1
	9. 是否能把不同商品的特有优势展现给顾客	5	4	3	2	1
	10. 在顾客选定的商品缺货时，营业员能否推荐代用品（如其他颜色、型号、品牌），并进行适当劝说	5	4	3	2	1
	11. 有无主动为顾客提供多种商品，以便选择	5	4	3	2	1

（续）

检查时间： 年 月 日 时		评价得分				
接待服务	12. 有无主动为顾客介绍相关配套产品	5	4	3	2	1
	13. 有无最新、特价或畅销商品介绍	5	4	3	2	1
	14. 是否清楚地解释付款取货程序	5	4	3	2	1
	15. 交货验机时，营业员是否邀请顾客检验商品外观	5	4	3	2	1
	16. 是否礼貌地邀请顾客到收银处付款	5	4	3	2	1
	17. 是否小心地处理包装	5	4	3	2	1
	18. 是否妥当地安排送货和安装服务	5	4	3	2	1
	19. 是否有礼貌地将货品交给顾客	5	4	3	2	1
	20. 其他	5	4	3	2	1
专业知识	1. 能否向顾客详细介绍商品特性	5	4	3	2	1
	2. 能否详细介绍商品使用方法并演示	5	4	3	2	1
	3. 能否详细介绍商品的安装、保养及维护方法	5	4	3	2	1
	4. 能否进行商品的安全操作介绍	5	4	3	2	1
	5. 能否根据顾客的询问，迅速地提供相关资料	5	4	3	2	1
	6. 能否熟练地为顾客试机	5	4	3	2	1
	7. 其他	5	4	3	2	1
其他	1. 营业时间是否配合顾客	5	4	3	2	1
	2. 咨询服务是否令人满意	5	4	3	2	1
	3. 存包服务是否令人满意	5	4	3	2	1
	4. 是否能方便地买到即饮饮料	5	4	3	2	1
	5. 有无便利服务（如儿童照顾等）	5	4	3	2	1
	6. 包装服务是否安排妥当	5	4	3	2	1
	7. 有无修配服务	5	4	3	2	1
	8. 送货、安装服务是否安排妥当	5	4	3	2	1
	9. 顾客投诉是否处理妥当	5	4	3	2	1
	10. 商场内有无火灾安全隐患	5	4	3	2	1
	11. 其他	5	4	3	2	1

第四节 连锁门店经营绩效财务评价

一、连锁方式与门店绩效评估方式

连锁总部和分店的财权关系既不是我国行政上的上下级关系，也不能简单地类同于投股关系。不同的连锁形式其财权关系不同，财务评价的要求也不尽相同。

（一）自由连锁

对于自由连锁来说，各分店的所有权、经营权和核算权都是独立的，是一种松散式的集团。总部可以由批发企业代理，也可以由各分店投资组建。参加成员作为股东组成董事会，共同执行业务。总部是服务性质的，不以营利为目的，是财产联系最为松散的连锁方式。各分店以入股合作方式组成总部，分店和总部彼此都是独立的法人。分店向总部交纳服务费，总部的进货费、广告费等一系列费用及应交纳的税金按各自分店的股份比例摊销。总部一般对分店无具体考核指标。

（二）特许加盟连锁

特许加盟连锁各分店只有所有权，没有经营权，总部和各分店之间以知识产权为纽带。分店只对自己的有形物资财产拥有所有权，总部有偿提供经营垄断权和经营技术，如出售或转让商标、专利产品、字号和特有的经营管理技术等。分店依据协议规定向总部交纳管理费，企业如何经营只能听从总部的安排。因总部和各分店都是独立的法人，所以总部和各分店都自由经营、自负盈亏；总部除收取加盟费外，一般对加盟店无须财务考核。但加盟连锁店服务提供过程、对外形象直接关系到总店的信誉，所以总部对这类分店的考核偏重于顾客满意度调查和过程评价。

（三）直营连锁

直营连锁的总部和各分店是同一个法人。总部对分店的财产物资拥有所有权和经营权。分店的经营所得上交总部，费用由总部列支。总部和分店统一核算，总部对分店的考核指标一般主要有销售额、利润、利润率等，见表 11-5。

表 11-5　财务考核指标

考 核 点	考核指标	说　　明
市场规模	销售额	
盈利能力	毛利率、利润、利润率	一般认为毛利率由总部控制，对分店无须考核，但实际情况并非如此。分店可以通过商品的结构和陈列影响毛利率 如不考核毛利率，容易造成分店片面追求销售额的状况
股东收益	剩余收益、剩余收益率（或投资收益、投资收益率）	
资产管理水平	应收账款周转天数 存货周转天数 商品损耗率	
场地利用程度	单位面积销售额 单位面积毛利	总部应根据租金、费用及所期望的投资收益率确定最低限额
人员效益	人均销售额、人均毛利	
期间费用	费用率	

二、门店经营效益评估的项目

（一）门店经营效益的评估

效益评估的主要项目有营业额完成率、毛利率、营业费用率、销售净利率、投资报酬率等。

1．营业额完成率

实际营业额与目标营业额的比值称为营业额完成率，计算公式为

$$营业额完成率 = \frac{实际营业额}{目标营业额} \times 100\%$$

如果营业额完成率小于 100%,说明未完成计划任务,门店店长要总结、查找问题,寻找提高营业额的途径;如果营业额完成率大于 100%,说明门店制定的目标可能过低,应考虑是否有未考虑的因素。

2. 毛利率

毛利润除以总营业额的值称为毛利率,计算公式为

$$毛利率 = \frac{毛利润}{营业额} \times 100\%$$

毛利率越高,门店的利润空间越高。门店的业态不同,毛利率平均水平也不同,不同类商品的毛利率更是不同。一般超市的平均毛利率要达到 16%,参考标准是 18%。主要商品大类的毛利率参考指标为:一般食品 12%~18%、日用百货 15%~25%、水产 20%~30%、畜产 20%~25%、农产 15%~25%、日配 15%~25%、烟酒 15%~25%、米 8%~10%,平均 16%~22%。

3. 营业费用率

营业费用与营业额的比值称为营业费用率,计算公式为

$$营业费用率 = \frac{营业费用}{营业额} \times 100\%$$

营业费用以人事费用为主,人事费用主要包括员工的工资、加班费、保险费、津贴等。营业费用率越低说明工作效率越高,所以要控制其不超过一定水平。超市此项参考标准为 15%~18%。

4. 净利润完成率

净利润完成率是指税前实际净利润与目标税前净利润的比值,计算公式为

$$净利润完成率 = \frac{税前实际净利润}{税前目标净利润} \times 100\%$$

此项目标必须在 100%以上,越高越好。

5. 销售净利率

销售净利率是税后的利润(即净利润)与销售额的比值,计算公式为

$$销售净利率 = \frac{净利润}{销售额} \times 100\%$$

销售净利率越高,则经营状况越好。超市一般水平在 2%~4%,较好的水平能达到 7%。

6. 投资报酬率

净利润与投资相比所得的比率为投资报酬率,表示的是资产的获利能力。参考标准是大于 20%,资产报酬率越高,说明资产获利能力越大,计算公式为

$$投资报酬率 = \frac{净利润}{投资} \times 100\%$$

(二)门店经营效率的评估

1. 客流量和平均购买量

客流量是指每天到门店购买商品的顾客的总量。平均购买量是平均每天每位顾客购买的商品额。两项指标越大,说明门店越有竞争力。

2. 盈亏平衡点

盈亏平衡点用来确定门店的最低营业额,平衡点意味着门店的收益和支出相等,即盈亏相等。盈亏平衡点越低,说明门店的竞争力越强,计算公式为

$$盈亏平衡点 = \frac{固定成本}{1-变动成本} \times 100\% = \frac{固定费用}{毛利率-变动成本率} \times 100\%$$

3. 商品周转率

商品周转率等于营业额除以平均存货,计算公式为

$$商品周转率 = \frac{营业额}{平均存货} \times 100\%$$

平均存货为期初存货加期末存货的平均值。

商品周转率反映的是门店经营的商品的流动速度。数值越大,表明商品流动的速度越快。商品周转周期的计算公式为

$$商品周转周期 = \frac{营业日}{商品周转率} \times 100\%$$

商品周转周期表示的是销售完一次进货的商品需要的天数。商品周转率越小,说明商品销售的速度越快。该指标既可以衡量整个门店的经营效率,也可以衡量某一类商品。

4. 交叉比率

交叉比率是一项综合比率,它反映的是门店的盈利速度,计算公式为

$$交叉比率 = 毛利率 \times 周转率$$

交叉比率越大,说明门店运营的效果越好,盈利能力越强。

5. 场效和人效

场效表示的是一定时间单位面积的营业效果。人效表示的是门店的生产效率,计算公式为

$$场效 = \frac{一定时间营业额}{营业面积} \div 一定时间 \quad (元/平方米·月)$$

$$人效 = \frac{一定时间营业额}{营业人数} \div 一定时间 \quad (元/人·月)$$

(三)门店发展性评估

1. 营业额增长率

营业额增长率是指当月营业额较前一年同期的增长比率,计算公式为

$$营业额增长率 = (\frac{本年月营业额}{去年同期营业额} - 1) \times 100\%$$

2. 营业利润增长率

$$营业利润增长率 = (\frac{本年月利润额}{去年同期利润额} - 1) \times 100\%$$

营业利润增长率应大于零,最好是高于营业额增长率。

本章小结

本章介绍了连锁门店绩效评估体系的基本构成,从连锁门店顾客满意度、连锁门店经营绩效过程评价、连锁门店经营绩效财务评价三个方面阐述了评估的过程、方法以及具体的评估指标。

案例分析

自有品牌的魅力

屈臣氏自有品牌在全球各个区域都在积极地推动业务规模的增长。自有品牌在屈臣氏的显著增长,成为屈臣氏手中舞动的锐利武器。屈臣氏在个人护理产品的销售市场中占据了21%的市场份额;自有品牌品种数量由最初的200多个产品类别,迅速增长到目前的1 000多个,其自有品牌产品由于可靠的品质和良好的性价比赢得了消费者更多的认同和信任。

用自有品牌来传达屈臣氏经营特色不仅使各个门店的商品品种构成更加充实,而且进一步借助自有品牌的导入在消费者心中强化零售商的企业品牌形象,形成差异化的品牌识别,从而培养和增强了消费者对屈臣氏的忠诚度。拥有一系列受欢迎的自有品牌产品,无疑是体现差异化的最佳途径之一。

"健康"——"MJ"果汁先生品牌

屈臣氏在坚守企业品牌统一定位的基础上,秉承"健康"的品牌理念,通过地域细分和功能细分,针对广东地区特有的清热养生观念和人文环境,以自有品牌的形式推出"MJ"清润系列饮料,进一步强化了屈臣氏宣扬的"健康"的企业形象,实现了差异化突围。

"MJ"果汁先生品牌是屈臣氏在秉承健康理念的基础上,从区域消费者的角度开发的具有针对性的自有品牌(产品),避开了产品同质化竞争,实现了品牌的差异化突围,完善和扩充了自身的产品线;更为重要的是,在成功塑造自有品牌价值的同时丰富了企业品牌的内涵。

"美态"——时尚蒸馏水、护肤品、化妆品

屈臣氏个人护理店"美态"的经营理念集中体现在把主要目标顾客锁定在18~35岁的女性群体上。该类消费群体追求个性,注重个人魅力,追求舒适的购物环境。

针对该目标群体追求时尚活力的生活需要,屈臣氏推出了让人眼前一亮、充满新鲜感的屈臣氏蒸馏水:流线型的瓶身、简洁时尚的绿色包装以及独有的双重瓶盖设计,把单纯的

"水"变成了一款独具时尚品位、尽显个人风格的产品。首次在香港推出后即受到了消费者的喜爱，其时尚的外形吸引了大批追求个人形象的消费者，并获得了第十四届香港印制大奖的包装印刷优异奖。屈臣氏蒸馏水品牌标志沿用了屈臣氏企业品牌本身的绿色主调，为反映"美态"主题改用了较活泼的鲜绿色，一方面保存了屈臣氏专业和清纯的形象，另一方面则给消费者带来屈臣氏蒸馏水的朝气和活力。

此外，针对女性消费者的需求，屈臣氏设计出大量的护肤品、洗涤用品以及其他女性化妆用品等，实惠、精致、时尚而有品位，受到女性顾客的青睐。根据日前屈臣氏对近600名女性顾客有关个人生活理念的调查显示：有超过85%的被访者认为屈臣氏产品的品种尤其是女性护肤品和化妆品的丰富和精致是吸引她们来屈臣氏购物的首要因素，她们对屈臣氏店内所售商品品质的信赖使她们成为屈臣氏的忠实顾客。

"快乐"——玩具、新奇士橙汁

走进屈臣氏任何一家门店，迎接顾客的首先是欢乐的音乐，还有摆放在商店里独有的可爱的公仔、糖果等，一些可爱的标志例如"心""嘴唇""笑脸"等都会出现在公司的货架、收银台和购物袋上，这一切都给消费者带来欢乐、温馨、有趣的感觉，向消费者传递着乐观的生活态度。

为更好地诠释屈臣氏"欢乐"的品牌内涵，2004年6月，屈臣氏多年前开发的新奇士果汁自有品牌与美国迪士尼公司合作在深圳上演"迪士尼100周年奇幻冰上巡演"项目，从娱乐角度切入，让人们感到轻松有趣之余，使屈臣氏"欢乐"主题淋漓尽致地体现出来，拉近了与消费者的距离。

新奇士和迪士尼有着相近的消费群体——重视娱乐、思想年轻的乐观一族；新奇士用营养、美味的橙子作代表，色彩明快、欢乐感强；迪士尼缔造了四代人美好的童年回忆，具有家喻户晓的国际名声。新奇士与迪士尼品牌内涵相融合，增强了新奇士的品牌张力，丰富了屈臣氏的企业品牌内涵。

屈臣氏自有品牌以制造商品牌的廉价替代品身份出现，所以具有较强的价格竞争优势。屈臣氏自有品牌产品的开发生产或销售订货与制造商直接联系，省去了许多中间环节，节约了交易费用与流通成本。凭借成本领先优势，屈臣氏自有品牌的价格历来比同类竞争品牌的产品便宜20%～40%，物美价廉的产品再加上时尚的包装设计，一直都深受消费者的欢迎！

案例分析：
1. 你认为自有品牌对促进门店的业绩增长有哪些积极作用？
2. 屈臣氏是如何提高消费者的满意度的？

实 训 项 目

项目一：顾客满意度调查问卷设计
选择一家门店，为其设计一份顾客满意度的调查问卷。

项目二：顾客满意度调查分析
选择一家连锁零售企业，以小组为单位分别对本市的门店进行神秘顾客调查，并将各小组的调查数据进行统计，做综合分析和评价。

参 考 文 献

[1] 窦志铭. 连锁超市经营管理[M]. 北京：中国财政经济出版社，2001.
[2] 陈广. 家乐福超市攻略[M]. 广州：南方日报出版社，2004.
[3] 郑昕. 零售管理[M]. 北京：科学出版社，2005.
[4] 戴春华. 超市标准化营运管理营运培训[M]. 广州：南方日报出版社，2002.
[5] 姚昆遗，邹炜. 超市经营管理实务[M]. 沈阳：辽宁科学技术出版社，2004.
[6] 周文. 连锁超市经营管理师操作实务手册 店铺营运篇[M]. 长沙：湖南科学技术出版社，2003.
[7] 黄慧，林艳，周瑶，董立利，谢晓婉. 3·15特别策划：厦门五大卖场退换货全记录[N]. 厦门商报，2006-3-15.
[8] 李爱先. 店铺销售管理[M]. 北京：经济管理出版社，2004.
[9] 阙光辉. 商品基础知识[M]. 北京：中国劳动社会保障出版社，2005.
[10] 万融. 商品学概论[M]. 北京：中国财政经济出版社，2000.
[11] 胡学庆. 连锁企业商品采购管理[M]. 上海：立信会计出版社，2004.
[12] 张晔清. 连锁企业门店营运与管理[M]. 上海：立信会计出版社，2002.
[13] 蒋廉雄. 神秘顾客方法：改善服务质量管理的新工具[J]. 商业经济文荟，2005.
[14] 郭国庆. 市场营销学[M]. 武汉：武汉大学出版社，1999.
[15] 菲利普·科特勒，加里·阿姆斯特朗. 市场营销[M]. 俞利军，译. 北京：华夏出版社，2003.
[16] 吴良平. 店铺促销必备全书[M]. 北京：中国城市出版社，2007.
[17] 深圳市润鼎盛商场管理咨询有限公司. 百货零售行业职业道德规范[OL]. http://www.rundsh.com，2007-2-20.
[18] 马瑞光. 复制连锁帝国[M]. 北京：东方出版社，2007.
[19] 俞雷. 客户卡：终端操作的灵魂，中国营销传播网，2005.
[20] 颜莉霞. 连锁门店店长综合实训[M]. 北京：中国人民大学出版社，2012.
[21] 张倩. 连锁企业门店营运管理[M]. 成都：西南财经大学出版社，2010.
[22] 徐印州. 连锁门店实训[M]. 北京：北京大学出版社，2008.
[23] 周勇，池丽华. 连锁店营运管理[M]. 上海：立信会计出版社，2012.